사람은 어떻게 깨어나는가

Grist for the Mill: Awakening to Oneness
by Ram Dass with Stephen Levine
Copyright © 2013 by Ram Dass with Stephen Levine
All rights reserved.

Korean translation copyright © 2024 by OLIVE TREE PRESS

This Korean edition is published by arrangement with HarperOne, an imprint of HarperCollins Publishers through EYA Co.,Ltd.

이 책의 한국어판 저작권은 EYA Co.,Ltd 를 통해 HarperCollins Publishers와 독점계약한 올리브나무에 있습니다. 저작권법에 의하여 한국 내에서 보호를 받는 저작물이므로 무단전재 및 복제를 금합니다.

사람은
어떻게
깨어나는가

람다스 & **스티븐 레빈** 지음
유지연 옮김

사람은 어떻게 깨어나는가

펴낸날 ‖ 2025년 11월 27일 초판 발행

지은이 ‖ 람 다스 & 스티븐 레빈

옮긴이 ‖ 유지연

펴낸이 ‖ 유영일

펴낸곳 ‖ **올리브나무** 출판등록 제2002-000042호

경기도 고양시 일산동구 정발산로 82번길 10, 705-101

전화 031-905-8469, 010-7755-2261

팩스 031-629-6983 E메일 yoyoyi91@naver.com

인스타그램 olive.tree.books 대표 ‖ 이순임

ISBN 979-11-91860-51-1 03190

값 18,000원

차 례

- ■ 개정 신판에 부쳐 ‖ 삶의 모든 것은 "깨달음의 방앗간"을 위한 곡식들 · 7
- ■ 공저자의 말 ‖ 우리 안에 늘 존재하는 다르마의 선물이 되기를 · 10
- ■ 개정판 머리말 ‖ 새롭게 꽃피는 '영원의 철학'에 밑거름 되기를 · 12

1. 삶은 여행이다 · 17
2. 깨달음의 전수 · 28
3. 게임의 법칙 · 32
4. 영적 진화의 사이클 · 45
5. 현실의 여러 차원 · 77
6. 멜로드라마 · 92
7. 전통과 계보 · 119
8. 명상 가이드 · 135
9. 죽음: 깨어남을 위한 기회 · 143
10. 마음의 해방 · 166
11. 내가 특별한 존재라는 환상 · 190
12. 깨달음의 방아를 찧기 위한 재료들 · 196
13. 방법, 그리고 그 너머 · 208
14. 신, 그리고 그 너머 · 219
15. Q & A · 236

진리는 누구에게도 속하지 않습니다. 진실을 가리켜 보이는 가르침은 지금도 이 사람에게서 저 사람에게로 전해지고 있습니다. 이 책에 담긴 내용은 나에게서 비롯된 것이 아닙니다. 나의 구루, 스승님들과 선조들, 과거 생과 이번 생의 경험에서 흘러나온 강물 같은 것의 일부라고 할 수 있겠지요.

완성된 원고를 읽으면서 나의 구루와 여러 스승님들의 존재가 너무나 가깝게 느껴졌습니다. 이 책이 그분들의 가르침에 대한 따뜻한 감사의 표시가 되기를 바랍니다.

미처 말로 표현하지 못했던 나의 말들을 섬세한 시적 감수성으로 표현해 준 공동 저자 스티븐 레빈에게도 감사를 표합니다.

샨티,

람 다스

뉴욕, 1976

■ 개정 신판에 부쳐

삶의 모든 것은
"깨달음의 방앗간"을 위한 곡식들

『사람은 어떻게 깨어나는가 Grist for the Mill: Awakening to Oneness』는 70년대에 내가 했던 여러 강연을 모아 완성되었다. 이 책에는 강연에 참가했던 사람들과 교류한 내용이 담겨 있지만, 동시에 시간을 초월하는 '지금 이 순간'을 사는 것에 관해서도 이야기한다. 스티븐 레빈과 나는 이 강연들이 널리 울림을 줄 수 있을 거라 생각했다.

영적 여정은 결국 내면의 탐구이다. 그것은 자기 존재의 정체성을 밑바닥까지 들여다보고자 하는 사람, 혹은 우주의 초월적 실재를 찾는 사람이라면 누구에게나 언제든지 열려 있는 길이다. 의식은 인간 존재가 모두 공유하는 속성이다. 인류를 가르치고 고취시키기 위해서만 태어나는 드문 성인들을 제외하면, 대부분의 우리는 생사윤회의 수레바퀴 위에서 마음의 번뇌와 감각의 유혹 속에서 살아간다.

인간 본성과 개인적 카르마는 놀라울 만큼 다양하며, 이것은 각자에게 맞는 영적인 길과 수행 방식이 저마다 다를 수밖에 없음을 의미한다. 이 책은 영적인 길의 일반적인 지도를 제시하면서, 동시에 사람들이 던지는 구체적인 여러 질문에 대한 답도 제시하고 있다.

우리가 탐구하는 주요 방법은, 인생에서 마주하는 모든 것을 영적인 길의 양식으로 삼는 것이다. 이 책을 쓸 당시 나의 수행은 내 앞에 다가오는 모든 것을 창조 전체의 에너지로, 신성한 어머니의 현현, 즉 샥티 Shakti로 보는 것이었다. 이 무렵 나는 조야 Joya라는 여성 스승과 공부했는데, 한동안 그녀가 내게 샥티를 대표하기도 했다. 이 책에는 조야와 함께했던 굴곡의 여정 또한 담겨 있다.

서양인인 우리는 마음에 사로잡혀 있으며, 나 역시 예외가 아니다. 그래서 나는 내가 전하는 가르침의 가장 좋은 반면교사가 되기도 한다. 이 책에는 마음을 넘어서기 위해 마음을 사용하는 방법, 사유를 넘어서는 의식 상태를 이해하는 방법, 마음이 아닌 직관과 같은 다른 차원을 통해 자신을 인식하는 방법 등이 담겨 있다. 또한, 불교의 무아 사상, 마음과 마음에 대한 집착을 바라보는 법도 다룬다. 또 하나의 길은 헌신, 즉 박티 bhakti인데, 그 안에서는 모든 것을 신성을 위한 사랑의 렌즈로 바라본다.

점진적으로 펼쳐지는 영적인 길을 이해하기 위해 나는 영적 여정이 이번 생 너머로까지 이어진다고 상상하는 게 도움이 된다는 것을 발견했다. 그 관점에서 영혼의 시간은 무한한 윤회에 걸쳐 있지만, 역설적이게도 실재는 매 순간 완전히 현존하는 데에 있다.

시간의 무한성과 시간없음의 현재, 자아와 무아, 그리고 노력의 필요와 더 높은 힘에 대한 항복과 같은 역설들이 바로 이 길 없는 길을 걷는 데 있어 깨달음을 위한 곡식 grist for the mill이 된다. 나의 구루 마하라지는 어느 날 내게 이렇게 말했다. "즐겨라! 모든 것을!"

오늘날 나는 내 앞에 모든 것을—그것이 살아 있든 살아 있지 않든, 즐거운 것이든 고통스러운 것이든—사랑하려고 한다. 당신도 인생의 환희와 고통을 영적 수행으로 흡수해, 그것들을 더 많은 깨달음의 곡식들로 삼을 수 있기를 바란다.

나마스테,
람 다스
마우이, 2012년 6월 11일

■ 공저자의 말

우리 안에 늘 존재하는 다르마의 선물이 되기를

깨달음이 들어오는 공간에는 몸도, 입도 없으며, 말로 표현할 수도 없다. 이 통찰이 전달되기 위해서는, 오랜 세월 쌓인 인격, 문화화, 해석, 의견, 그리고 선호의 거친 강을 건너 언어의 한계 속으로 들어와야 한다. 그것들은 있는 그대로의 체험이 번역된 형태로 제시되는 것이나 마찬가지다. 이 가르침들이 지구상 가장 강력한 매개체인 글자와 종이, 책의 형식으로 옮겨져 뿌리를 내리기 전까지는 훨씬 직접적이고 카리스마적이었으며, 공기를 매개로 하여 구전의 형태로 전해지곤 했다.

형태에서 형태로 이어지는 이 전승은 자기 의식을 가진 편집자의 개입 없이, 가르침들이 애초에 전해졌던 경험에서부터 흘러왔다. 그 연결성이 우리 앞에 책의 형태로 전해진 것은 매 순간의 충만함에서 비롯된 은총이 아닐 수 없다. 이 과정을 위한 협업 또한, 특정한 개인으로서가 아닌, 단지 함께하는 존재들의 차원에서 이루어졌기에, 빛의 자연스러운 강렬함을 방해하거나 희석시킬 수 있는 것이 거의 없었다.

구전이 글로 옮겨지는 과정에서 우리는 사다나(sadhana: 영적 수행), 카르마(karma: 또 다른 반응을 낳는 삶의 행위), 사마디(samadhi: 깊이 집중된 의식 상태), 구루(Guru: 스승, 가르침)와 같이 산스크리트어에서 비롯된 용어들을 특별히 번역하지 않고 원어 그대로 쓰기로 결정했다. 왜냐하면 이 개념들이 '다른 것', 다른 무언가가 되어서는 안 되며, 언어의 핵심에 스며들도록 해야 하기 때문이다.

이 책은 1974년에서 1976년 사이 필라델피아, 워싱턴, 링컨, 시애틀, 로스앤젤레스, 보스턴, 포틀랜드, 샌프란시스코, 산타크루즈, 캔자스시티, 아스펜 등지에서 행한 강연, 수련회, 기사, 인터뷰 들을 오늘날의 독자들을 위해 엮은 것이다. 이 책이 우리 각자 안에 언제나 존재하는 다르마의 선물이 되기를 바란다.

빛나는 당신을 위해,
스티븐 레빈
산타크루즈, 1976년

■ 개정판 머리말

새롭게 꽃피는 '영원의 철학'에
밑거름 되기를

1970년대 전반부에는, 동양의 신비주의에 뿌리를 둔 영적 성장이 확실히 '유행'이었다. 자칭 구루라고 하는 영적 스승들이 우후죽순처럼 등장했고, 많은 추종자들을 거느렸다. 이 흐름은 그 시기에 번성한 심리적 성장 운동과도 맞물렸다. 냉소적인 사람들은 이러한 내적 전환을 자기애의 반영이라며, 이 흐름에 동참하는 사람들을 '자기중심주의 세대 me generation'라고 불렀다. 그러나 그것은 단순한 자기애의 반영이 아니었다. 부분적으로 이 운동은 베트남 전쟁 시기 우리 사회에서 벌어졌던 피비린내 나는 정치적 양극화 이후 건강한 균형을 회복하려는 움직임이기도 했다.

영적 집단들은 종종 과시적이었고, 티베트의 라마인 트룽파 린포체 Trungpa Rinpoche가 말한 '영적 물질주의'의 색채를 띠었지만,

그 뿌리에는 더 큰 의식과 평정심 속에서 살아가고자 하는 깊은 열망이 있었다. 그리고 바로 그 열망에 대한 응답으로 이 책이 1970년 중반 처음으로 세상에 나왔다.

이 책의 대부분은 당시 여러 모임에서 나눈 말들을 편집한 기록물이다. 강연할 때 나는 보통 형식적인 원고를 준비하지 않는다. 대신, 그 자리에 있는 청중과 나 자신 안의 어떤 지점에서 반드시 들어야 할 것들, 우리의 여정에서 바로 그 순간 반드시 다시 들어야 할 것들을 말하기 위해 명상을 통해 마음을 비운다.

그때로부터 시간이 흘러 이 책이 다시 출판되는 기회를 얻게 되었고, 이 글을 다시 읽으면서 이 메시지가 매우 시의적절하게 다가와 놀라지 않을 수 없었다… 아니 어쩌면 시간을 초월한 메시지라고 해야 할 것이다. 지금 우리가 들어야 할 것, 그리고 그때 우리가 들어야 했던 것도, 올더스 헉슬리가 '영원의 철학 Perennial Philosophy'이라고 부른, 시대와 형식을 넘어 거의 변함없이 전해져 내려오는 영원한 진리일지도 모른다. 새로운 것들이 속속 등장하여 옛것들을 갈아치우는 속도가 놀랄 만큼 빨라져서, 신간의 수명이 고작 며칠에 불과한 오늘날, 변치 않는 사상의 존재가 오히려 안정감을 주기도 하는 모양이다.

물론, 표현이나 은유, 정치적사회적 언급 가운데는 시대적 흔적이 묻어나는 것들이 있다. 오늘날의 독자들에게 이해되기 어렵다고 느껴지는 부분은 수정하거나 업데이트했다. 또, 세월 속에서 나의 태도나 이해가 성숙해졌다고 느껴지는 부분도 새롭게 다듬었다.

1960년대에 동양의 깨달음 사상이 우리에게 소개될 당시, 우리는 1년, 아무리 길어도 10년이면 저마다 깨달음을 얻을 수 있을 것이라 기대했다. 1970년대에 들어서며 그런 태도는 다소 누그러졌지만, 여전히 우리는 이번 생 안에 언젠가는 깨달음을 얻을 것이라 기대했다. 그리고 지금, 우리는 동양의 깨달음 사상에 대해 아주 세밀한 내용까지도 읽기 시작했으며, 우리의 영적 체험과 수행을 통해 성취의 시간표를 들이대는 집착에서 벗어나게 되었다. 우리는 인내와 겸손을 배웠고, 목표에 대한 집착 없이 다르마를 실천하는 법을 이해하게 되었다…. 그저 그것이 우리가 해야 할 마땅한 것이었기 때문이다. 그런 이유로 나는 옛날 내 표현이 성숙하지 못하거나 불필요할 정도로 오만하게 보이는 부분을 찾아 부드럽게 고쳤다.

이 책이 처음 출간된 이후, 어떤 시기에는 물질적 획득과 개인적 쾌락이 영적 열망보다 우선시되기도 했다. 예를 들어, 대학 캠퍼스에 한동안 만연했던 동양 철학에 대한 열정은 높은 경제적 보상으로 이어지는 실용적인 진로 선택에 급격히 자리를 내주었다. 60년대와 70년대에 드러났던 깊은 개인적·사회적 가치들이 배경으로 사라져버린 것처럼 보였다. 그러나 이제 진자는 다시 움직이고 있다. 타인의 고통에 대한 사회적 관심이 고등학교와 대학에서 새롭게 나타나고 있으며, 내적 성장에 대한 관심도 다시금 고조되고 있다. 내 친구 웨이비 그레이비Wavy Gravy는 이렇게 말한다. "80년대는 20년 늦게 다시 찾아온 60년대다." 오늘날, '영원의 철학'이 다시 우리 문화 속에 꽃피고 있다. 나는 새롭게 태어난 이 책이 그 과정에 작은 거름이 되기를 바란다.

매사추세츠 코하셋, 1987년
람 다스

인도에서는 사람들이 만나고 헤어질 때 "나마스떼 Namasté"라고 인사한다. 그 말은 이런 뜻이다. "나는 당신 안에 온 우주가 깃들어 있는 그 자리를 존중합니다. 나는 당신 안의 사랑과 빛, 진실과 평화가 머무는 그 자리를 존중합니다. 나는 당신 안의 그 자리를 존중합니다. 만약 당신이 그 자리에 있고, 나 또한 내 안의 그 자리에 있다면, 우리는 둘이 아니라 하나입니다."

나마스떼

삶은 여행이다

이 여정에 함께해 주신 여러분을 환영하고 또 깊이 감사드린다. 우리는 오랫동안 이 길을 함께 걸어왔으며, 여러 과정을 거쳐 왔다. 어느 여행이나 그렇듯, 이 정도면 충분하다고 생각하여 도중에 그만둔 사람도 있고, 저만치 앞서 나가서 뒤처진 우리를 기다려 주는 사람도 있다. 이 여행은 일곱 개의 계곡, 일곱 개의 왕국, 여러 차크라, 여러 의식 단계, 믿음의 여러 수준을 통과해 가는 여정이다. 우리는 대개 어떤 특정한 지점을 지나온 다음에야 우리 자신이 어디에 있었는지를 깨닫게 된다. 어떤 과정 중에 있는 경우에는, 내가 어떤 자리에 있는지 조망할 수 있는 관점을 가지기가 어렵기 때문이다. 하지만 여행이 계속될수록 우리가 알 필요가 있는 것들이 점점 줄어든다. 믿음이 충분히 강해지면, 단순히 존재하는 것만으로도 충분해진다. 이 여행은 단순함으로, 고요함으로, 그리고 시간 속에 갇히지 않는 기쁨으로 나아가는 길이다. 시간을 초월한 여행이며, 스스로를 어떤 존재라고 생각하는지에 관한 모든 모델을 내려놓는 과정이다. 존재 자체를 변화시키는 과정이 포함되어 있으며, 생각하는 마음을 우리의 주인이 아니라 하인이 되도록 만드는 과정이다. 이 여행은, 자기 자신을 육체와 동일시하는 것에서 출발하여, 심리적 자아와의 동일시, 영혼과의 동일시를 거쳐 신과의 동일시로 나아가고, 궁극에는 마침내 모든 동일시를 초월하는 길이다.

많은 사람들이 지도도 없이 길을 가다 보니 자기 혼자만 고유하고 독특한 길을 가고 있다고 생각하여 많은 혼란을 겪는다. 첫 번째 산봉우리에 도착하면, 그 뒤에 훨씬 더 높은 산봉우리들이 숨어 있는 줄 모르고 모든 여정이 다 끝났다고 착각하기도 한다. 첫 번째 도착 지점까지의 경험들이 너무 강렬해서 더 이상 무엇이 있을 거라고는 상상하기 힘들기 때문이다. 매 구간의 여정이 그 너머를 상상할 수 없을 정도이니 얼마나 멋진 여행인가? 우리가 도달하는 각 지점마다의 경험이 그 이전의 것을 훨씬 능가하기에, 우리의 인식은 그 시점의 경험에만 몰두하게 되어 오직 경험하는 것 외에는 다른 어떤 것도 볼 수 없다.

처음 몇 단계 동안은, 직접 여행을 계획하고, 짐을 챙기고, 마음의 준비까지 하면서, 마치 우리가 이 여행의 달인이라도 된 것처럼 느낀다. 하지만 몇 개의 계곡과 산을 지나고 나면, 침묵의 안내자들이 존재한다는 사실을 깨닫기 시작한다. 그리고 처음에는 무작위적이고 혼란스럽게 보이던 것들이 사실은 어떤 패턴을 가지고 있다는 것을 깨닫게 된다. 지적인 것에 집착하면서 자신이 가진 지적 능력과 자신을 동일시하는 사람이라면, 모든 행위, 모든 경험, 심지어 모순적으로 보이는 것들까지도 우주의 조화 속에 완벽하게 설계되었다는 것을 받아들이기 어렵다. "나뭇잎 하나조차도 신의 뜻 없이는 움직이지 않는다."라는 말을 들어도 너무 비현실적으로 느껴져서 쉽게 받아들이지 못한다. 하지만 결국 우리는 이 여행이 예상했던 것보다 훨씬 더 기나긴 여정이라는 것을 알아차리기 시작한다.

우리는 자신을 몸과 동일시하여 물질적 차원을 전부라고 여기며 '죽으면 끝'이라고 보는 철학적 유물론의 틀에 갇혀 살아왔다. 삶이라는 것은 언제 막이 내려 끝날지 알 수 없으니 살아 있는 동안 최대한 누리는 것이 낫고, 지금 누리는 것이 중요하다고 생각하는 것이다. 너무 두려운 나머지 인생의 막이 언제 내릴지는 아예 생각조차 하지 않는다. 그러나 여행을 계속하다 보면, 이러한 세계관도 단지 하나의 모델일 뿐이라는 의심이 들기 시작한다. 이번 생이라는 것도 훨씬 더 길고 긴 여정의 한 부분에 불과한 것은 아닐지 의문을 품게 된다. 불교의 가르침 중에는 우리가 이 여행을 얼마나 오랜 기간 해왔는지를 설명하는 이야기가 있다. 1만 미터에 달하는 높이와 너비를 가진 거대한 화강암 산이 있다. 실크 스카프를 부리에 문 새 한 마리가 100년에 한 번씩 날아와 산 정상을 스치고 지나간다. 이런 방식으로 산이 모두 닳는 데에 걸리는 시간, 그것이 바로 우리가 이 여정을 계속해 온 시간이다. 한 라운드에 이어 다음 라운드로 계속해서 반복, 반복, 반복해 온 것이다. 이런 이야기를 들으면 한 번의 생에 대한 시간 개념이 달리 느껴질 수밖에 없다. 더구나 인간의 몸을 지니고 이 3차원의 세계에서만 살아왔다고 볼 수도 없다. 어떤 차원의 생을 살든 모든 생은 방향성을 가진 긴 여정의 한 부분이다.

결국 우리는 아무리 생각을 기울여도 그것으로는 궁극의 깨달음을 얻을 수 없다는 것을 알게 된다. 또한, 어떤 경험을 하더라도 그것이 궁극의 깨달음 자체인 것도 아니다. 왜냐하면 우리의 마음은 단지 어떤 것들을 생각할 뿐이고, 그 순간 우리는 우리가 생각하는 대상과 분리되기 때문이다. 우리와 우리가 생각하는 대상 사이에는 마치 1조 분의 1초 정도의 미세한 간격처럼 아주 얇은 막이 존재한다. 우리가 어떤 것을 감각하거나 경험을 쌓을 때도 마찬가지다. 경험하는 사람과 경험 자체는 그 사이에 마치 얇은 막이 있는 것처럼 구별된다. 그 막이 얼마나 얇은지는 상관이 없다. 아무리 얇아도 그것은 강철과 같으며, 항상 우리를 경험이 일어나는 자리에서 분리시킨다.

이러다간 깨달을 수 없을 것이라는 절망이 충분히 깊어지면,

우리는 소리 없는 아우성을 내지른다. '여기에서 날 꺼내줘! 나가고 싶어! 포기할게. 모르겠어. 항복해.' 그 순간, 절망이 충분히 깊어진 바로 그 순간, 막이 살짝 걷힌다. 하지만 마음 밑바닥에는 내려놓고 싶은 마음이 없다. 그래서 사람들은 대부분 다른 가능성을 생각하기 시작한다. '내 생각만으로는 해결되지 않을 것 같아. 그렇다면 이제 새로운 가능성에 마음을 열어야 해. 람 다스의 책을 읽어 보자. 앉아서 천천히 따져보는 거야.' 그런 마음이라면 그만두는 게 낫다. 왜냐하면 내면의 심판자는 이미 변하지 않겠다고 게임을 설정해 놓았기 때문이다. 우리는 "내가 생각했던 방식과 맞지 않는 것은 받아들이면 안 돼."라고 말한다. 심지어 이것저것 나름대로 판단하여 "뭔가 이상해."라든가 "사이비 아냐?"라든가 "너무 비현실적이야."라는 등등, 뭐라고 말하든 결국 그것을 우리의 세계 밖으로 멀리 밀어내 버린다. 이것이 바로 내면의 심판자가 기능하는 방식이다. 이렇게 하지 않으면 우리가 알고 있던 세계는 무너질 위험이 있기 때문이다.

중국 선종의 제3대 조사祖師가 제안한 것처럼, 자신의 의견과 판단이 우리 자신을 더 깊은 구덩이로 몰아넣고 있다는 사실을 깨닫고 내려놓을 때, 우리는 우리 자신의 알량한 지식을 포기하게 된다. 물론 무척 어려운 일이긴 하다. 우리가 속한 문화는 이성적 사고라는 금송아지를 숭배하는 것에 기반하고 있기 때문이다. 반면, 다른 차원의 앎, 가령 우리가 직관이라고 부르는 것과 같은 앎에 대해서는 전혀 인정하지 않는 문화가 팽배해 있다. 직관은 어딘가 조잡하고, 논리적이지 않으며, 분석적이지도, 명료하지도 않은 것으로 치부된다. 우리 중 어느 누구도 학술회의에 참가해서 "내 직관으로는…"이라고는 말하지 않을 것이다. 대신, "나는 귀납적 추론을 바탕으로, 영가설이 기각될 것이라는 가설을 세웠다."라고 말한다. 사실, 이 두 표현은 같은 의미를 내포하고 있음에도 불구하고, 우리는 후자와 같은 방식으로 말함으로써 분석적이고 논리적으로 추론하고 있다고 믿어왔다. 어쩌면 우리 중 몇몇은 이 게임이 어떻게 돌아가고 있는지를 알아차렸을 것이다. 아인슈타인이 "나는 우주의 근본 법칙을 이해하는 데 이성적인 사고를 사용하지 않았다."라고 말했을 때, 그의 동료들 중 많은 이들은 아인슈타인을 괴짜라고 여겼다. 왜냐하면 이성적 사고는 오랫동안 우리 사회의 최고 권위로 군림해 왔기 때문이다. 그러나 이성적 사고라는 것은 아주 작은 시스템에 불과하며, 보다 상위의 메타 시스템meta-systems과 그보다 더 상위의 메타 메타 시스템meta-meta-systems이 존재한다. 그 시스템의 문은 오직 우리가 논리적이고 분석적인 사고를 초월할 때에만 비로소 열린다.

나는 사회과학자로서 연구할 수 있는 것만 연구해 왔다. 연구 대상으로 삼은 것들은 실제 내게 일어나고 있었던 일들과는 별개였으며, 그저 연구할 수 있었기 때문에 해왔던 것뿐이다. 이 상황은

가로등 아래에서 시계를 찾는 술 취한 사람의 이야기와 비슷하다. 한 행인이 다가와 그와 함께 시계를 찾기 시작한다. 그러나 가로등 아래에서는 아무래도 시계를 찾을 수 없었다. 참다 못한 행인이 묻는다. "도대체 시계를 어디에서 잃어버린 거죠?" 술 취한 사람이 대답한다. "저기 어두운 골목길에서 잃어버렸어요. 하지만 여기가 더 밝으니까 여기서 찾고 있는 거예요." 우리는 저 멀리 어두운 곳에서 잃어버린 것을 분석적 사고라는 빛 아래에서만 찾고 있었던 것이다.

오래전 인류는 무언가를 붙잡을 수 있는 인간의 능력에 완전히 매료되었다. 엄지손가락과 집게손가락을 이용해 다른 어떤 종種도 할 수 없는 정교한 작업을 할 수 있다는 사실에 열광했던 것이다. 그것은 꽤 놀라운 일이었고, 실로 우리에게 엄청난 힘을 주었다. 그러나 그것은 예측과 기억, 복잡한 사고 등 대뇌피질이 하는 일에 비하면 아무것도 아니었다. 여기서 끝이 아니다. 심지어 우리는 달에도 갈 수 있게 되었다. 물론 이 정도의 성취도 끝은 아닐 것이다. 흥미로운 점은, 우주에 대한 인간 중심의 세계관이 최종적인 것이 아니라는 주장을 했다는 이유만으로 과거에는 여러 사람들이 화형에 처해지기까지 했다는 사실이다. 우리는 계속해서 물리적 우주가 모든 것의 중심이라는 관점을 받아들이며 살아왔다. 그러나 물리적 우주조차 그저 하나의 우주일 뿐이라는 사실이 드러났다. 물리적 우주에 우리가 그토록 지대한 관심을 기울여야 할 필연성이 있는 것도 아니고, 이런 사실이 우리의 에고에 어떤 손상을 입히는 것도 아니다.

작은 포기의 순간이 찾아올 때, 우리가 가진 어떤 기술을 통해 이성적 사고의 틀을 벗어나든, 우리를 뒤흔들 만큼의 충격적인 경험을 하든, 아니면 오랜 세월을 살아오면서 결국 우리가 생각했던 방식으로는 결코 깨달을 수 없다는 것에 절망하든, 그 원인이 무엇이든, 그 순간 우리는 우리가 누구인지, 그리고 이 모든 것이 무엇에 관한 것인지에 대한 또 다른 가능성이 존재함을 경험하게 된다. 그것은 마치 신과 인간의 손이 막 닿으려는 순간을 묘사한 시스티나 성당의 천장화와 같다. 절망이 가장 깊어진 순간, 우리가 간절히 손을 뻗을 때 은총이 내려오고, 우리는 모든 것이 지금껏 생각했던 방식과는 전혀 다르다는 깨달음과 통찰을 경험하고 기억하게 된다. 하지만 이런 변화가 너무 격렬하게 일어나면, 우리는 자신이 정신이 나갔다고 생각할지도 모른다.

우리가 미쳐버렸다고 확신시키려는 사람들이 있다. 또 미친 사람들을 위한 장소도 존재한다. 사냥을 하는 부족들 사이에서는 신비주의자들이 정신이상자 취급을 받았다. 사냥을 위해서는 계속 움직여야 하는데, 노인들과 미친 사람들까지 데리고 다닐 수는 없기 때문에, 이들을 떼어놓아야만 했다. 만약 우리가 깨달음을 얻는 순간, 그것을 쉽게 받아들일 수 있는 어떤 특정한 자리에 있다면, 그리고 그 깨달음이 아주 자연스럽게 찾아온다면, 혹은 이것을 함께 이해하는 누군가가 곁에 있거나, 머리로만 알고 믿지 못했던 것을 직접 경험하게 된 것이라면, 그리고 이 모든 것이 카르마의 문제라면, 또 어떤 형태로든 우리를 지지해 줄 구조나 시스템이 있다면, 우리는 "다른 사람들은 전부 내가 미쳤다고 생각하지만, 나는 미치지 않았어요."라고 말할 수 있다.

이건 내가 하버드에서 쫓겨났을 때와 비슷하다. 나는 하버드에서 해고된 첫 번째 교수였기 때문에 기자회견이 열렸고, 나를 인터뷰하려는 기자들과 사진기자들이 몰려들었다. 그들은 하나같이 나를 큰 싸움에서 막 패배한 전사처럼 바라보았다. 나는 그동안 모범생으로 살았고, 차근차근 경력을 쌓아 마침내 하버드에 들어왔지만, 그들에게 이제 나는 치욕 속에 사라질 운명처럼 보였던 것이다. 명망 높은 교육기관이 나를 불명예스럽게 해고했다. 그들의 얼굴에는 패배자를 대할 때 짓는 표정이 어려 있었다. 당시 나는 며칠에 한 번씩 나의 동료인 티모시Timothy와 함께 LSD를 복용하고 있었고, 함께 어울리던 친구들은 세계를 초월한 또 다른 영역으로 들어가고 있었다. 나는 기자들과 사진기자들을 보면서 이렇게 생각했다. "이 불쌍한 사람들." 그리고 주위를 둘러보니 나를 제외한 모든 사람들이 오직 하나의 현실만을 믿고 있는 것이 보였다. 나는 임상심리학자였으므로 정신이상의 정의에 대해 모를 수가 없었다. 내 안의 한 목소리가 이렇게 말했다. "이봐, 너 진짜 미친 거 아니야?" 또 다른 목소리도 말했다. "가, 가, 가! 계속 가! 네가 맞아!"

위를 올려다보는 순간, 내면을 들여다보는 순간, 그때부터 귀환의 여행이 시작된다. '하나'의 상태에서 출발한 우리의 여정은, 첨단 기술과 물질주의로 이루어진 복잡한 구조에서의 편집증적 다원적 세계로 빠져들어 간다. 그러고는 절망이 충분히 커지면, 방향을 전환하여 다시 하나로 돌아가는 길을 걷기 시작한다. 그 순간부터 우리의 존재는 변화하기 시작한다. 그 이전까지의 우리는 우리들 각자의 개별적인 차이를 숭배하며 살았다. 스스로를 더 아름답고, 더 젊고, 더 똑똑하다고 여기거나, 혹은 그렇게 되기를 바라거나, 아니면 주목받을 수 있는 어떤 차이를 만들어내는 데 온 신경을 쏟으며 살아왔다. 왜냐하면 그래야만 보상이 주어지기 때문이다.

그래서 우리는 반짝이는 은빛 스팽클에 금빛 장식이 된 화려한 옷을 입고는, 이것이 우리를 특별하게 만든다고 생각한다. 사람들도 "넌 정말 특별해."라고 말해준다. 그러나 어느 순간 주위를 둘러보고는 또 다른 현실을 감지하게 된다. 내면 깊숙한 곳에서 무언가가 우리를 끌어당기기 시작한다. 마치 불꽃이 나방을 끌어당기는 것처럼 그것은 피할 수도, 되돌릴 수도 없이 우리를 끌어당긴다. 아주 오랫동안, 어쩌면 수많은 생애를 거치면서 우리는 계속해서 불꽃으로 날아오르려 하다가 날개만 태웠을지도 모른다.

　이제, 우리의 날개가 불길에 그을리든, 불길이 우리를 정화시키거나 파괴시키든, 그것은 우리가 스스로를 누구라고 생각하느냐에 달려 있다. 왜냐하면 불은 오직 들러붙은 것들만 태울 수 있기 때문이다. 불은 자기 스스로를 태우지 않는다. 그리고 진실은, 우리가 곧 그 불이라는 것이다.

깨달음의 전수

영적인 이야기를 많이 주고받는다고 해서 영적인 변화를 경험하게 되는 것은 아니다. 우리는 그것 자체가 되어야 한다. 우리가 나누고자 하는 깨달음은 본질적으로 개념적인 것이 결코 아니기 때문이다. 나도 내가 알고 있는 것들을 당신과 나누겠지만 그 너머에는 더 많은 것들이 있으며, 단순히 말뿐이 아닌 진짜 변화를 위해 우리는 진정으로 자신이 누구인지를 인정해야 한다. 왜냐하면 이미 알고 있는 것에 대해 확신하고, 또 그것만으로 충분하다고 생각한다면, 깨달음의 말을 듣게 되더라도 그 말을 제대로 받아들이지 않을 것이기 때문이다. 힘든 여정을 지나고 많은 정화의 순간을 거쳐 마침내 히말라야 동굴에 도착하면, 우리는 가르침을 전수받을 준비가 되어 스승 앞에 앉게 된다. 하지만 오늘날에는 굳이 고생 고생해서

히말라야 동굴에까지 갈 필요 없이, 깨달음에 관한 말을 언제 어디에서나 들을 수 있게 되었다. 힘들게 고생을 하지 않고도 말씀을 들을 수 있다고 해서 깨달음을 쉽게 전수받을 수 있는 것도 아니고, 그렇지 않은 것도 아니다. 영적 깨달음이라는 것은 시간이나 공간과는 크게 상관이 없다. 깨달음은 우리의 육체나 개성과도 거의 관련이 없다. 몸이나 개성을 자기 자신과 동일시하는 에고가 깨지지 않으면 안 된다. 돈 후앙Don Juan이 카스타네다Castaneda의 개인사(에고가 걸어온 길)를 파괴시켰을 때에야 비로소 진짜 변화가 일어났던 것처럼.

강연을 들을 때나 책을 읽을 때, 우리는 그때그때 상황에 맞추어 우리의 눈과 귀, 그리고 개념적이고 분석적인 마음을 포함한 일련의 수신 장치를 조율한다. 그러나 깨달음을 전수받기 위해서는 마음 이상의 것이 필요하다. 진정한 자기 자신이 되기 위해 이번 생을 다 바치겠다는 열망이 있어야 한다. 우리의 시야를 왜곡되게 하고 좁게 만드는 집착과 애착에서 벗어나겠다는 간절한 열망이 있어야 한다. 우리가 이 지구에서 무엇을 하고 있는지, 우리의 역할이 무엇인지에 대해 진정으로 알고자 하는 열망으로 타올라야 한다. "나는 내 감각과 생각하는 마음의 현실 너머의 것을 원한다."라고 말하기 위해서는, 누구나 인생에서 겪게 마련인 도道와 우주의 조화, 그 흐름과 하나 되는 순간을 소환해야 한다. 그 순간에 우리는, 우리의 분리된 의식과 자기 인식을 내려놓고, 나무나 시내나 들판처럼 더 큰 흐름의 일부가 되어 그 순간을 현재로 끌어당겨 삶의 전경前景으로 만들고, 그러면 삶의 다른 것들은 배경으로 물러나게 된다.

그런 순간들에 우리는 마음이 만들어내는 모든 질문에 답할 수 있을 뿐만 아니라, 영혼이 필요로 하는 모든 양식을 갖게 된다. 단지 그것을 알아차리지 못했을 뿐이다. 그래서 우리는 우리가 진정 누구인지를 서로 상기시켜 주기 위해 모임을 갖는다. 우리가 찾고 있는 것은, 찾는 행위를 하고 있는 바로 우리 자신이다. 그런 일은 우리 주변에서 내내 일어나고 있으며, 우리가 바로 그 일어나는 일 자체이다. 그래서 다음번에 무언가가 시작되기를 기다리며 앉아 있을 때, 우리는 사실 아무것도 시작될 필요가 없다는 것을 깨닫게 된다. 왜냐하면 그 모든 시작과 중간, 끝 모두가 이미 우리 자신이기 때문이다.

진실은 이렇다. 사실 내가 당신과 나누고자 하는 것은, 시간도 없고 공간도 없는 것이다. 서양에 대립되는 동양을 이야기하고자 하는 것도 아니요, 과거에 대립되는 지금을 나누고자 하는 것도 아니다. 또한, 특정 종교의 전유물도 아니다. 그것은 진정한 영spirit으로 살고 있는 모든 존재에게 보편적인 것이다. 강연에 나설 때마다, 나는 입문 수준의 강의에 적합한 사람들이 많다는 것을 발견한다. 물론 중급, 즉 대학 강의 정도를 들을 준비가 되어 있는 사람들도 있다. 대학원 과정의 세미나와 같은 고급 과정에 적합한 이들도 있는데, 그들은 이미 삶 속에서 이를 위해 헌신할 준비가 되어 있는 사람들이다.

고급 과정을 원하는 사람들은, 만약 우리가 함께하는 동안 내면의 고요함을 함양할 수 있다면, 구하고자 하는 영적 깨달음을 전수받을 수 있을지도 모른다. 만약 말 속에서 길을 잃지만 않는다면 말이다. 말은 새 떼와 같기 때문에, 이쪽에서 날아와 저쪽으로 날아가 버린다. 만약 자신에게 무슨 일이 일어나고 있는지를 알고 싶은 적극적인 마음을 가진 사람이 있다면, 나는 그들에게 말로써 설명할 것이다. 그리고 그들의 적극적인 마음은 내게서 들은 말을 씹고, 모으고, 받아 적고는, 시간이 지나 종이가 누렇게 될 때까지, 조용히 앉아서 가슴을 열고 마음이 고요해질 때까지 그것들을 간직할 것이다. 왜냐하면 우리가 진실로 받기를 갈망하는 영적 깨달음은, 이성적인 사고로는 완전히 이해할 수도, 완전히 파악할 수도, 온전히 받아들일 수도 없어 우리를 곤경에 빠트리기 때문이다. 이성적인 마음이 할 수 있는 것은 단지 어떤 것을 가리키며 "저쪽으로 갔다!"라고 말하는 것뿐이지만, 우리가 구하고자 하는 것은 단순히 그것을 아는 것을 뛰어넘어 그것 자체가 되는 것이다. 이러한 앎은 우리가 우리 자신을 변화시켜 그것 자체가 되었을 때에만 이해될 수 있다는 점에서, 우리를 매우 특이한 딜레마에 빠지게 만들기도 한다.

3

게임의 법칙

　이 게임의 간단한 규칙은 현재 자기 자신의 상태에 대해 스스로에게 솔직해지는 것, 그리고 모든 것을 있는 그대로 듣는 법을 배우는 것이다. 명상은 점점 더 깊이 듣는 방법이며, 이를 통해 우리는 모든 것이 어떻게 존재하는지를 더 깊이 듣게 된다. 있는 그대로 듣기 위해서는 듣고자 하는 대상에 열려 있어야 하고, 열린 가슴을 가져야 한다.

　우리는 지금 이 순간의 삶을 있는 그대로 받아들일 수 있다. 우리가 삶의 형태를 바꾸거나, 짜증나는 상대와 관계를 끊거나, 직업을 바꾸거나, 이사를 가거나 하는 식의 어떤 행위를 통해서 신께 가까워질 수 있다고 생각하는 것은 착각이다. 우리가 가진 고정관념을 포기하든, 머리를 자르든, 기르든, 면도를 하든… 이 게임에서 중요한 것은 게임의 형태가 아니라, 그 형태를 채우는 존재의 본질이다. 내가 만약 변호사라면, 영적 깨달음을 얻은 후에도 계속 변호사 일을 할 수 있다. 단지 변호사로서의 내 존재를 신께 다가가는 한 방법으로 사용할 뿐이다.

어떤 삶의 형태가 다른 형태보다 더 영적이라고 생각하는 것은 착각이다. 아쉬람은 내가 지금껏 경험했던 어떤 곳보다 무겁고, 예민하고, 정치적인 곳이었다. 물론 매우 아름다운 영적 공간이기도 했다. 하지만 본질적으로, 아쉬람이나 수도원이라고 부르는 곳에 살고 있다고 해서, 반드시 신께 더 가까워지는 것은 아니다.

진화의 과정을 통해 성장하여, 이 소중한 삶이 깨어나기 위한 기회이며, 신을 알고, 어쩌면 신이 되는 기회라는 것을 이해하게 된 사람에게는, 삶의 모든 것이 깨어남을 이루기 위한 도구가 된다. 결혼, 가족, 직업, 놀이, 여행 이 모든 것이. 우리는 우리의 삶을 영적으로 만든다. 『바가바드 기타』에서 크리슈나 Krishna 가 "당신이 해야 할 일을 하되, 그 행위의 열매는 나에게 바쳐라."라고 말할 때, 그것은 우리가 모든 것을 깨달음을 향해 나아가는 과정 속에서 행해야 한다는 것을 의미한다. 그러므로 누군가 우리에게 "당신은 누구입니까?"라고 물으면, 그 대답은 "나는 변호사이다."도, "나는 주부이다."도 아니다. 정답은 "나는 신께 나아가는 존재이다. 나는 법과 관련된 일을 하고 있는데, 이것은 올바른 생계를 유지하고,

성전인 내 몸을 보호하며, 내 책임을 다함으로써 신께 가기 위함이다. 나는 누군가와 관계를 맺고, 어떤 상황 속에서 살아가는데, 그것은 나의 카르마를 완수하고 신께로 나아가는 데 있어 나에게 최적의 조건이 되기 때문이다."라고 말하는 것이다. 그것은 그만큼 단순한 일이다.

우리는 이번 생을 통과하면서 길을 찾아가게 되는데, 각자 저마다 다른 길이 있다. 어떤 길이 다른 길보다 더 나은 것은 아니며, 그저 다를 뿐이다. 우리는 자기 자신의 길을 존중해야 한다. 우리 중 어떤 이들은 스스로를 마치 반쪽짜리 존재처럼 느끼고 또 다른 반쪽과 연결이 될 때에야 비로소 온전해지고 신께 나아갈 수 있다고 생각한다. 그런가 하면, 어떤 이들은 홀로 신께 나아가는 여정을 선택한다. 어떤 길이 더 낫거나 못한 것이 아니다. 그저 다를 뿐이다. 만약 우리가 가치에 대한 판단을 넘어설 수 있다면, 우리는 결혼 여부에 대해서도 사회적 압력에 휘둘리지 않고 스스로 무엇을 해야 하는지를 있는 그대로 들을 수 있을 것이다.

진정한 결혼은 신과의 결혼이다. 우리가 물질적 세계에서 파트너와 결혼을 하는 것은, 신께로 함께 나아가기 위해서이다. 그것이 깨어 있는 사람들이 결혼을 하는 유일한 이유이다. 만약 우리가 경제적인 이유로 결혼한다면, 만약 우리가 성적 열망 때문에 결혼한다면, 만약 우리가 로맨틱한 사랑 때문에, 편의를 위해, 성적 만족감 때문에 결혼한다면, 그것은 결국 고통을 가져올 것이다. 의미 있는 유일한 결혼 계약은, 신께 다가가기 위해 하는 것이고, 이것이 본래의 계약이 갖는 의미이다. 이것이 바로 의식적인 결혼의 본질이다.

사실, 우리가 하는 모든 일은 똑같은 본질을 가지고 있다. 준비가 되면, 우리는 전경과 배경을 바꾼다. 내 삶에서 전경으로 있던 것이 배경으로 물러나고, 배경에 깔려 있던 것들이 전경이 된다.* 우리의 개인사는 영적 여정이 되고, 우리의 에고 중심적 세계는 무한한 빛의 세계의 아주 작은 하나의 입자가 된다.

주위를 둘러보면, 우리는 이미 여러 관계들을 맺고 있다는 것을 알게 된다. 그중 일부는 신을 향한 여정을 함께하는 관계가 아니어서, 관계를 맺게 된 이런저런 표면적인 이유가 사라지고 나면, 관계도 함께 사라진다. 때로는 친구라고 여기던 관계가 더 이상 그렇게 부를 수 없는 사이가 되어버린다. 그들은 우리가 가는 것과는 다른 길을 간다. 아주 당연한 일이다. 또 어떤 관계는 평생토록 벗어나지 못한다. 부모, 자녀, 그리고 다양한 관계의 친척들이 그렇다. 우리는 이 관계에서 벗어나지 못한다. 이것이 바로 우리가 이번 생에 짊어지고 온 카르마이다. 우리가 그들과 다른 속도로 성장하여, 그들이

 * 시각에 따라 전경과 배경이 달리 보이는 이미지를 뜻한다. 예시된 그림에서는, 검은색을 배경으로 삼으면 잔으로 보이고, 흰색을 배경으로 삼으면 두 사람이 얼굴을 맞대고 있는 모습으로 보인다.

우리를 과거의 모습으로 끌어당긴다면, 우리는 그들과의 관계를 우리 자신을 정화하는 불꽃으로 삼아야 한다. 그래서 누군가 다가와 "안녕, 딕." 혹은, "안녕, 리처드."라고 나의 옛 이름을 부르며 말을 건네도, 그 순간 조금도 흔들림 없이 평온한 마음으로 "네."라고 대답할 뿐, "나는 이제 람 다스라는 이름을 쓴답니다."라고 답할 필요가 없다. 우리는 우리들 삶의 공간 안에 주어진 카르마와 더불어 살아갈 뿐이다.

이런 맥락에서, 결혼은 매우 독특한 특성을 가진다. 왜냐하면 결혼 계약은 파트너를 우리가 벗어날 수 없는 부모나 자녀 같은 관계로 설정하기 때문이다. 이 관계는 우정과는 달리, 쉽게 벗어날 수 있지 않다. "죽음이 우리를 갈라놓을 때까지" 계속해서 함께해야 할 카르마와 같은 것이다. 남편이나 아내가 세상에서 가장 끔찍한 인간이라 하더라도, 그 역시 우리의 카르마인 것이다! 만약 우리가 정말로 신과 함께 하고자 한다면, 남편이나 아내가 어떤 사람인지는 큰 문제가 되지 않는다. 그러나 어떤 이들은 결혼을 독특한 종류의 우정으로 치부하기도 하고, 심지어 결혼 제도를 더 이상 특별하게 여기지 않는 현대의 문화적 관점을 받아들이기도 한다. 마치 어떤 친구와 관계를 맺고 살다가 어느 시점부터 소원해지고, 그러다 결국 관계가 끊어지는 것처럼, 결혼도 같은 방식으로 시작하고 끝을 낸다. 카르마적인 상황에서, 만약 우리가 무의식적으로 결혼을 했다면,

우리는 무의식적으로 딜레마에 직면하게 된다. 파트너와 계속 함께하든 그렇지 않든, 그것은 카르마 차원에서 그리 중대한 문제가 되지 않는다. 하지만 만약 우리가 의식적으로 결혼을 하고 의식적으로 그 관계를 깨버린다면, 그것은 다른 문제이다.

이것은 낙태의 문제에도 마찬가지로 적용된다. 무의식적인 사람들은 그 행위의 의미를 이해하지 못하고 낙태를 선택한다. 그들의 카르마는 비교적 가벼운데, 그 행위가 기계적인 마음 작용에서 비롯되었기 때문이다. 그들은 자신이 무엇을 하고 있는지 인식하지 못한다. 그들은 욕망과 탐욕, 두려움과 개인적인 번민에 휩싸인 채로 움직인다. 그들은 그저 길을 잃은 것이다. 그러나 존재가 깨어나고 자신의 처지를 인식하게 되면, 삶의 스타일은 문제가 되지 않는다. 어느 한 가지 스타일이 다른 스타일과 크게 다르지 않기 때문이다. 삶의 모든 것들이 그저 깨어남을 위한 방앗간의 곡식이 될 뿐이다. 깨어난 존재는 삶을 더 멋지게 만들기 위해 이것은 죽이고 저것은 살리는 식의 선택은 하지 않는다. 그들은 그저 주어지는 대로 받아들이면서, 그것과 함께 나아갈 뿐이다.

신과 더 가까운 삶의 형태라는 것은 없다. 모든 형태는 단지 형태일 뿐이다…. 독신으로 사는 것이 결혼해서 사는 것보다 더 낫지도 않고, 결혼해서 사는 것이 독신으로 사는 것보다 더 좋은 것도 아니다. 각 개인은 자기만의 독특한 카르마적 상황을 가지고 있으며, 따라서 각자는 자기만의 다르마, 자기만의 길, 자기만의 여정에 매우 주의 깊게 귀를 기울여야 한다. 누군가에게는 어머니로서의 삶이, 또 다른 누군가에게는 금욕적인 삶이나 독신주의자로서의 삶이 그 길일 수 있다. 어떤 사람은 재가자로서의 삶을, 어떤 사람은 사두sadhu 나 방랑 수도승의 삶을 선택할 수도 있다. 어떤 것이 다른 어떤 것보다 더 낫거나 더 못한 것은 없다.

부처나 그리스도가 그렇게 했다는 이유로, 다른 사람의 다르마를 살아간다고 해서 우리도 신께 다다를 수 있는 건 아니다. 그 길은 우리를 모방쟁이로 만들 뿐이다. 이 게임은 훨씬 더 미묘하다. 우리는 매 순간, 매 선택마다, 우리의 여정이 어떻게 흘러갈 것인지 귀 기울여야 한다. "이 길이 나를 신께 더 가까워지게 만드는가, 아니면 그렇지 않은가?" 우리는 결국 진실이 우리로 하여금 신께 가까워지도록 만든다는 것을 배우게 될 것이다. 솔직함이 신께 가까워지도록 만든다는 것을 배우게 될 것이다. 마음의 단순함이 신께 가까워지도록 만든다는 것을 배우게 될 것이다. 열린 가슴이 신께 가까워지도록 만든다는 것을 배우게 될 것이다. 특정한 행위들, 예를 들어 마약을 하는 행위는 신께 가까워지는 느낌을 갖게 하지만, 시간이 지나면 그런 행동이 우리를 신께 더 가까이 데려가지는 않는다는 것을 알게 된다. 그리고 마침내 스스로에게 정말로 솔직해지면, 그것이 우리에게 하나의 가능성을 보여준 것뿐이지, 그 가능성을 실현시켜

준 것은 아니었다는 것을 깨닫게 된다. 우리는 행복이 슬픔이나 불행, 고통, 혹은 고난보다 더 빠르게 우리를 깨우는 것이 아니라는 것도 깨닫게 된다. 오히려 그 반대로, 고통과 고난이 우리를 더욱더 깨어나게 한다. 왜냐하면 우리가 고통이나 고난을 경험하는 유일한 이유는, 무언가, 혹은 누군가에 대한 집착이기 때문이다.

세상을 있는 그대로 이해함으로써 생겨나는 자비를 가질 때, 우리는 다른 사람들에게 그들이 어떻게 되어야 한다는 식으로 부담을 주지 않는다. 우리는 부모에게 "왜 당신은 영혼에 대해서 알지 못하죠? 왜 내가 채식주의자가 된 것인지 이해하지 못하나요?"라고 묻지 않는다. 남편이나 아내에게 "나는 『라마크리슈나의 복음 Gospel of Ramakrishna』을 읽고 싶은데, 당신은 섹스 생각뿐이군요!"라고 말하지도 않는다. 의식적인 존재는 신과 함께하는 공간을 창조하기 위해 할 수 있는 모든 것을 하지만, 카르마를 훼손하면서까지 그렇게 하지는 않는다. 그래서 우리는 우리의 불을 가지고 작업을 하지만, 결코 자신의 우월함을 과시하는 태도를 갖지 않는다. 우리가 우월한 것이 아니라, 그저 다를 뿐이기 때문이다. 우리는 윤회를 이해하며, 우리를 둘러싼 모든 존재들이 각기 다른 윤회의 단계에 있다는 것을 안다. 그들 중 일부는 인간으로서의 생을 이제 막 시작한 존재로, 오직 물질적인 삶을 정비하는 데 바쁘게 몰두한다. 반면 어떤 존재들은 매우 오래된 영혼으로, 수없이 태어나면서 엄청난 양의 카르마를 정화해 왔으며, 그 결과 영적인 공간인 아카샤akasha로 진입하거나 다시 신께 돌아갈 준비가 되어 있다.

우리 주변에는 고대부터 살아온 영혼도 있고, 갓 태어난 영혼도 있다. 어떤 영혼이 다른 영혼보다 더 낫거나 더 못한 것이 아니라, 그저 다를 뿐이다. 스무 살이 쉰 살보다 더 젊어서 좋은가? 그저 다를 뿐이다. 우리가 더 깨어 있다고 해서 덜 깨어 있는 사람을 두고 잘못되었다고 판단할 수 있는가? 성적으로 성숙한 어른이라고 하여 사춘기 이전의 아이들을 두고 잘못되었다고 할 수 있는가? 우리는 이해한다. 자비심을 가지고. 때로 자비란 단순히 다른 사람을 그대로 내버려두는 것이다. 결코 어떤 특정 방향을 강요하지 않는다. 우리는 그저 자신의 영적 진화 수준을 그대로 드러내며 존재할 뿐이다. 누구든 필요로 하는 것이 있다면, 그들이 요청하는 범위 내에서 기꺼이 제공할 수는 있다. 그러나 다른 사람에게 특정한 길을 강요할 수 있다는 생각은 잘못된 것이다.

나는 과거에 사람들을 만나면 그들이 어떻게 변할 수 있을지 상상하며, 그들이 내가 바라는 모습으로 변하기를 바랐다. 그 마음을 담아 그들을 바라보고, 접촉하고, 특정한 방식으로 그들을 대했다. 그리고 나면 그들은 내가 원하는 모습으로 변화하기 시작했다. 내가 "이것 좀 봐."라고 말하면 그들은 "오, 고맙습니다. 감사합니다." 하고 답했다. 그들은 나를 사랑했고, 따라다니고 싶어 했다. 그러나 하루가 지나고, 일주일이 지나고, 한 달이 지나면, 그들은 다시 본래의 모습으로 돌아갔다. 그들은 나의 바람에 따라 살았을 뿐, 자신들의 바람은 전혀 반영하지 않은 삶을 살았기 때문이다. 그들은 실제로 자신들의 진화 과정에서 필요로 하는 모습이 아니라, 내가 그들에게 바라는 대로 살고 있었다. 적어도 그러려고 애썼다. 우리가 할 수 있는 최선은, 우리가 만나는 모든 사람들이 그들 스스로 가장 최적의 방식으로 열릴 수 있는 환경을 조성하는 것이다. 아이를 '키우는' 방법은, 우리의 사랑과 의식으로 그 아이가 자신의 인생에서 될 수 있는 무엇이든 될 수 있도록 허용하는 공간을 창조하는 것이다.

우리가 치료사이든, 결혼 파트너이든, 영적 스승이든, 인간 관계에서 맡게 되는 역할이 무엇이든, 결국 본질은 항상 같다. 예를 들어, 교통 경찰관의 업무가 사람들에게 교통위반 딱지를 발부하는 것이라 해도, 그것을 어떻게 주느냐는 그의 내면적 성장 수준에 달려 있다. 어떤 방식으로든, 심지어 교통위반 딱지를 주면서도 사람들에게 깨달음을 줄 수도 있다. 왜냐하면 이 게임에는 정해진 형식이 없고, 중요한 것은 형태가 아니라 그 속에 어떤 존재로 깃드냐에 있기 때문이다. 얼마나 거룩해 보이는가의 문제가 아니다. 살아있는 그리스도의 영이 되고, 붓다의 자비가 되고, 크리슈나의 사랑이 되고, 타라Tara나 칼리Kali의 탁월한 지혜가 되느냐가 핵심이다. 어떤 행동이나 감정이 다른 것에 비해 특별히 더 거룩하고 신성한 것은 아니다. 하지만 사람들은 종종 어떤 특정한 감정을 표현하는 행위가 더 신성한 것이라고 여긴다. 예를 들어, 마하라지가 "람 다스, 화내지 마."라고 말했을 때, 나는 "마하라지, 분노를 가르침의 도구로 사용할 수도 있지 않나요?"라고 물었다. 그는 화난 목소리로 단호하게 말했다. "안 돼!" 이 게임에는 수많은 단계가 존재하기에, 분노에 대한 감정처리법도 단계마다 다를 수밖에 없을 것이다.

물론, 깨어난 존재들은 특정 행위를 하지 않지만, 그것은 의식적으로 그렇게 하지 않는 것이 아니라, 흐름 속에서 저절로 그런 행위를 하지 않게 되기 때문이다. 자기 본질을 마냥 감추고 지낼 수는 없다. 많은 사람들이 묻는다. "채식은 꼭 해야 하나요? 안 해도 되는 것 아닌가요?", "섹스를 해도 될까요? 하면 안 되는 건가요?", "꼭 40분 동안 명상을 해야 하나요? 더 짧게 해도 괜찮지 않을까요?" 정해진 시간 동안 명상하고, 정해진 음식만 먹으며, 모든 것을 완벽하게 해내는 사람들조차도 옳음과 의례가 속박이 된 금빛 사슬에 갇힐 수 있다. 그것은 영적으로 해방되는 것이 아니다. 하지만 결국 우리는 영적 수행을 하게 된다. 그것은 의무감 때문이나 죄책감 때문이 아니라, 단지 그것을 해야 하기 때문이다. 그렇게 할 것을 스스로에게 요구하는 것이다. 명상을 통해 마음을 가라앉히기 위해서는 고통을 겪을 수밖에 없다. 그것은 누군가가 "마음을 고요히 하십시오."라고 말했기 때문이 아니라, 우리의 혼란스러운 마음이 우리를 미치게 만들고 마음이 고요해지는 것을 계속해서 방해하기 때문이다. 우리는 기도하는 법을 배우고, 경전을 읽으며, 봉사하고, 찬송을 하며, 또 마음을 열고 그리스도에게 우리를 사랑으로 채워달라고 간청한다. 그것은 우리가 선한 사람이기 때문이 아니라, 닫힌 마음으로는 우주의 흐름 속에 들어갈 수 없다는 것을 알기 때문이다.

지금 우리가 다루는 주제는 수동성과 능동성, 의지와 선택과 같이 매우 미묘하고 섬세한 문제들이다. 우리는 끊임없이 선택을 해야 하기 때문에, 우리 내면의 가장 깊은 곳에 귀 기울여야 한다. 그 선택은 우주의 흐름과 조화, 그리고 신의 뜻에 따를 것인가, 아니면 거스를 것인가 하는 두 가지 문제로 좁혀진다. 우리는 내면의 소리에 귀 기울이고, 가장 정직한 마음으로 그것을 느껴야 한다. 이 여정은 단 두 가지, 아주 단순한 두 가지 원칙을 토대로 한다. 자기 자신에게 완전히 정직할 것, 그리고 그 완전한 정직함을 유지할 것. 만약 실수를 했다면, 그것을 인정하고 다시 나아가면 된다. 잘못을 덮으려고 하지 말라. 영적인 여정은 끝없이 넘어지는 과정이다. 넘어지면 다시 일어나 툭툭 털어내며 나아가면 된다. 만약 우리가 이미 완벽했다면, 우리는 이 여정을 떠날 필요조차 없을 것이다. 실수를 두려워할 필요가 없다. 잘못된 스승을 선택할 수도 있고, 좋지 못한 수행법에 빠질 수도 있다. 많은 일들이 일어날 수 있다. 그 과정에서 우리는 실수를 하고, 할 수 있다면 그것을 다른 이들의 영적 성장을 방해하지 않는 선에서 바로잡으면 된다. 이 게임의 또 다른 규칙은, 다른 영혼을 절대로 이용해서는 안 된다는 것이다. 만약 신께로 향하는 여정에 다른 존재를 개입시켜야 한다면, 그것은 올바른 길이 아니다. 이런 방법으로는 절대 신께 다다를 수 없다. 그것은 그저 단순한 원칙이다. 우리는 내면에 귀 기울이고, 스스로에게 정직해야 한다. 이것이 게임의 규칙이다. 내면의 소리를 들을 것, 그리고 정직할 것. 물론, 내면에 귀를 기울여 무엇을 들어야 하는지 모를 수도 있다. 수많은 목소리가 말을 걸어온다. "내 말을 믿어. 내가 정답이야.", "최대한 많은 것을 손에 넣어. 이게 정답이야.", "아니야. 다 내려놓아야 해." 슈퍼에고 superego와 본능 id, 그리고 수많은 목소리들이 주인공이 되려고 경쟁한다. 하지만 우리는 계속해서 퀘이커 교도들이 말하는 "고요하고 작은 내면의 소리"를 듣기 위해 노력해야 한다. 더 깊고 더 고요히, 더 깊고 더 고요히. 더 깊은 명상의 세계로 들어갈수록, 우리는 우리의 다르마, 우리의 흐름, 우리의 본향, 그리고 근원으로 돌아가는 길을 귀 기울여 듣게 된다.

4
영적 진화의 사이클

1960년대를 떠올려 보면, 우리는 그때 우리가 미쳐 버린 것인지, 영적인 존재가 된 것인지 무척 헷갈렸다. 그럴수록 더 함께 모여야 했는데, 만약 우리가 정신이상자라면 적어도 우리 같은 사람들이 많다는 사실에서 서로 위안을 얻을 수 있었기 때문이다. 당시 우리는 그동안 절대적인 것으로 여겨지던 현실의 문화로부터 점차 자유로워지는 중이었다.

우리가 자유로워지기 시작했을 때, 거기에는 엄청난 감정의 소용돌이가 있었다. 환희와 기쁨뿐 아니라 폭력과 분노, 혼란이 함께 존재했다. 이런 혼란의 일부는 내면의 변화를 외부에 반영하려고 애쓰는 과정에서 비롯되었다. 일부는 새로운 내면의 존재가 새로운 외적인 존재로 자연스럽게 드러나야 한다는 순수한 발상에서 비롯되었다. 또 일부는 그렇지 못했는데, 우리의 믿음은 여전히 흔들리며 정말로 변화하고 있다는 상징들을 필요로 했기 때문이다. 남성들이 머리를 기르기 시작했던 시기가 있었다. 그것은 기존 사회 질서를 거부하는 공동체적 선언과 대안 경제 시스템과 마찬가지의 상징을 지니고 있었다. 1960년대에 우리는 내면의 자유와 외적인 자유 사이에서, 혁명과 진화 사이에서 혼란을 경험했다. 우리가 겪고 있는 변화의 웅장함을 온전히 이해할 수 있는 모델을 가지고 있지 않았기 때문이다. 그렇기 때문에 우리는 그 변화의 의미를 축소해 버렸다. 우리가 경험하는 바를 그저 사회적이고 심리적이며 정치적인 변화로만 보려고 했던 것이다.

1960년대 후반과 1970년대 초반은 영적 탐구에 광적으로 몰입하는 시기였다. 동양에서 온 영적 모델을 빠른 속도로 받아들였고, 스스로 변화하기 위해 애썼다. 하지만 우리의 변화는 여전히 외형적인 것에서 시작해 내면으로 바꿔가는 방식이었다. 우리는 동양을 상징하는 것과 여러 장비를 받아들였고, 외형을 부처처럼 꾸미기도 했다. 비록 내면은 부처처럼 보이려 애쓰는 수준에 불과했지만. 우리는 헌신과 맹세, 스승과의 관계, 구루의 개념, 그리고 이 영적 여정이 무엇을 의미하는지, 모든 것이 혼란스러웠다. 60년대에는 신God이라는 단어가 마치 금기어처럼 여겨졌기 때문에, 대신 '변성 의식 상태'라는 표현을 사용하기도 했다.

우리가 하는 모든 것에는 여전히 '내가' 할 수 있다는 집착이 깔려 있었다. 즉, 내가 누구인지, 혹은 누구라고 생각하든, 내가 나를 변화시키면, 부처든 예수든, 그 무엇이든 될 수 있다고 믿었다. 우리는 인간이 자연을 지배하는 문화 속에서, 뚜렷하게 경계가 지어진 세계 속에서 살고 있었고, 합리적 사고와 그 힘에 너무 중독되어 있었다. 그래서 어떤 어려움이라도 생각을 통해 해결할 수 있다고 믿었고, 사고와 행동을 통해 새로운 존재 방식을 찾아낼 수 있다고 믿었다. 그러나 문제는, 깨달음은 성취가 아니라는 것이다. 깨달음은 존재 자체의 변화이다. 만약 깨달음이 성취라면, 그 성취와 함께 성취를 일군 자아 또한 사라져 없어져야 할 것이다.

우리들 대부분은 우리가 걷는 이 여정이 어떤 의미를 가지는지 전혀 예측하지 못했다. 하지만 결국 우리는 우리의 여정이 '신'이나 '신께 나아가는 것', 혹은 니르바나 상태와 관련이 있을 수 있다는 것을 이해하기 시작했다. 그런데 사실, 우리는 이 여정을 진심으로 원했던 것이 아니었다. 그 길을 걸어가야 할 것 같은 마음이 들었을 뿐이다. 이것은 완전히 그 게임의 다른 차원이다. 대부분의 사람들은 신께 다가가기를 원하고, 깨달음을 얻기 원하는 마음을 품는 것만으로도 충분하다고 생각한다. 단지 원하는 것만으로도 우리는 차분함을 유지할 수 있고, 안전하다고 느끼며, 올바른 방향으로 가고 있다는 기분을 가질 수 있다. 하지만, 당신이 공 空 속으로 사라지기 시작할 때면, 약간의 두려움을 느낄 수 있다.『지금 여기에 있으라 Be Here Now』에서 '선연한 영적 체험'이라고 언급했던 바로 그 지점이다.

우리의 진정한 강함은 우리 자신이 처한 곤경에 대해 정직한 태도를 갖는 것에서부터 비롯된다. 우리는 무언가를 맛보았고, 마치 불빛을 향해 날아가는 나방처럼 그것에 이끌려 가고 있다. 우리는 우리가 갖고 있는 두려움을 인식한다. 이제는 감정적 과장과 극적인 몸짓을 하는 경우가 많이 줄었고, 영적 변화를 위해 필요한 존재의 정화 작업을 인내심을 가지고 꾸준히 수행하고 있다. 우리는 우리가 그것을 움켜쥘 수 없다는 것을, 그렇다고 외면할 수도 없다는 것을 깨닫는다. 이미 모든 시도를 다 해보았으니까. 그것을 붙잡으려고 하면, 한순간 높이 올라가도 결국 다시 내려오고 만다. 남는 것이라고는 시들어가는 과거의 경험들에 또 하나의 일시적인 황홀감을 쌓는 것뿐이다. 우리는 그것을 밀어내고, 아무것도 없던 상태로 돌아가려고 애쓴다. 하지만 그렇게는 되지 않는다. 우리가 언제든 경험하고 싶은 아주 강렬한 감각적 즐거움에 빠질 때면, 어김없이 속삭이는 내면의 소리가 있다. "너는 지금 엄청난 감각적 즐거움에 빠져 있어." 그 소리가 들리면, 우리는 완전히 들어갈 수도, 완전히 빠져나올 수도 없다. 우리는 지금 여기, 그 사이에 있다.

멜로드라마는 이제 스러져가고 있다. 이제 우리는 우리가 외적인 세계를 내면적 깨달음과 진정성 있게 조화시키고 있다는 것을, 그리고 무언가를 증명하기 위해 굳이 외적인 것들을 꾸며낼 필요가 없다는 것을 인식한다. 우리는 지나치게 지성을 앞세우지 않는 법을, 생각만으로 거룩함에 도달하지 않는 법을 배우고 있는 중이다. 왜냐하면 그렇게 하다 보면 결국 또 다른 감옥을 만들게 되고, 진정한 우리가 아닌 것을 연기하는 덫에 걸리고 말기 때문이다.

우리는 일반적인 사회에서 이탈한 돌연변이자들이자 진화하는 존재들로서, 우리가 처한 상황을 철학적으로 더 깊이 이해해 가고 있다. 우리는 내면에 귀 기울이며, 한때 우리가 접했고, 느꼈고, 또 어렴풋이 깨달았던 영적 상태에 다시 도달하거나, 무엇이 그 연결을 가로막고 있는지 살펴본다. 그러고는 그 길을 계속 나아가기 위한 방법을 찾기 시작한다. 우리는 한데 모여 서로의 이야기를 듣고 있지만, 저마다 각기 다른 상황에 처해 있으며, 각자가 필요로 하는 것이 무엇인지를 알기 위해서는 결국 스스로의 가슴에 귀 기울여야 한다는 것을 이해하기 시작한다. 우리는 다른 어느 누구의 여정도 따라할 수 없다.

이러한 개인적인 차이를 진화의 관점에서 설명하기 위해, 하나의 모델을 제시하고자 한다. 그저 하나의 모델일 뿐이다. 먼저, 진화의 시계가 있다고 상상해 보라. 시계가 12시를 가리킬 때, 그것은 시침과 분침이 완벽한 조화를 이룬 상태이다. 이를 중국에서는 '도', 예수는 '길'이라고 말한다. 이 순간에는 완벽한 균형이 존재한다. 모든 것은 서로 긴밀하게 연결되어 있으며, 어떤 것도 분리되어 있지 않다. 모두 저마다의 자리에서 완전한 상태로 존재한다. 나무는 그 자체로 완벽한 나무이고, 강은 그 자체로 완벽한 강이며, 인간은 그 자체로 완벽한 인간이다. 모든 것이 완전함 속에 존재한다.

그런데, 12시 1분이 되자 무언가 분리된다. 12시는 완벽한 조화와 균형이 존재하는 에덴 동산이었는데, 갑자기 사과 한 입이 들어가면서 사람들은 무화과 잎으로 몸을 가리기 시작한다. 신이 묻는다. "너희가 벌거벗었다는 것을 누가 알려주었느냐?" 수치심은 어디에서 오는가? 자의식 self-consciousness에서 온다. 자의식은 어디에서 오는가? 그것은 생각하는 마음을 자기 자신과 동일시하면서, 자신이 생각하는 대상과는 분리된 존재라고 경험하는 것에서 온다. 12시 1분에 이원성이 탄생했다. 주체와 객체, 생각하는 자와 생각의 대상이 분리되어 있다는 개념이 생긴 것이다.

12시 1분부터 6시까지, 우리는 끊임없이 자신을 하나의 분리된 개체로서 확립하고, 보호하며, 그 힘을 키우려고 한다. 끊임없이 안전과 만족, 세상을 지배하는 힘을 만들어내려고 한다. 끊임없이 우리가 분리되지 않았을 때 존재했던 온전히 평온한 상태를 다시 찾으려고 애쓴다. 그러나 우리는 이미 분리되어 존재하는 상태가 되어버렸다. 나는 지금 우리 자신에 대해 이야기하고 있다. 무슨 말인지 이해가 되는가?

12시를 완벽한 상태라고 생각해 보자. 그 상태를 확실하게 부를 만한 이름이 없긴 하지만, 그것을 '신'이라고 부를 수도 있다. 그러나 정말 '신'이라고 할 수는 없으므로, 혼동을 피하기 위해 그냥 'G-d'라고 부르는 게 나을지도 모르겠다. 이제 G-d는 그 완벽함 속에서, 어떤 존재나, 가령 인간과 같은 개체들은 G-d의 의지에 맞서 자신의 의지를 펼칠 자유를 가진다. 그래서 처음에는 체제에 맞서고, 조화에 맞서기 시작했다. 그때까지만 해도 모든 존재는 '우리'였고, '그들'이라고 하는 것은 폭풍과 같은 자연의 힘뿐이었다.

그런데 12시 1분에서 6시 사이에 기묘한 일이 일어났다. 천천히 우리 중 일부가 '그들'이 되어가기 시작했다. 우리 부족은 '우리'였고, 다른 부족들은 '그들'이 되었다. 그러다가 부족 내부에서도 가족이라는 개념이 생겨났고, 곧 '우리 가족'이 '우리'가 되었으며, 나머지 모든 사람들은 '그들'이 되었다. 그리고 결국 가족 안에서도 경계가 생기기 시작했다. 삼촌이 사업 거래로 우리를 속이면, 삼촌도 '그들'이 된다. 우리는 더 이상 친척들조차 완전히 신뢰할 수 없게 되었고, '우리'의 범위에는 가장 가까운 '직계 가족'만 남게 되었다. 이런 일들은 대략 4시 30분에서 5시 사이에 일어난다. 그러고 나면 세대 차이가 생기기 시작해, 더 이상 어른들도, 젊은이들도 신뢰할 수 없게 된다. 이제 '우리'는 나와 내 아내, 혹은 나와 내 남편만을 의미하게 된다. 그리고 성 차이도 생겨나기 시작해 종국에는 배우자까지도 '우리'로 생각할 수 없게 되고, '우리'의 범주에는 오직 나만 남게 된다. 우주에 존재하는 모든 것이 '그들'이 되었다. "나는 강해. 나는 나를 보호할 수 있어. 나는 나의 위치를 정확히 알아, 알겠어?" 이쯤 되면 갈 데까지 간 것 같다. 그러나 아직 5시 45분밖에 되지 않았다. 마지막 15분은 개인의 완전한 소외라고 불리는 상태이다. 누구로부터의 소외일까? 바로 자기 자신으로부터의 소외이다. 우리는 우리 자신을 외부의 눈으로 바라보게 되고, 더 이상 스스로를 신뢰하지 않는다. 그렇게 우리 역시 '그들'이 되어버리고 만다.

12시에서 6시로 움직이는 동안, 이 여정에서 우리가 사용한 가장 강력한 힘은 무엇이었을까? 감각과 사고하는 마음에 붙들려 있는 한, 우리에게 가장 강력한 싯디 siddhi, 즉 힘은, 바로 지성이었다. 우리의 지성이 이뤄낸 것들을 보라. 지성이 만든 환상을 보라. 기술이 만들어낸 엄청난 것들을 보라. 이 모든 것은 인간의 마음이 확장된 결과물이다. 내가 맨해튼에 살고 있다고 가정해 보자. 센트럴 파크를 제외하고 눈에 보이는 모든 것이 인간의 지성을 거쳐 탄생한 것이다. 맨해튼에서 살고 있다는 것은, 인간의 지성 안에서 살고 있는 것과 다를 바가 없다. 인간의 지성이 갖는 힘은 분별, 즉 개별적인 차이를 구별하는 능력에 기초한다. 우리가 이것과 저것의 차이를 명확하게 구분할 수 있다면, 그것은 우리가 경쟁에서 유리하고, 결국 더 많은 보상을 받는다는 것을 의미한다. 그러다 보니, 어느 순간 지성이 무엇이든 할 수 있다고 믿게 되었고, 내면 어딘가에서 기억하고 있는, 집에 온 듯한 완벽한 편안함과 완벽한 웰빙 상태를 다시 찾기 위한 여러 모델을 만들기 시작했다. 지성은 여러 전략들을 개발했다. 그중 지금 우리 문화에서 가장 두드러지는 전략은, 바로 "많을수록 더 좋다."는 개념이다.

우리 대부분은 다음과 같은 여정을 경험해 왔다. 초감각적인 아스트랄 차원에서. "블럽스Blups의 새 음반, 들어봤어? 그러니까, 욕조에서, 누군가와 같이 말이야. 촛불을 켜놓고 좋은 음향 시스템을 이용해서? 끝내주는 와인도 욕조 한편에 올려놓고, 머스크 오일을 풀고, 향기, 촛불, 와인, 그리고 사랑하는 사람과 또… 물 온도도 아주 적당하고, 스피커도 아주 좋아…. 오, 오…." 감각적 요소들은 많으면 많을수록 더 좋다. 하지만 지성은 명백한 딜레마에 직면하고 만다. 그것은 바로, 더 많아도 충분하지 않다는, 혹은 많아져도 잠시 만족할 뿐, 그 만족감은 그리 오래가지 않는다는 깨달음이다.

욕망의 체계와 마음의 패턴을 잘 관찰한다면, 우리의 하루는 대략 이렇게 흘러갈 것이다. "낮잠을 좀 자야 할 거 같아. 아, 차를 한 잔 마시고 싶네. 담배 한 대 피울까? 음악 듣고 싶어. 저녁은 뭘 먹을까? 후식은? 아이스크림? 커피 한 잔 마셔야겠다. TV에서 뭐 하지? 아니야. 볼링이나 치러 가자. 자전거? 좋아. 아이스크림이나 탄산음료는? 집에 가야지. 그래. 이제 자러 갈까? 좋아. 그래,

좋아. 담배 있어?" 욕망은 끝없이 이어지며, 심지어 메인 요리를 먹는 중에 이미 후식으로 뭘 먹을지 고민하고 있을 것이다. 우리는 이 게임을 하기 위해 계속해서 무언가를 빠르게 진행시킨다. 마치 교묘한 손속임 마술처럼. 그 어떤 자극도 영원히 지속되지 않는다는 것을 우리는 알고 있다. 그래서 자극과 자극 사이의 간격을 최대한 짧게 유지하며 끊임없이 새로운 것을 채워 넣는다. 그렇게 하면 흥분을 계속 유지할 수 있다고 믿는다. 흥분, 그 뒤에 또 흥분, 그 뒤에 다시 또 흥분이 계속된다. 그러나 이것은 모래 위에 집을 짓는 것과 마찬가지이다. 그렇다고 멈출 수도 없다. 멈추는 순간, 공허함이 우리를 덮쳐올 것이기 때문이다. 만약 자극과 자극 사이가 너무 벌어지면, 우리는 우울과 혼란, 방향 상실, 분노, 외로움, 자기 연민, 무가치함 같은 감정과 마주하게 된다. 이런 감정들이라니! 윽! 그래서 우리는 계속 외칠 수밖에 없다. 더 많이, 더 많이, 더 많이!

결국, 예수가 말한 것이 옳았다. "너희를 위하여 보물을 땅에 쌓아 두지 말라. 거기서는 좀과 벌레가 먹어 없애고, 도둑이 뚫고 들어와 훔쳐간다." 부처가 말한 것이 옳았다. "고통의 모든 원인은 갈망이다." 세상에 영원한 것은 없으며, 그 영원하지 않은 것들에 대한 갈망이 바로 고통의 원인이라는 것이다. 어떤 형태가 되었든 집착하기 시작하면, 결국 고통을 받게 된다. 이것이 부처의 가르침이었다. 그렇다면 우리는 어떤 가치를 추구하며 살아야 할까? 두려움 없이 살 수 있을까? 우리의 육체? 몸은 지금 이 순간에도 늙어가고 있다. 아무리 젊은 사람이라고 해도 그 역시 노화가 진행 중이다. 지금으로부터 50년이나 60년쯤 지나면, 그때 당신의 육체는 어디에 있을까? 어떤 모습을 하고 있을까? 당신의 지성은? 당신이 지금까지 쌓아 올린 모든 지식은 어떻게 될까? 해골을 본 적이 있는가? 있다면, 무엇이 썩어 없어졌는지, 무엇이 그것을 갉아먹었는지 생각해 본 적이 있는가? 모든 것이 사라지고 남은 그 빈 공간, 그 공허함에 대해 당신은 알고 있는가? 그것이 바로 당신이 안다고 생각하는 것의 전부이다. 두려움을 느끼는 것이 당연하다. 만약 우리가 '나는 나의 생각하는 마음이다.', 혹은 '나는 나의 육체다.'라고 생각한다면, 그 순간 공포는 피할 수가 없다.

  12시에서 6시로 가는 동안, 우리는 모든 것을 완벽하게 갖추고, 완벽한 감각을 얻을 수 있다는 희망이 점차 증폭되는 것을 경험한다. 하지만 그 과정에는 두려움이 따른다. 왜냐하면 시간이라는 차원 속에서 그 일을 해내려고 하기 때문이다. 시간 속에서는 모든 것이 변하며, 결국 우리는 모든 것을 잃는다. 적어도, 우리는 모두 죽어가고 있는 중이다. 철학적 유물론자로서—여기서 유물론자란, 황금 캐딜락을 타고 다니는 물질적 부자가 아닌, 감각과 지성에 집착하는 사람들의 의미한다—우리는 죽으면 끝이라고 믿기 때문에, 두려움을 느낀다. 죽음이 가까워질수록, 그 두려움은 점점 더 커진다. 그리고 우리는 필사적으로 그것을 밀어내기 시작한다. "의사 선생님, 새로운 약이 나왔나요? 그것 좀 주세요. 무슨 방법이라도 써서 날 좀 살려주세요. 냉동 보존법이라도 좋아요. 뭐라도 좀 해주세요. 죽고 싶지 않아요!" 그러고는 이불을 꽉 움켜잡고, 점점 더 많은 돈을 쓰며, 점점 더 히스테릭해지고, 중환자실로 실려 갔다가, 생명을 유지하기 위해 장기 이식까지도 감행한다. 하지만 아무리 몸부림쳐도, 결국 우리는 어느 순간 갑자기 죽음을 맞이한다.

그러고 나면, 어떤 목소리가 우리에게 말을 건넨다. "안녕하세요." 만약 우리가 철학적 유물론자라면, 그 목소리를 듣고 이렇게 말한다. "아무래도 내가 죽지는 않은 것 같아." 목소리가 대답한다. "아니요. 당신은 죽었어요." 붓다는 맑은 통찰력으로 자신이 거쳐온 99,000번의 전생을 보았다. 그것조차도 일부에 불과하다. 태어남, 죽음, 다시 태어남, 다시 죽음, 이것은 끊임없이 반복된다. 그것을 일러 '삶과 죽음의 수레바퀴'라고 한다.

12시에서 3시 사이 정도의 초기 단계에서는, 죽을 때마다 감각과 생각에 완전히 사로잡히게 된다. 환상에 너무 깊이 빠진 나머지, 누군가 우리가 죽었다고 말해도 그 말을 끝까지 부정한다. 그리고 다음 생으로 보내질 때까지 완전히 혼란에 빠진 채로 있다. 하지만 이 모든 과정은—곧 알게 되겠지만—완벽하게 설계된 것이다. 몇 번이고 다시 태어나고 다시 죽는 과정을 거치면서, 우리는 점점 이 상황을 깨닫기 시작한다. 우리는 탄생의 환상이라는 베일에 가려 있으면서, 죽고 싶지 않아 한다. 그러나 막상 죽고 나면, "와, 또 한 생이 지나갔네." 하고 담담하게 받아들이게 된다. 이 시점이 되면, 우리는 주변을 둘러보며 우리의 오래된 어머니들과 아버지들과 친구들을 보게 된다. 그러고는 이렇게 말한다. "당신이 이번 생에서 내 아내였군. 지난 생에서 우리는 서로 형제였는데!"

우리가 의식적으로 더 깨어날수록, 지금 우리가 어느 시간쯤에 위치해 있는지, 윤회의 순환에서 어디쯤에 있는지를 이해하게 된다. 그리고 다음 생에서 어떤 카르마를 해결해야 하는지, 그 생이 어떤 과정을 거쳐야 하는지를 명확하게 보게 된다. 그렇게 해서 우리는 자기의 다음 생을 직접 설계한다. "음, 나는 다음 생에 뉴욕의 중하층 가정에서 태어나야 할 거 같아. 그리고 열 살쯤에는 강간을 당하는 경험을 하겠네. 그건 내가 4천 번의 전생 동안 해결하지 못한 깊이 각인된 업보를 풀어내는 데 도움이 될 거야. 어디 보자. 18살에 첫 아이를 낳아야겠어." 이런 식으로 우리는 자신의 생을 처음부터 끝까지, 심지어 어떻게 죽을 것인지도 미리 결정한다. 이 모든 계획은 컴퓨터를 통해 시뮬레이션 되고, 그로 인해 적절한 부모와 필요한 조건들이 모두 짜 맞추어져서, 마침내 출생의 순간을 맞게 된다. 그렇게 우리는 다시 삶 속으로 뛰어든다.

어떤 존재들은 수정되는 순간부터 삶을 시작하고, 또 어떤 존재들은 출생하는 순간부터 삶을 시작한다. 출생 순간에 들어온 아기들은 금방 알아볼 수 있다. 그 아기들은 세상에 태어나면서 '대체 내가 여기서 뭘 하고 있는 거야?'라는 듯이 아주 어리둥절한 표정을 짓는다. 예를 들어, 티베트의 한 늙은 라마승이 브롱크스에서 태어났다고 가정해 보자. 그는 태어나자마자 사람들을 축복해 주고 싶어 하지만 몸이 따라주질 않는다. 수정되는 순간에 들어간 존재들은 이미 아기 역할을 하느라 바쁘다. "우아아아앙! 밥 줘!" 어떤 아기들은 이전 생에서의 영적 기억을 가로막는 베일이 완전히 드리우지 않았기 때문에 기쁨 속에서 태어난다. 그러나 그런 아기들조차도 부모의 베일은 이미 드리워졌기 때문에 아기 취급을 당한다. "아기야, 아이쿠, 이 귀여운 아기를 좀 봐. 우리 아기야." 당신은 점차 빠른 속도로 환상에 속아 넘어가다, 결국 현실의 장막 속으로 빠져들게 된다. 이 과정은 계속해서, 끝없이 반복된다. 그러다 6시가 되거나 6시를 막 지나면 무언가 흥미로운 일이 벌어진다. 그때까지만 해도 우리는 태어날 때마다 늘 같은 환상 속으로 되돌아갔다. 즉, 이 몸이 곧 나, 이 생각하는 마음이 곧 나, 이 감각이 곧 나라는 착각 속으로 매번 빠져들었던 것이다. 우리가 가질 수 있는 것이라고는 오직 감각할 수 있는 것, 생각할 수 있는 것에 불과하기 때문에, 우리는 끊임없이 움켜쥐려 하고, 아래를 내려다보고는 다시 움켜쥐고, 또

움켜쥐고, 또 움켜쥐고를 반복한다. 그런데 갑자기 어느 한 생에서, 베일이 살짝 열리게 된다. 1초도 되지 않는 찰나의 순간일지라도, 우리는 우리의 코끝을 그 너머로 내밀고 말한다. "와, 이건 내가 생각한 것과는 전혀 다르잖아!" 아마 그 베일은 100만 분의 1초 동안만 열렸을지도 모른다. 하지만 우리가 준비가 되어 있다면, 그조차도 충분한 시간이다.

사실, 그 베일은 모든 사람들에게 항상 열려 있다. 그러나 대부분의 경우, 우리의 카르마는 너무 무겁고, 우리는 그 베일이 드리워져 있는 것에 익숙하기 때문에, 준비가 되지 않은 것뿐이다. 그래서 순간적으로 베일 너머를 보게 되더라도, 즉시 그 경험을 부정하거나, 가능한 한 강하게 밀어내 버린다. 몇 년 전, 나는 「뉴욕 타임스」 잡지에서 "미국에서의 신비주의"라는 제목의 기사를 읽은 적이 있다. 그 기사에 따르면, 미국 인구의 5분의 2가 초월적인 신비를 경험한 적이 있는 것으로 나타났다. 베일 너머를 본 적이 있는 것이다. 그런 경험을 한 사람들 중 85%가 "그것은 내 인생에서 가장 놀라운 경험이었지만, 다시는 경험하고 싶지 않다."고 응답했던 것으로 기억한다. 왜 아니겠는가? 그런 경험은 우리가 쌓아온 모든 것을 완전히 뒤흔들어 놓기 때문에, 다시 또 그렇게 흔들리고 싶지 않은 것이 당연하다. 나름대로 자기 존재에 대한 정체성을 가지고 세계를 구축해 왔는데, 갑자기 그건 전혀 내가 아니라고 하면 당혹할 수밖에 없다. 그러면, 도대체 난 무엇이란 말인가?

　베일 너머를 보려면 어떤 조건이 필요할까? 그리고 그 순간이 그저 단순한 경험이 아니라 이후의 모든 것을 변화시키는 계기가 되게 하려면, 6시를 막 지난 순간부터 시작해서 12시로 향하는 여정이 지금까지와는 완전히 다른 새로운 의미를 갖게 하려면, 그러기 위해서는 어떤 조건이 만들어져야 할까? 그 답은 바로 절망이다. 우리는 아무리 노력해도 완벽함을 만들 수 없다는 것을 깨닫게 된다. 우리는 '진짜 나'와 '내가 나라고 믿어온 나' 사이에 본질적인 문제가 있다는 것도 깨닫게 된다. 이 깨달음은 깊은 절망으로 이어지게 되지만, 바로 그런 깊은 절망은 베일 너머를 보는 순간 우리가 깨어나기 위한 필요조건이 되기도 한다. 한 번 베일 너머를 보고, 또 그것을 보았다는 것을 의식적으로 알게 되는 순간, 우리는 결코 그 이전으로 되돌아갈 수 없다. 물론 우리는 순간순간, 6시에서 12시 사이 아주 많은 생을 거듭하며, 그 깨달음을 잊기도 할 것이다. 그러나 결코 완전히 잊을 수는 없다. 우리는 이미 12시를 향해 다시 나아가기 시작했기 때문이다.

　나는 지금 탄생과 죽음의 시계에 대해 이야기하고 있다. 모든 것이 시간 속에서 일어나는 것처럼 보이지만, 시간이라는 것도 결국 환상, 혹은 그저 상대적으로만 실재하는 것일 뿐이다. 그럼에도 불구하고 지금은 이 비유를 잠시 사용해서 설명하려고 한다. 지금

이 말을 듣고 공감하는 존재들은 본질적으로, 그리고 시계의 비유를 기준으로 봤을 때, 이미 6시 이후의 단계에 있는 셈이다. 그렇지 않다면 이 글을 읽고 있을 이유가 없다. 어쩌면 당신은 4시 13분에 있을지도 모른다. 만약 그렇다면, 왜 당신은 이 긴 이야기를 참고 견디며 읽고 있을까? 당장 밖으로 나가서, 더 많을수록 더 좋다는 논리에 입각한 삶을 계속하는 것이 좋지 않을까? 그런데 이렇게 남아 있는 것은, 당신도 뭔가 알 것 같기 때문이다. 당신은 당신이 아는 것, 그 앎 속에 갇혀 있다. 그리고 그것이 당신을 지금 여기까지 이끌어 왔다.

상황은 더욱 심각해진다. 일단 우리가 6시 1분부터 시작해 12시로 다시 돌아가는 여정을 시작하면, 다시 돌아가기 위한 경험들을 붙잡기 위해 필사적인 노력을 하게 되기 쉽다. 바로 이 부분이 12시로 되돌아가는 여정에서 가장 놀라운 점이다. 그래서 우리는 '황홀경의 순간'을 경험할 수 있다면 무엇이든 하려고 한다. 마치 황홀경을 경험했던 순간이 깨달음의 순간인 것처럼 여겨 황홀감이 사라진 순간을 깨달음과 깨달음 사이의 공백으로 여긴다. 그러면서 이 여정을 신에게로 가는 여정이라 부르든, 혹은 12시로 돌아가는 여정이라 부르든, 그것을 이어갈 것으로 기대한다. 시간이 흐르면서, 우리는 이 모든 과정이 어떻게 작동하는지 이해하기 시작한다. 그러다 보면, C. S. 루이스가 "우주는 중심이 보이지 않는다. 왜냐하면 전체가

다 중심이기 때문이다."라고 말한 것처럼, 특이한 하나의 현상을 깨닫기 시작한다. 사실 우리는, 우리를 환상에서 깨어나도록 하기 위해 완벽히 설계된 우주의 중심에 서 있다. 우리가 경험하는 모든 것은 '하나도 버릴 것 없이 완벽한' 깨달음의 과정이 된다. 이번 생 전체가 곧 하나의 가르침이 되는 것이다.

다음으로 우리는 가르침의 질적인 측면에서 모든 경험이 동등하다는 것을 깨닫기 시작한다. 그럼에도 어떤 경험들은 우리를 분명 더 강하게 흔든다. 우리는 인식하지 못할 만큼 미묘하게 자리 잡은 어떤 틀 속에 갇혀 있다. 때로는 그 틀이 너무나 미묘해서 갇혀 있다는 사실조차 알아차리지 못한다. 그러다 그 틀이 고통과 고난, 그리고 온갖 부정적인 경험들 때문에 흔들리기 시작한다. 그 시점에 우리는 고통이 곧 은총이 되는 매우 기이한 현상을 경험으로 깨닫는다. 이것은 실로 엄청나게 중요한 깨달음이 아닐 수 없다. 그 순간이 들이닥치기 전까지만 해도, 우리는 늘 기쁨은 최대로 늘리고, 고통은 최소화하려고만 했기 때문이다. 이 진리를 온전히 이해하는 순간에도, 우리는 여전히 쾌락은 늘리고 고통은 최소화하려고 할 수 있다. 그러나 실은, 어떤 일이 일어나든 다 괜찮다. "하아, 나 지금 우울해." 지금, 우울함을 경험한다. "기뻐!", "고통스러워!", "와우, 수천 달러를 벌었어!" 혹은, "아, 강도를 당했어."와 같은 것들, 그리고 "와", "오", "아", "음"과 같은 감정적인 반응들은 결국 또 다른 다양한 경험일 뿐이다. 아름답고 황홀한 경험 말이다. 이번 생은, 해야 할 것들을 하기 위해 우리를 반드시 있어야 할 곳에 있도록 만들고, 해야 할 것들을 하기 위해 반드시 겪어야 할 것을 겪도록 최적화되어 있다. 그리고 이 모든 과정은 결국 우리를 집으로, 본래의 자리로, 안으로든 밖으로든 이끌어 갈 것이다. 우리가 알든 모르든, 이미 이 과정은 진행되고 있다. 하지만 우리가 그것을 의식적으로 알게 되는 순간, 그것은 변화하기 시작한다. 그것 또한 과정의 일부이다. 이 모든 것이 카르마이다.

10시나 11시쯤 되면, 우리는 명상 속에서 다른 차원의 현실로 진입하기 시작하는데, 그곳은 우리가 이번 생을 시작한 것과 동일하게 현실적인 특성을 지닌다. 하지만 우리는 우리가 정확히 어디에 있는지 이해하지 못할 때가 있고, 때로는 혼란스러워하기도 한다. 그것은 매우 불규칙하고 복잡한 과정이다. 하지만 우리가 정말로 완전한 진리를 목표로 한다면, 모든 것을 완벽하게 유지할 수 있는 속도로 나아가게 된다. 우리는 각기 다른 차원들 간의 완벽한 균형을 이루기 위해 노력한다. 그리고 6시가 막 지난 순간, 우리는 깨어나기 시작했고, 눈앞에 펼쳐진 것에 너무 매료된 나머지 시선을 뗄 수 없었다. 그러다 바닥을 보는 것조차 까맣게 잊어 심지어 얼굴을 바닥에 찧기도 했다. 우리는 "신의 절대적 진리"를 탐구하기 시작했고, 모든 양극성을 넘어 우주의 초월적 완전함에 깊이 빠져들었다.

그 냉정한 초월성에 너무 몰입된 나머지, 계속해서 무언가를 밟고 나아가면서도 "뭐 어때? 모든 것이 다 완벽한걸."이라고 말한다.

그러나 우리는 우리가 하나의 차원을 밀어내고 다른 차원을 붙잡으려고 하는 한, 여전히 균형을 잃고 있을 수밖에 없다는, 이 게임의 단순한 법칙을 학습하게 된다. 궁극적으로, 우리는 이번 생을 돌보고 존중함으로써 균형을 유지해야 한다는 것을 이해하게 된다. 바로 그때, 우리는 위와 아래를 동시에 바라볼 수 있는 능력, 그리고 외면과 내면을 동시에 들여다볼 수 있는 능력을 갖추어 나가기 시작한다.

순수한 진리와 마주할 때면, 우리는 고난도 은총이라는 것을 알게 된다. 우리의 관점에서 보면, "그래. 난 고통을 겪고 있어. 흥미로운 일이군." 하고 받아들일 수 있다. 또, 아래를 바라보고 이번 생을 존중하는 마음을 가질 때면, 우리는 고통을 경감시키는 노력을 같이 하게 된다. 예를 하나 들어보겠다. 누군가 와서 "나는 당신과 함께 요가를 배우고 싶어요. 단식도 하고 싶어요."라고 말한다. 당신은 "좋아요. 그럼 9일 동안 단식하세요."라고 답한다. 7일째 날, 그 사람은 다시 당신에게 와서 "7일 동안 단식했어요."라고 말한다. 당신은 "훌륭해요, 훌륭해. 이제 이틀만 더 하면 돼요."라고 말한다. 그리고 건물 밖으로 나갔는데, 누군가가 당신에게 다가와 "저기요. 동전 한푼만 주실래요? 7일 동안 아무것도 먹지 못했어요."

라고 말한다. 이 사람에게 당신은 아까와 마찬가지로 "훌륭해요, 훌륭해. 이제 이틀만 더 굶으세요."라고 말하지 않는다. 그것은 적절한 반응이 아니니까. 그 사람에게는 고통이 은총이 아니며, 고통은 그냥 고통일 뿐이다.

훈련이 쌓이고 쌓이면, 우리는 위와 아래를 동시에 바라볼 수 있는 능력을 갖게 된다. 그때 우리는 히말라야 봉우리 위의 순백의 눈처럼 맑고 투명한 진실을 보게 된다. 그것은 절대적인 명료함, 날것 그대로의 진실, 그리고 결핍, 기아, 박해, 불평등, 폭력뿐만 아니라 환희, 사랑, 연민, 친절까지 모든 것을 포함하는 초개체적 완전함이다. 우리는 히말라야의 얼어붙은 봉우리에서, 존재들의 진화 여정 속에서 그 모든 것들이 다 완전함을 본다. 그러면서 동시에, 우리 안의 따뜻한 연민이 마치 피 흘리는 예수의 심장과도 같아서, 눈을 아래로 향하면서 눈 덮인 대지 위에 스며든 붉은 핏자국을 보게 된다. 우리는 이 두 가지를 매 순간 마음에 새긴다. 그럼으로써 고통받는 존재들에게 그들이 진정으로 필요한 방식으로 도움을 줄 수 있게 되는 것이다.

만약 우리가 정말로 그들이 환상에서 벗어나도록 돕고자 한다면, 우리 스스로가 그 환상 속에서 길을 잃어서는 안 된다. 우리는 우리의 눈을 절대적으로 명확한 진리에 고정하고 나아가야 한다. 우리는 사랑하되 집착하지 않고, 돕되 스스로를 드러내지 않으며, 저항하되 저항 속에서 길을 잃지 않고, 자녀를 돌보되 그 모든 것의 이면에는 진리와 연민이 존재한다는 사실을 기억해야 한다. 우리는 우리의 몸을 존중하고, 사회를 존중하며, 이 삶의 게임을 존중해야 한다. 우리는 우리의 몸과 사회와 게임이 변화가 필요할 때, 필요한 방식으로 그것을 변화시켜야 한다. 우리는 귀 기울여 이번 생에 내게 주어진 카르마가 무엇인지 듣고, 내면과 외부의 힘이 완벽한 조화를 이루며 사는 길인 다르마를 찾아가야 한다. 그것이 곧 우리가 우리의 진정한 집으로 돌아가게 되는 길이다.

만약 우리가 욕심을 부려 무리하게 밀거나 당기려고 하면, 결국 우리는 바닥에 얼굴을 찧고 말 것이다. 만약 동굴에 들어가 앉아 열심히 수행을 해 나가면, 너무나도 성스러워진 우리 머리에서는 빛이 뿜어져 나오고, 사람들은 발 앞에 엎드릴지도 모른다. 우리는 아마 엄청난 파워를 갖게 될 것이다. 그러나 그런 상태로 뉴욕으로 돌아오면, 라마크리슈나Ramakrishna가 말했던 것처럼, 우리 내면에는 완전히 익지 않은 씨앗들이 여전히 남아 있을 것이다. 우리가 "이봐, 나는 도저히 도시에서 못 살겠어. 시골로 가야 할 거 같아."라고 말하는 것은, 사실 "도시가 부추기는 내 안의 감정들을 견딜 수 없어."라는 의미이다. 내가 하는 말을 믿으라. 만약 우리가 어떠한 욕망도 품지 않는다면, 견딜 수 없는 이 도시나 히말라야의 봉우리는 하나도 다를 것이 없다. 도시는, 우리가 보고 싶지 않은 우리 자신의 모습을 비추는 거울일 뿐이다.

　이 길을 따라 나아갈수록, 12시를 끌어당기고 싶은 마음이 더 강렬해진다. 그곳에 도달하여 그 맛을 보고 싶은 열망이 너무 간절해지면, 우리는 외쳐 댄다. "불을 줘! 더 뜨거운 불을! 더, 더, 더 뜨겁게! 자, 어서 그걸 줘." 그러다 누군가 우리를 몹시 화나게 만들면, 그제서야 깨닫는다. 우리를 분노하게 만든 유일한 이유는, 세상이 어떠해야 한다고 은밀히 품고 있던 고정관념을 스스로 붙잡고 있기 때문이라는 것을. 그리고 알아차린다. 우리를 분노하게 만든 사람이야말로 하나의 가르침이었다는 것을. 그래서 마음으로 그에게 감사를 보낸다. 우리는 깨달음을 방해하는 것이라면 뿌리째 뽑아내고 싶은 나머지, 우리를 더 강하게 단련시킬 수 있는 상황들을 일부러 찾아 나서기 시작한다.

　한번은 9일 동안 선불교의 집중 수행에 참가한 적이 있었다. 당시 나는 이것이 의심할 여지 없이 끔찍하고, 혹독하며, 가혹하고, 가학적인 경험이라고 생각했다…. 나는 몸이 아팠고, 피해망상에 시달렸다. 그들은 나를 끌어들였고, 마치 내가 이 훈련을 잘 마칠 수 있을 것처럼 나의 에고를 유혹했다. 그러나 막상 그 장소에 도착하자, 그들은 내게 "람 다스, 환영한다."라는 말조차 해주지 않았다. 대신, 한 남자가 "람 다스, 3번 방의 침대 위칸을 사용하세요. 여기 승복이 있으니 갈아입고 5분 안에 명상홀로 오세요."라고 쓰인 클립

보드를 들고 나를 맞았다. 명상홀에는 막대기를 든 사람이 있었다. 완벽한 자세—그 자세는 정말로 고통스러웠다—로 앉지 않으면 그 막대기로 맞았다. 이 짓을 하려고 돈을 냈다니! 만약 자세가 조금이라도 기울어지면, 무시무시한 얼굴을 한 수행자가 다가와 나에게 공손히 절을 했다. 그러면 나도 그에게 절을 하고는 한쪽으로 몸을 기울였다. 그는 내 어깨를 세게 내리쳤고, 곧이어 내가 반대쪽으로 몸을 기울임과 거의 동시에 반대쪽 어깨도 내리쳤다. 나는 그에게 감사 인사를 하고, 그러고 나면 그도 나에게 감사 인사를 했다.

하루에 다섯 번씩, 나는 선사禪師를 만나러 갔다. 그는 강인한 인상의 일본인 수행자였고, 종과 막대기를 들고 있었다. "박수 치는 소리를 듣고, 당신 자신의 불성을 어떻게 알 수 있을까요?" 그가 터무니없는 질문을 던졌다. 나는 무언가를 대답하거나, 아니면 앉아 있는 내내 그 질문에 대해 생각했다. 아직도 이런 시간을 네 번이나 더 보내야 한다는 사실을 상기시키면서. 그가 말했다. "아, 박사님. 당신은 전혀 제대로 하지 못하고 있군요. 박사님이 낸 돈을 모두 돌려드리고 그냥 가시는 편이 나을까요? 나는 당신에게 큰 기대를 걸었어요. 당신은 매우 유명하고 또 중요한 인물이지만, 이걸 전혀 이해하지 못하는 것 같네요. 그냥 이건 잊어버리는 게 좋겠어요."

그러고 나서 그가 종을 울리면, 쫓겨나듯 밖으로 나가야 한다. 자존심이 속절없이 무너지게 되지만, 무너진 것을 느낄 새도 없이 다시 명상홀로 가 똑바로 앉아야 한다. 매를 맞지 않으려면 그렇게 해야 한다. 이런 생활이 새벽 2시부터 밤 10시까지 계속된다. 한순간도 쉴 틈이 없다. 처음 4일 동안 나는 어떻게 하면 긴급한 일이 생겼다고 핑계를 대고 도망칠 수 있을지 그 궁리만 했다. 심지어 화장실에 숨어 보기도 했지만, 그들은 나를 금세 찾아내곤 했다. 어디에도 숨을 곳은 없었다.

다섯째 날이 되자, 나는 선사도, 내가 처한 상황도, 전혀 신경 쓰지 않게 되었다. 나는 어깨를 축 늘어뜨린 채, "될 대로 돼라. 나를 쫓아내든 말든." 하고 속엣말을 했다. 그때, 선사가 "박사님, 박수 치는 소리를 듣고 당신의 불성을 어떻게 알 수 있을까요?" 하고 다시 물었다. 나는 "스님, 좋은 아침입니다." 하고 받아쳤다. 그러자 그는 "아!" 하고 감탄하며 기쁨에 찬 미소를 지었다. 하지만 곧이어 내가 우쭐해지는 것을 경계하듯, 선사는 이렇게 덧붙였다. "당신은 이제야 겨우 선禪의 초심자가 되어 가는군요!"

이것은 매우 흥미로운 일이었다. 왜냐하면 나는 바로 그 직전, 길을 따라 걸으며 "다 집어치우자!"라고 생각하고 있었으니까. 그런데 그 순간, 덤불 사이에서 불꽃이 쏟아져 나오는 듯했고, 하늘 전체가 눈부신 빛으로 가득 찼다. 그리고 나는 완전히 다른 상태로 들어갔다. 마치 오랫동안 짓눌려 있던 병과 긴장으로부터 해방된 느낌이었다. 나는 내면으로 들어갔고, 순간적인 깨달음을 경험했다.

그는 나에게 연이어 공안公案을 던졌고, 나는 즉각적으로 답을 내놓았다. 나는 그 순간에 온전히 현존하고 있었고, 내 안에는 그 어떤 고정된 틀도, 선입견도 남아 있지 않았다. 우리는 함께 점점 더 높은 차원으로 올라갔다. 빙글빙글 돌며, 황홀경 속에 녹아들고 있었다.

그 순간부터 9일 일정의 남은 나날은 순수한 황홀경 자체였다. 좌선은 더없이 아름다웠고, 나는 마치 떠오르는 듯한 느낌을 받았다. 갑자기, 모든 형상의 텅 비어 있음과 개체성을 초월한 느낌이 나에게 자유의 날개를 달아주었다. 만약 내가 이곳에 왔을 때 그들이 "오, 람 다스! 반갑습니다!"라며 나를 환대하고 내가 그곳의 모든 사람들을 알았더라면, 나는 전혀 다른 방식으로 생각이 많았을 것이다. 하지만 나는 그곳에서 전혀 알려지지 않은 아무개였고, 그로 인해 나는 한껏 자유로웠다.

여기에서의 명상이라고 해서 일반적인 여느 명상과 특별히 다를 것은 없다. 기쁨과 빛의 상태에만 머무는 것이 아니라, 때로는 불편하고, 덥고, 지루하며, 엉덩이가 아프고, 온갖 것들이 거슬리기도 한다. 집중명상 과정에서도 똑같이 그런 일이 일어난다. 그럼에도 불구하고 우리가 이것을 하는 이유는, 그 모든 좋지 않은 느낌을 견딜 만큼 간절히 원하는 무언가가 있기 때문이다. 우리 내면에 존재하는 "더, 더, 더" 갖고 싶다는 욕망과 맞서 싸우며 그 길을 가는 것이다.

바로 이 내면에서 끊임없이 벌어지는 두 가지 힘의 전쟁이 『바가바드 기타』에서 말하는 핵심이다. 이 싸움은 끝나는 순간까지 지옥과도 같다. 어떤 식으로든 나아지는 법은 없으며, 불길이 점점 더 뜨거워지기 때문에 오히려 점점 더 힘들어진다.

우리가 우리의 전부를 걸고 완전한 진리를 추구하기로 결심하는 순간, 우리는 자기도 모르게 그 방향으로 강하게 끌려가기 시작한다. 그리고 마침내 이렇게 선언한다. "나는 더 이상 아무것도 원하지 않아. 오직 깨달음으로 나아가고 싶을 뿐이야." (물론 대부분의 경우 이 말은 거짓이지만, 그래도 우리는 여전히 그렇게 말하고 그 방향으로 나아가려고 한다.) 그 끌림과 갈망은, 우리가 이 여정을 하는 데 도움이 되는 온갖 힘들을 끌어당긴다. 이것이 바로 은총이다. 이쪽 차원과 저쪽 차원 모두에 존재하는 많은 존재들이 우리에게 이 여정을 안내하고 도와준다. 그러나 그들은 오직 우리가 진심으로 원할 때에만 다가온다. 우리의 도달하고픈 욕구가 그들의 도움을 이끌어내는 것이다.

가르침은 더욱더 강렬해지고, 불길은 점점 더 뜨거워진다. 우리는 신의 끌어당김이 더욱더 깊어짐에 따라 이제 우리 자신을 달구기 시작한다. 진화의 시계에서 12시 직전에 이르면, 우리는 우주 전체를 자신 안에서 경험하게 된다. 모든 차원의 존재들이 겪는 고통을 온전히 체험하게 된다. 그 고통과 하나가 된다. 그때까지 우리는 우리의 개인적인 카르마나 집착을 모두 소멸시켰다. 이제는 집단의 카르마를 의식하게 된다. 바로 그 순간, 끌어당김이 믿을 수 없을 만큼 엄청난 힘을 발휘한다. 12시로 들어간다는 것은, 의식적으로 분리된 개체로 존재하는 것이 끝나고, 다시 하나로 녹아든다는 뜻이다. 0시 1분부터 시작해 11시 59분이 되기까지의 모든 과정은 바로 이 선택의 순간을 위해 설계되었다. 만약 우리가 신이 되기를 원한다면, 우리는 신과 다시 하나가 될 수 있다.

하지만 무엇을 선택하든 사실 그것은 중요하지 않다. 이 말이 충격적으로 들릴 수도 있다. 우리는 이 선택이 매우 중요하게 여겨지기를 바랐기 때문이다. 대부분의 사람들은 옳음에 너무 집착하고 진실을 두려워한다. 11시 59분에 머물 때는 분명 옳음이 중요하다고 말할지도 모른다. 그러나 진실은 그렇지 않다. 11시 59분에 우리는 신에게 돌아갈 것인지를 선택할 수 있다. 만약 신에게 돌아가는 길을 선택한다면, 우리가 가지고 있던 몸은 그 안에 개별적인 나의 존재가 더 이상 없기 때문에 소멸하게 될 것이다. 또한, 우리는 이 차원에서, 혹은 다른 차원에서, 몸의 형태를 유지한 채로 남을 수도 있다. 이 경우, 왜 우리는 신에게로 돌아가지 않고 남는 것을 선택하는 걸까?

이것이야말로 진정한 의미에서의 자유 의지이다. 우리가 흔히 말하는 자유 의지라는 환상이 아니다. 왜냐하면, 이 순간에는 더 이상 개별적인 카르마가 존재하지 않기 때문이다. 완전히 자유로운 존재가 환상 속에 머무는 유일한 이유는, 모든 존재의 고통을 덜어주기 위해서이다. 바로 이 순간이 "보살 서원"을 맺는 때이다. 오직 이때만이 보살 서원이 진정한 의미를 갖는다. 그전까지는 그저 카르마가 소멸되는 과정에 불과했으며, 모든 것이 가짜였다. 우리가 다시 몸의 형태를 유지한 채 남아있기로 결정하는 순간, 우리는 신과 하나가 되려는 강력한 끌림에 저항해야 한다. 신을 밀어내는 것이다. 바로 이것이 희생이다. 그리스도가 십자가에 못 박혀 죽은 것은 희생이 아니다. 완전히 깨어난 존재에게 육신을 떠나는 것은 고통이 아니라 환희이다. 희생이 있었다면, 그것은 처음 있던 자리에서 아버지를 떠나 아들이라는 개체가 되는 것이었으리라.

완전히 깨어난 존재들, 깨달음을 이루고 완성된 존재들은 자유로운 선택권을 가진다. 그들이 이곳에 머무는 유일한 이유는 우리 때문이다. 우리가 그들과 만났다면, 그것은 우리가 그 과정에 포함되어 있었기 때문이다. 그들이 만나는 모든 사람들은, 그들이 고통을 덜어주기 위해 수행하는 과정의 일부로 정해진 인연이다. 그들은 자신을 위해 존재하는 것이 아니라, 집착하지 않고 초연한 순수한 진리를 전하는 도구로 쓰이기 위해 존재한다. 그들은 우리의 내면을 비추는 거울이 되고, 우리는 그 거울을 통해 깨달음을 가로막고 있는 숨겨진 집착들을 발견할 수 있다. 그들은 우리에게 은총을

베푸는 존재들이다. 그들은 모든 차원에서 존재하는 신이자 여신이며, 구루이다. 우리 모두에게는, 각자의 카르마에 맞게 특별히 정해진 스승이 있다. 하지만 우리가 먼저 손을 내밀지 않기 때문에 평생 그들을 만나지 못한 채 지나쳐 버리는 일이 많다.

매일 밤, 부처는 모든 세계와 불국토를 바라보곤 했다. 누가 준비가 되었는지, 누가 고개를 드는지, 누가 손을 내밀고 있는지, 누가 "나는 이제 벗어나고 싶다."라고 말하는지, 누가 "저를 알아주십시오. 저를 이끌어주십시오. 저는 준비가 되어 있습니다. 함께 가게 해주세요"라고 말하는지 살펴보았다. 단순한 욕망이 아니라, 원한다고 거짓으로 말하는 것이 아니라, 진정으로 원하는 자들을 찾았다. 만약 우리가 먼저 손을 내밀지 않는다면, 결국 아무 일도 일어나지 않는다. 절망이 깊어질 만큼 깊어져서 진리에 대한 갈망도 그만큼 깊어져 있는 자, 누구 없는가?

이 게임은 환상 속에서 우리가 자유 의지를 가지고 있다고 생각하도록 설계되어 있다. 우리는 직접 손을 뻗어야만 깨달음을 얻을 수 있다. 그리고 우리가 손을 뻗는 그 순간조차도, 우리의 카르마가 허락할 때에만 그렇게 된다. 이것이 바로 딜레마이다. 사실, 이 전체 과정에서 진정한 자유 의지가 존재하는 순간은 단 두 번뿐이다. 12시에서 12시 1분 사이, 그리고 11시 59분에서 12시 사이이다. 첫 번째 순간, 우리에게는 카르마의 법칙을 거스를 자유 의지가 있다. 두 번째 순간은 완전한 깨달음 직전으로, 신과의 합일 대신 다시 이 세계로 돌아오는 것을 선택할 자유 의지가 주어진다. 그 외의 모든 순간들은 카르마의 법칙에 의해 정해진 것들이다.

진화의 시계란 어디까지나 은유적인 표현이며, 상대적인 현실 속에서만 존재한다는 것을 유념해야 한다. 12시에 우리는 존재한 적이 없었고, 아무 일도 일어나지 않았으며, 누구도 존재하지 않는다. 왜 이 모든 것이 시작되었는지 질문한다면, 그에 대한 하나의 대답은 애초에 시작된 적이 없다는 것이다. 이 모든 것은 마음의 놀이일 뿐이다. 그저 마음이 펼쳐낸 것들일 뿐이다. 이 가르침을 따라 여기까지 따라온 사람들은 6시 1분에서 11시 59분 사이의 어딘가에 있다. 우리는 집착이 만들어낸 한계 때문에 우리가 볼 수 있는 것만 볼 수 있다. 우리는 11시 59분에 이르러 있는 누군가와 나란히 앉아 있을 수도 있지만, 정작 그가 누구인지는 알아차리지 못한다. 왜냐하면 11시 59분에 이르러 있는 사람은, 어떠한 표식도 하고 있지 않기 때문이다. 반면, 그런 표식을 가지고 있는 사람은 대체로 진짜가 아니다. 그 표식은 스스로 거짓으로 써 붙인 것일 뿐이다.

어쩌면, 당신의 이모 텔마Thelma가 부처였을지도 모른다. 그녀가 치킨 수프를 끓이며 평범한 나날을 보내고 있을 때, 당신은 부처처럼 보이는 누군가를 찾기 위해 40년 동안 인도와 티베트를 떠돌고 있었다. 당신은 완전히 절망했고, 모든 희망을 내려놓았으며, 머릿속에 품고 있던 부처에 대한 이미지도 버렸다. 그리고 집으로 돌아왔다. 이모가 있는 그 집으로. 당신은 이모를 바라보고는 눈앞의 강렬한 빛 앞에 바닥에 얼굴을 박고 엎어진다. 그녀가 말한다. "수프 좀 먹으렴." 부처는, 그리고 집착이 없는 맑은 마음은, 주변의 모든 것과 완벽한 조화를 이루며 어디에나 존재한다.

깨달음의 과정을 진화의 시계로 비유한 이 이야기를 끝마치며, 나는 이렇게 덧붙이고 싶다. 우리 중 어떤 이들은 이제 깨어날 때가 되었다. 하지만 어떤 이들은 우리의 예상보다 깨달음이 더 늦어질 수도 있을 것이다.

현실의 여러 차원

　현실의 다양한 층위를 이해하고, 각 존재가 지닌 저마다의 지각 영역을 탐구하며, 여러 현실들이 어떤 양상으로 전개되는지를 살펴본 다는 것은 매우 유용한 일이다. 우리 눈 옆에 작은 다이얼이 달려 있어서 현실의 채널을 바꿀 수 있다고 상상해 보자. 여기서 말하는 채널을 차크라와 혼동해서는 안 된다. 1번 채널에 다이얼을 맞추면, 우리는 우리 주변의 공간과 남성, 여성의 모습을 인식하게 된다. 어떤 사람은 키가 크고, 어떤 사람은 작으며, 어떤 사람은 피부가 밝고, 어떤 사람은 어두운 피부를 가지고 있다. 어떤 사람은 아름답고, 어떤 사람은 그렇지 않으며, 어떤 사람은 금발을, 어떤 사람은 흑발을 가졌다. 어떤 사람은 뚱뚱하고, 어떤 사람은 날씬하며, 어떤 사람은 우리의 관심을 끌지만, 어떤 사람은 전혀 그렇지 않다. 이것이 바로 물리적인 현실이다.

누군가가 말한다. "그 방 안에 누가 있었지요?" 우리는 이렇게 답한다. "남성과 여성의 비율이 대략 비슷했고, 주로 젊은 사람들이었어요. 연령대는…" 만약 우리가 사회과학자라면, "내배엽형 endomorphs* 이 몇 명, 외배엽형 ectomorphs** 이 몇 명, 중배엽형 mesomorphs*** 이 몇 명 있었다."라고 분석할 수도 있을 것이다. 만약 우리가 사회운동가라면, "흑인 소수자가 몇 명, 히스패닉계가 몇 명, 그리고 그 외에…"라고 답할 것이다. 만약 우리가 성적인 관점에서 세상을 바라보는 사람이라면, 방 안에 있는 모든 사람들을 3가지 범주, 즉 잠재적으로 관계를 맺을 수 있는 사람, 원하는 사람과 관계를 맺기 위해 경쟁해야 하는 사람, 그리고 아무 의미가 없는 사람으로 나누어 생각할 것이다. 이는 「플레이보이 Playboy」나 「펜트하우스 Penthouse」, 「위 Oui」같은 성인 잡지 독자층에서 두드러지는 사고방식이며, 우리 사회의 상당수가 여기에 포함된다고 할 수 있다. 그들에게는 이것이 현실이며, 나머지는 모두 부차적일 뿐이다. 다이얼이 첫 번째 채널에 맞춰져 있을 때, 우리가 바라보는 세계는 물리적이고 물질적인 환경으로 이루어져 있다.

---

* 지방 조직의 비율이 높은 것이 특징인 부드럽고 둥근 체격을 가진 사람.
** 체지방률이 낮고 근육이나 골량이 적은 것이 특징인 날씬한 체격을 가진 사람.
*** 작고 근육질의 체격을 가진 사람. 근육량이 많고 체지방이 상대적으로 적다.

의류업에 종사하는 사람은 거리를 걸어가면서도 사람들의 옷차림에 주목한다. 이것이 우리의 현실이다. "방금 지나간 사람 누구였어요?"라고 누군가가 묻는다면, 의류업자는 "버그도르프 Bergdorfs에서 나온 옷을 입고 있었어요." 혹은, "삭스 Saks에서 나온 신발을 신고 지난 주에 세일했던 필린스 Filens's 모자를 쓰고 있었어요."라고 대답할지도 모른다. 반면, 자신의 몸에 대해 지나치게 의식하고 있는 사람이라면, 거리를 걸으며 다른 사람들의 몸에만 시선을 줄 것이다. 키가 작은 사람은 다른 이들의 키가 얼마나 큰지에 집착하고, 코가 마음에 들지 않는 사람은 유독 다른 사람들의 코에 눈길이 가게 마련이다.

2번 채널로 다이얼을 돌리면, 우리는 심리적 영역에 들어선다. 매우 분석적이고 체계적으로 사고하는 사람들은, 모든 사람들을 미네소타 다면적 인성 검사 Minnesota Multiphasic Personality Inventory, MMPI나 로르샤흐 잉크반점 검사 Rorschach inkblot test 같은 심리 평가 도구를 통해서 바라볼 것이다. 이제 우리 눈에는 행복한 사람, 슬픈 사람, 성취 지향적인 사람, 불안한 신경증 환자, 조울증 환자, 열정적인 사람, 영적 탐구자, 의욕적인 사람, 우울한 사람, 활기찬 사람, 운이 좋은 사람 등 다양한 심리적 특성이 보이기 시작한다. 많은 사람들이 우리 자신을 우리가 지닌 성격과 동일하다고 보면서 살아간다. 우리는 타인의 성격을 분석하고, 상담하고, 위로하고,

비난하고, 그들의 죄책감과 수치심, 열등감을 부추기기도 한다. 이 모든 심리적 특성은 몸이라는 형체 속에서 나타나지만, 정작 우리는 몸 따위에 신경 쓰지 않는다. 오직 심리적인 것과 성격만이 중요하기 때문이다. 누군가를 만나면 이렇게 말한다. "우리는 성격이 잘 맞아." 그들에게는 그것이 유일한 현실이다. 우리는 우리 몸에 대해서는 전혀 알아차리지 못한다. 위도, 아래도 보지 않는다. 심리적 차원에서만 사람을 인식할 뿐이다. 이것이 바로 성격(개성)의 차원이다.

또 다른 채널도 있다. 툭, 하고 다이얼을 돌리면, 이제 세상은 12개의 범주와 그에 따른 다양한 조합과 변주를 통해 보인다. 이 사람은 사자자리이고 저 사람은 양자리이다. "당신은 사수자리군요. 걷는 모습만 봐도 티가 나요." 우리는 이제 개인의 차이를 구분하는 새로운 방식인 점성학적 분석을 통해 세상을 본다. 이제 우리는 사람들의 몸 안에 존재하는 미세한 에너지체를 인식하게 된다. 그것은 성격을 넘어선 어떤 것, 즉 우주의 힘과 별자리, 행성의 나열까지 고려한 행성적 차원으로 세상을 이해하는 것이며, 더불어 원형적이고 신화적인 현실을 이해하는 것이다. 그러나 이 역시 개인의 차이를 분류하는 또 다른 방식일 뿐이다. 3번 채널은 우리에게 1번 채널과 2번 채널을 다시 볼 수 있는 새로운 시각을 던져 준다. 우리는 이제 개인의 차이를 구분하는 한 가지 기준을 이용해 또 다른 틀에서 벗어날 수 있다.

뭐라고 했죠? 한 번 더 말씀해 주시겠어요? 툭, 하고 다이얼을 돌려 4번 채널에 맞춘다. 이제 우리는 다른 사람의 눈을 바라볼 때 그 안에서 우리와 마주 보고 있는 또 다른 존재를 본다. "당신은 그 안에 있나요? 나는 이 안에 있어요. 신기하네요. 어떻게 거기 들어가게 됐나요?" 이제 우리는 우리를 닮은 또 다른 존재를 본다. 그 역시 육체 외에 성격이나 별자리 같은 개인적 차이를 두드러지게 만드는 환상에 갇혀 있다. 그리고 눈, 영혼의 창인 그 눈과 마주하는 순간, 우리는 묻는다. "영혼 안에서 살아가는 것은 어떤가요?"

당신은 이제, 우리가 다른 사람을 만날 때 서로 다양한 차원에서 만나고 있다는 것을 알게 될 것이다. 예를 들어, 당신이 여성이고, 성격을 통해 세상을 보는 심리적 차원에 존재한다고 하자. 그런데 당신은 사회적 기준에서 매우 아름다운 몸을 가지고 있고, 당신이 만나는 모든 사람들이 당신의 성격이 아니라 당신의 몸만 본다. 어쩌면 당신은 "왜 누구도 내 성격은 알아주지 않죠?" 하고 말하고 싶을지도 모른다. 왜냐하면 당신은 1번 채널에서 너무 강렬한 자극을 주기 때문에 아무도 2번 채널로 다이얼을 돌릴 생각을 하지 못하게 만들기 때문이다. 혹은, 당신이 영혼의 차원인 4번 채널에 머물러 있다고 해도, 대부분의 사람들은 당신을 여전히 성격, 몸, 별자리로만 보려고 할 것이다. 이따금 당신이 길을 걷다 다른 사람의 눈을 바라보고, 그 사람도 똑같이 당신을 바라볼 때가 있다. 그들은 당신을 유혹하려는 것도, 바꾸려는 것도, 돈으로 매수하거나 소유하려는 것도 아니다. 당신을 개종시키려고 하거나, 거부하거나, 판단하려는 것도 아니다. 그저 그들은 거기에 존재할 뿐이다. "여기에 있었네요. 나는 여기에 있어요. 신기한 곳에서 만났네요, 우리. 그렇지 않아요?" 개인적 차이를 가진 존재들이 그 차이를 넘어선 만남을 시작하는 순간이다. 이제 더 이상 이러한 개인적 차이들이 단단한 현실처럼 느껴지지 않는다. 그것들은 그저 셔츠나 재킷, 스웨터 같은 겉옷에 불과할 뿐이니까. "오, 너무 멋진 성격을 입고 있네. 그거 어디서 샀어?", "게슈탈트 치료에서 샀어. 원초적 비명을 질렀지." 그러나 그것들은 여전히 분리된 무엇이다. 우리는 여전히 서로가 서로에게 분리되어 있다.

한 번 더, 한 번 더 채널을 돌린다. 이제 다른 사람을 볼 때 우리는 무엇을 보게 될까? 마치 두 개의 거울이 서로 마주 보고 있고, 그 사이에는 아무것도 없는 것 같다. 우리는 다른 사람의 모습을 바라보며, 자신이 자신을 바라보는 것을 경험하게 된다. 이 현실에서 우리는 결국 모두 하나이다. 다른 사람은 변장한 또 다른 나일 뿐이다. 하나의 존재가 다양한 모습으로 나타나 이 게임을 위해 여러 역할을 맡았을 뿐이다. 우리는 모두 고대의 존재, 오래된 하나 Ancient One 이다. 우리는 하나이다. 그 하나가 놀이를 위해, 경기를 위해, 춤을 위해, 여럿이 된 것이다. 우리는 1번, 2번, 3번,

4번 채널의 현실에서 길을 잃을 수도 있다. 그러나 5번 채널에서는 지적이거나 은유적인 차원의 '우리'가 아니라, 오직 하나의 존재로서의 '우리'만이 있다. 이 차원에서 우리는 본질적으로 하나이다. 여기까지 우리가 경험한 모든 현실은 각각 동일하게 타당하고, 상대적이며, 상징적인 현실이다. 각 차원의 모든 현실은 진짜이지만, 상대적으로 진짜일 뿐이다. 어느 하나가 다른 하나보다 더 진짜인 것이 아니다. 우리가 하나인 방식이 우리가 다수인 방식보다 더 진짜인 것도 아니다.

다이얼을 다시 돌려 다음 채널로 맞추면, 바깥세상의 모든 것이 사라지고, 우리 또한 사라지며, 이제는 바라보는 주체조차 존재하지 않는다. TV 자체가 사라져 버린다. 모든 것이 본래의 공空으로 돌아간다. 그것은 형태 없는 존재로 돌아가는 것이며, 하나됨마저도 존재하기 이전의 궁극적 실재로 녹아드는 것이다. 그것은 곧 신이다. 그러나 개념적인 신이 아니라, 신 그 자체이다. 불교에서는, 이것을 열반이라 부르고, 힌두교에서는 브라흐마 Brahma 라고 하며, 도교에서는 도 Taoism, 영원한 도 eternal Tao라고 한다. 그것은 옴 Aum, 아직 형태를 갖추지 않은 우주이다. 히브리 전통에서 신을 G-d 라고 표기하는 이유가 바로 여기에 있다. 그것은 말로 표현할 수 없는 존재, 모든 것의 말할 수 없는 근원이기 때문이다.

6번 채널에서는 주체와 객체로 나뉜 모든 우주가 해체된다. 모든 것은 단지 형태가 없는 상태로 존재할 뿐이다. 우리가 어떤 형태를 인식하기 위해서는 그것으로부터 분리되어 별개의 존재가 되어야 한다. 이제 우리는 형태 저편에 존재하는 형태 없음의, 형태를 초월한 영역으로 들어선다. 이곳은 형태가 존재하기 이전의 영역이며, 모든 형태가 발생하는 근원이자, 결국 형태가 다시 되돌아가는 곳이다. 이곳으로 들어가는 것은 모든 상대적 현실들이 발생하는 근원적 실재와 접촉하는 것을 의미한다. 6번 채널에 들어설 때, 우리는 마지막으로 자아 의식을 인지한다. 그리고 1번부터 5번까지의 모든 채널의 현실은 결국 마음이 창조해낸 결과물이라는 것을 알아차린다. 해방된 존재란, 어떤 현실에나 자유롭게 존재하면서, 정작 그 현실에는 집착하지 않는 존재이다. 이 존재는 여섯 번째 채널의 대양 속으로 사라질 수 있으며, 다시 형태를 가진 현실로 돌아올 수도 있다. 이 존재는, 모든 채널을 동시에 경험할 수 있으며, 하나의 채널에 집중할 때도 있지만, 본질적으로는 모든 차원을 자유롭게 넘나드는 존재이다.

각 채널은 저마다 하나의 현실이다. 그러나 우리가 그 채널에 완전히 빠져 있을 때, 그것은 절대적인 현실이 된다. 예를 들어, 지금 당신은 이 책을 읽고 있는 한 사람으로 존재한다. 이것은 하나의 현실이다. 그러나 결국 우리는 하나이며, 하나의 존재가 이 책을 읽고 있다고 한다면, 이 차원은 다른 차원의 현실보다 더 진짜인가,

덜 진짜인가? 결국 이것은 그저 다른 차원의 현실일 뿐이다. 다이얼을 다른 채널에 맞춘 것에 불과하다.

우리가 경험하고 있는 깨달음의 과정에는 우리가 절대적이라고 생각했던 현실이 사실은 상대적이라는 것을 인식하는 것이 포함되어 있다. 우리가 다이얼을 돌려가며 더 높은 차원의 현실을 경험할수록, 우리는 더 강한 에너지를 띠고, 더 미세한 진동을 느낀다. 새로운 현실을 만나게 될 때, 우리는 우리가 맞닥뜨린 지금의 이 새로운 현실이 이전에 경험한 현실보다 더 진짜 같다는 생각을 하게 된다. 그러나 우리는 동시에 여러 차원의 현실 속에서 살아가고 있다. 우리는 각기 다른 층위에서 분리가 만들어낸 카르마를 경험하며 살아가고 있다. 그럼에도 불구하고, 우리는 자아 의식을 가진 한 개체로서, 특정한 한 차원에 동일시되는 경향이 있다. 따라서, 바클라바baklava*와 같은 다층적 현실 속에서 우리를 특정한 하나의 층위에 고정하는 것은, 우리 자신을 한계 안에 가두는 것이며, 이는 곧 자유를 잃는 것과 같다. 1번 채널에서 5번 채널까지를 현실로 간주하는 것조차도, 실은 지성이 만들어낸 하나의 구조적 틀에 불과하다. 지성은 단 몇 개의 차원까지만 올라갈 수 있으며, 어느 차원 이상에서는 오히려 제한된 시스템이 되어 버린다. 3번이나 4번 채널로 가면,

---

* 터키, 중동, 그리스 지역에서 즐겨 먹는, 겹겹이 쌓인 페이스트리 구조를 띤 디저트.

더 이상 시간과 공간의 개념이 존재하지 않는다. 과거, 현재, 미래, 여기와 저기, 이 모든 것이 동시에 여기에 존재한다. 부처는 자신의 99,000번의 생을 선명하게, 그리고 동시에 되돌아보았다. 만약 그가 선형적인 사고의 한계에 갇혔다면 불가능한 일이었을 것이다. 그러므로 우리의 또 다른 정체성들을 알아차리는 핵심은, 다섯 가지 감각과 논리적 사고를 통해 아는 방식을 절대적인 것으로 간주하지 않고, 다른 방식의 앎을 우리 자신의 현실로 받아들이는 과정을 갖는 것이다. 때로 우리는 그것을 직관적 사고를 사용하는 것이라고 말한다. 로버트 하인라인 Robert A. Heinlein이 자신의 소설 『낯선 땅 이방인 Stranger in Strange Land』에서 그록grok*이라고 표현한 것도 바로 이런 경험을 뜻한다.

우리가 지금 이 시점, 이 공간에 태어났다는 사실은 우리가 1번과 2번 차원에서 태어났다는 것을 의미한다. 하지만 동시에 3번과 4번, 5번과 6번 차원에도 존재한다. 우리 주위의 사람들은 대부분 1번과 2번 채널을 절대적인 현실이라고 받아들이며 성장했다. 따라서 우리가 3, 4, 5, 6번 채널로 이동하면, 그들은 이렇게 말한다. "정신 차려! 현실로 돌아와서 땅에 발을 딛고 살아. 현실을 직시하라고!"

---

* 로버트 하인라인의 소설 속에 나오는 용어로, '주체－대상'의 수많은 가정을 넘어서는 자기초월적 경험을 나타낸다.

채널 3, 4, 5, 6을 인정하는 사람들은 종종 미친 사람 취급을 받는다. "넌 정상이 아니야!" 그러나 상대적인 현실을 꿰뚫어 보는 사람에게는 어떤 특정한 현실을 유일한 현실이라고 고집하는 것이야 말로 진짜 미친 짓이라고 할 수 있다. 나는 한때 정신병원에 입원한 형제를 방문한 적이 있었다. 나는 그와 그의 담당 정신과 의사와 한 방에 앉아 있었다. 그는 자신이 그리스도라고 믿고 있었고, 정신과 의사는 자신이 정신과 의사라고 생각했다. 그리고 두 사람 모두 서로가 미쳤다고 확신했다.

우리가 추구해 온 대부분의 경험들은 사실상 5번 채널의 보편적 하나됨 universal oneness으로 들어가려는 시도였다. 이 채널에 굳이 이름을 붙이자면 '완전한 오르가슴'쯤 될 것이다. 이 채널 안에서는, 더 이상 누가 누구와 섹스를 한다는 개념이 존재하지 않고, 단지 우주가 자신을 펼쳐내고 있을 뿐이다. 완전한 흐름의 그 상태에서는, 모든 분리가 사라지고, 본래의 집으로 다시 돌아와 우리가 어디에 속하는지 알게 되어, 하나 the One 안에 안겨 있게 된다. 그 순간은 분리가 만들어낸 모든 긴장이 잠시 동안 완전히 사라진다. 대부분의 사람들은 오르가슴의 순간에 자신의 모든 신경이 무의미해진다는 것을 안다. 그것은 오르가슴 직전도 아니고, 직후도 아니다. 정확히 바로 그 순간에만 가능한 경험이다. 5번 채널의 상태에서 살아갈 수 있는 사람에게는, 그 오르가슴의 순간, 하나와의 완전한 합일이 항상 현실이다.

이러한 합일의 상태에 열려 있기 위해 마약을 하거나, LSD를 복용하거나, 그 외 어떤 방법을 이용하든, 그것을 통해 아주 잠시 동안은 더 높은 차원의 채널에 들어갈 수 있다는 것을 알게 된다. 하지만 시간이 지나면 우리는 다시 원래 상태로 내려와 깊은 좌절감을 겪는다. 우리를 다시 낮은 차원의 현실로 끌어내리는 것은, 내가 누구인지, 세상은 어떤 곳인지에 대한 모델이나 프로그램에 대한 우리의 집착, 곧 마음의 습관이다.

많은 사람들이 이제 더 이상 영적 여행에서 더 높은 경지에 도달하기 위해 애쓰지 않는다. 왜냐하면 이미 그 방법을 알고 있기 때문이다. 우리는 단순히 그냥 '존재하려고' 할 뿐이다. 존재한다는 것은 모든 것을 포함한다. 어떤 것이든 우리를 무너뜨릴 수 있다고 한다면, 그것은 우리의 기반이 모래 위에 세운 집과 같으며, 그 안에 두려움이 있다는 것이다. 우리는 이제 그것을 안다. 두려움이 있는 곳에는 자유가 없다. 그래서 우리는 우리를 무너뜨리는 내면의 부분들에 직면해야겠다고 마음을 먹는다. 단순히 직면하고 끝나는 것이 아니라, 그것들을 멀리 끌어낼 수 있는 상황을 만들어야겠다고 마음을 먹는다. 이것은 단순히 "나는 더 높은 곳으로 가고 싶어."라고 말하는 것과는 완전히 다른 사고방식이다. 새로운 사고방식은 이렇게 말한다. "나는 끝까지 가고 싶어. 나는 이번 생에서 자유를 얻고 싶어.

나는 그 길이 어떤지 봤어. 이제 이렇게 예고편만 보고 끝내지 않고 본편을 보고 싶다고."

이러한 정신 상태는 다른 상태와 많이 다르다. 이제 우리는 우울함이 찾아오면 그것으로부터 도망치거나 숨는 대신, 방향을 틀어 그것과 정면으로 마주한다. 그러고는 마치 악마의 눈을 똑바로 바라보는 것처럼 우울함을 바라보며 이렇게 말한다. "자, 어디 한 번 네 멋대로 해봐! 너는 그냥 우울함일 뿐이고, 나는 여기 그대로 있을 거야." 우리가 이렇게 할 수 있는 이유는, 우리가 2번 채널을 지나 4번 채널과 살짝 연결되어 있기 때문이다. 2번 채널은 심리적 차원으로, 그곳에는 우울이 존재한다.

4번 채널에서 살아가는 존재에게 성적 불안이란 어떤 것을 의미할까? "내가 잘했을까? 충분했을까? 그녀(그)를 만족시켰을까? 너무 빨리 끝난 건 아닐까? 제대로 할 수 있겠지? 연기를 해야 할까? 내가 너무 흥분한 거 아닐까? 이게 진짜일까?" 이런 걱정들은 모두 1번과 2번 채널에 존재한다. 이런 것들이 "실재하지 않는다"는 것이 아니다. 그런데 만약 우리의 정체성이 4번 채널에 뿌리를 두고 있다면, 이 고민을 어떻게 바라볼지 한 번 생각해 보자. 만약 우리가 "이번 생에서 나는 특정한 성적 습관을 가진 육체 속의 영혼일 뿐이야."라고 말할 수 있다면? 결국 우리는 신경증과 고통으로 가득한 과거를 돌아보며, 이렇게 말할 수 있게 될 것이다. "이 모든 것이 나를 지금 이 순간으로 이끌기 위해 얼마나 완벽했는가!"

그래서 우리는 이런 역설과 마주하게 된다. 채널 1, 2, 3에서는 믿을 수 없는 멜로드라마가 진행되고, 우리는 그 안에서 역할을 맡은 배우처럼 살아간다. 이 안에는 엄청난 고통이 있다. 만약 우리가 1번 채널에 갇혀 있고, 배가 고픈데 먹을 것이 없다면, 그것은 실제로 진짜 고통이다. 가짜 고통이 아니다. 그러나 채널 4와 5의 관점에서 보면, 우리는 채널 1, 2, 3에서 벌어지는 모든 개인적인 차이와 멜로드라마를 바라보며 이렇게 말할 수 있다. "이 춤의 완벽함을 보라. 신의 섭리의 흐름은 얼마나 완벽한가. 인간의 의지가 신의 의지를 거스르는 것조차도, 사실은 완벽함의 일부이다. 그렇지 않은가? 이 모든 것이 얼마나 완벽한지 보라."

당신이 아파하고 있는데, 4번이나 5번 채널에 이르려고 애쓰는 사람이 당신에게 "그건 실재하지 않아. 걱정 마. 너는 부처야. 이 모든 것은 환상이야."라고 말한다면, 그 사람은 진짜 해방된 상태라고 할 수 없다. 그런 태도를 보이는 사람이라면 그는, 채널 1, 2, 3에 있는 사람이 "세상은 온통 고통과 고난뿐이야. 지옥이라고. 삶은 정말 끔찍하고 추악해."라고 말하며 여전히 그 차원 속에 갇혀 자유롭지 못한 것과 다를 바가 없다. 진정으로 자유로운 존재는 이 모든 현실을 동시에 살아간다. 그는 고통이 있을 때 그것을 줄이기 위해 최선을 다해야 한다는 것을 알고 있으며, 그러면서 동시에 고통

자체가 완벽함이고, 그것을 덜어내기 위한 애씀조차도 완벽함의 일부라는 역설을 이해한다. 궁극적으로는, 어느 한 현실에 집착하지 않고 자유롭게 차원을 넘나들 수 있을 때 비로소 깨달았다고 할 수 있다. 우리가 이렇게 형상 안에 머무는 유일한 이유는 고통을 덜고, 빛을 향해, 의식을 향해, 해방을 향해, 그리고 신을 향해 다른 이들을 이끌기 위해서이다. 이 얼마나 역설적인가! 동시에 완벽하지 않은가? 그렇다. 확실히 그렇다. 지옥이 아닌가? 아니다, 지옥이다. 완벽한 지옥이다. 그리고 이 모든 것은, 탐구의 한 단계일 뿐이다.

멜로드라마

아마도 그리 멀지 않은 미래에 우리는 함께 모여 모든 기대를 내려놓고 충만함 속에 고요히 앉을 수 있는 때가 올 것이다. 우리는 우리 자신이 누구인지 깨닫게 될 것이다. 우리는 영적 존재이며, 우리의 영혼을 채울 양식을 찾아 나설 것이다. 우리의 지성은 열려 있지만 쉬고 있고, 우리의 가슴은 깨어 있는 그리스도의 사랑으로 흘러 넘칠 것이다. 우리는 더 이상 자신이 얼마나 성장했는지 끊임없이 되돌아보며 스스로 평가하는 식으로, 자신의 영적 여정을 낭만화하지 않을 것이다. 우리는 더 이상 비교하거나, 스스로 충분히 얻었는지 평가하지 않을 것이다. 왜냐하면 우리는 우리의 가슴을 신뢰할 것이기 때문이다.

많은 사람들에게 그 시간이 바로 지금이다. 그러나 어떤 이들은 아직 신념이 흔들리고 있다. 나는 종종 '가짜 성스러움'에 대해 강의를 한다. 그것은 우리의 있는 그대로 모습보다 더 성스러워 보이려는 것을 말한다. 여기에서 잠깐 '가짜 성스러움'의 반대 개념인 '가짜 속됨'에 대해 이야기하자면, 이것은 자신이 실제로는 더 높은 경지에 도달했지만, 그것을 인정하지 않는 것을 말한다. 우리는 스스로 만들어낸 틀과 현실의 한계에 갇혀 우리의 본모습을 깨닫지 못하고 있다. 많은 이들의 영적 모델은 '좋은 삶 the good life'이었다. 좋다는 것은 의식적으로 살아가는 삶─단순한 삶, 의로운 삶, 사람이나 환경을 착취하지 않는 삶, 사회적 책임을 다하는 삶, 자신의 삶을 올바르게 유지하는 삶, 그리고 평화로운 사람이 되는 삶─을 말하며, 좌절이나 폭력, 분노, 욕망에 휘둘리지 않는 것을 뜻한다. 이 정도면 꽤 좋은 삶이다. 이 사회에서 이런 삶을 사는 사람은 아주 극소수, 1% 중에서도 일부에 불과하다. 하지만 그렇게 모든 것을 갖추었다고 하더라도, 우리 안에는 여전히 무언가를 갈망하는 부분이 남아 있다. 왜냐하면, 아무리 정교하고 아름다운 모델을 만들어도, 그것들은 여전히 세상의 개념 안에서 우리를 정의하는 틀일 뿐이기 때문이다. 그러나 진실은, 우리가 이 세상에 살고 있지만, 그러면서 동시에 이 세상에만 존재하는 것은 아니라는 것이다. 우리는 이 세상에서 살아가는 법을 배웠지만, 우리가 어디에서 왔고, 누구인지 완전히 깨닫지는 못했다. 왜냐하면, 세상 너머를 탐구하는 것은 공허 속으로

발을 내딛는 것과 같기 때문이다. 그것은 마치 두려움 속에서 다이빙 보드 끝에 서 있는 것과 같다.

그러나 우리가 자유를 원한다면, 우리에게 해방, 깨달음, 깨우침, 신 안에서 사는 것과 같은 말이 의미가 있다면, 좋은 삶을 사는 것만으로는 완전한 귀향이 아니다. 우리 중 많은 사람들이 이번 생 동안 신경증과 성취, 경력, 그리고 멜로드라마 속에서 허우적거리며 살아왔다. 그러나 이제 우리는 그 모든 것을 바라보며 웃을 수 있는 곳에 도착했다. 이제 말할 수 있다. "이거야말로 진짜 멜로드라마 아니야?" 이것은 그 누구의 이야기도 아닌, 바로 우리 자신의 이야기이다. 우리 중 일부는 더 이상 세상 사람들처럼 신경증에 사로잡혀 살고 있지 않다. 왜냐하면 우리 자신의 성격을 조금 덜 심각하게 여기기 시작했기 때문이다. 물론, 성격은 여전히 존재한다. 하지만 그것은 마치 우리의 몸처럼—빗질하고, 씻기고, 닦이고, 옷 입히고, 이곳저곳으로 움직이고, 사랑하고, 어루만지고, 자극하고, 흥분을 느끼는—그저 돌봐야 할 것 중 하나일 뿐이다. 몸은 우리가 여행하는 동안 머무는 성전이다. 성격 또한 마찬가지로, 그것은 또 하나의 겉옷이자, 우리가 두르고 있는 망토일 뿐이다. 이제 많은 사람들이 우리는 몸 자체가 아니며 성격 그 자체도 아니라는 것을 깨닫고 있다.

우리는 오랜 시간 동안 함께하며, 수많은 여정을 거쳐왔다. 나 역시 그 길을 걸어왔다. 하지만 나의 개인사는 나를 제한하는 조건의 하나가 되어버렸다. 이제 나는 남은 생 동안 신과 함께 자유롭게 살아가는 것이 어떤 것인지 이야기하려고 한다.

그 전에, 덧붙여 말해야 할 것이 있다. 여기서 잠깐 "그의 이야기 his-story"를 들려주고 싶다. 1970년, 인도에서 돌아온 지 약 3년쯤 된 상태로, 『지금 여기에 있으라』의 출간을 앞두고 있을 때였다. 나는 세상 속에서 완전히 길을 잃고 헤매고 있었다. 나는 곧장 나의 구루가 있는 인도로 돌아갔다.

그곳에 도착했을 때, 그가 내게 물었다. "여기서 뭘 하고 있는 거지?"

내가 말했다. "저는 제가 해야 할 일이 무엇인지도 모르겠지만, 그것을 할 만큼 순수하지 않은 것 같아요."

그는 내 머리를 툭 치고, 수염을 잡아당기며 말했다. "그대는 순수해질 거야."

1년 1개월 동안, 나는 그를 따라 인도를 돌아다녔다. 그런데 그는 내가 찾아갈 때마다 나를 내쫓느라 바빴다. 다른 사람들은 몇 달씩 곁에 머물게 하면서도, 내가 가기만 하면 "가! 델리로 가!" 하고 말했다. 여기로 가라, 저기로 가라! 그렇게 나는 수많은 경험을 했고, 매번 다시 돌아올 때마다 말하곤 했다. "마하라지, 당신은 저를 충분히 순수하게 만들어 주겠다고 약속하셨잖아요." 그러면 그는 그저 웃거나, 아니면 "너는 그렇게 될 거야."라고 말했다.

결국 나는 비자 문제로 인도를 떠날 수밖에 없는 상황에 처했다. 인도에 막 도착했을 당시, 마하라지는 내게 물었다. "인도에는 얼마나 있고 싶어?"

나는 대답했다. "글쎄요 아마도 영원히요. 영원히 머물고 싶어요." 하지만 그건 진실이 아니었다. 아무리 버틴다고 해도 설사병에 걸려 지낼 수는 없는 일이었으니까. 하지만 나는 그렇게 말해야 한다고 생각했다.

그러자 그가 말했다. "3월이면 어때?" 그때는 2월이었다.

나는 되물었다. "한 달 동안만 있으라고요?"

마하라지가 말했다. "좋아. 그러면 내년 3월까지 있어."

그리고 정말로 다음 해 3월, 인도 정부는 나를 쫓아냈다. 물론, 마하라지의 예언과 인도 정부의 조치 사이에는 뚜렷한 인과 관계가 보이지 않는다. 하지만 이 게임이 어떤 방식으로 작동하는지 알기 시작했다면, 당신은 누구도 쉽게 믿을 수 없다는 걸 알게 된다. 누가 누구를 위해서 일하는지도 더 이상 알 수 없게 된다. 더 이상 현실 차원에서만 벌어지는 일이 아니다. 정말 기묘할 따름이다.

인도 정부가 나를 추방시키려고 했을 때, 나는 마하라지에게 물었다. "마하라지, 약속하셨잖아요." 나는 내가 충분히 순수해지면,

그 순수함을 스스로 느낄 수 있을 거라고 생각했다. 순수하다는 느낌이 어떤 것인지 정확히 알지는 못했지만, 적어도 지금 내가 느끼는 것과는 다를 거라고 확신했다. 마하라지가 말했다. "자, 이 망고를 먹어." 나는 성스러운 책들을 많이 읽었기 때문에 이게 바로 그 '특별한 망고'일 거라고 생각했다. 아, 이게 바로 그 망고야. 그리고 나는 다른 사람들과 나눠 먹지 않을 생각으로 망고를 들고 욕실로 갔다. 씨를 심어서 더 많은 망고를 얻어야 할지, 아니면 이것만으로 충분할지 고민이 됐다. 나는 망고를 먹었다. 그러나, 아무 일도 일어나지 않았다. 그건 그냥 맛이 좋은 망고일 뿐이었다.

그렇게 미국으로 떠나려고 할 때, 마하라지가 말했다. "나는 절대 람 다스가 미국에서 잘못된 일을 하도록 내버려두지 않을 거야." 나는 속으로 생각했다. '좋아, 그 말을 믿어 보자.' 나는 미국으로 돌아왔고, 다시 내 길을 가기 시작했다. 세상의 유혹들이 서서히 나를 흔드는 것이 느껴졌다. 인도의 사원에 앉아 신에게 집중하는 것은 쉬운 일이었다. 특히 그 해에는 불의식fire ceremony이 있어서 더 그랬다. 9일 동안의 의식이 끝나면, 사람들은 자신이 버리고 싶은 것을 코코넛통에 담아 불 속에 던진다. 나는 나의 성적 욕망을 버리고 싶었다. 그때 나는 마흔 살이었고, 그 정도면 이미 충분히 겪었다고 생각했다. 내 전체 인생에서 30년 동안 그 욕망에 사로잡혀 살았으니, 만약 아직도 만족하지 못했다면 그건 애초에 충족될 수 없는 것이라고 생각했다. 나는 그것을 버리기로 결단했고, 불 속에 던졌다.

다음 날은 람 릴라Ram Lila 축제였다. 사람들은 지푸라기로 만든 거대한 라바나Ravana 인형을 태울 예정이었다. 라바나는 『라마야나Ramayana』에 나오는 악당으로, 엄청난 욕망으로 가득 찬 머리를 열 개나 가지고 있는 에고 덩어리였다. 사람들은 자신 안에 있는 라바나 같은 부분을 그 인형 속에 넣어 함께 버릴 수 있었다. 나는 생각했다. '좋아, 확실하게 모든 성적 욕망을 라바나 속에 던져 버리겠어!' 사람들이 횃불을 들고 와서 라바나를 태우기 시작했다. 거대한 의자에 앉아 있는 거대한 라바나의 다리 사이에 불이 붙었다. 성적 욕망을 태워버리는 데에는 아주 상징적인 위치였다. 그런데 그날 밤이 유대인의 속죄일인 욤 키푸르Yom Kippur이기도 하다는 걸 알게 되었다. 나는 나의 성적 욕망을 뿌리째 없앨 마음으로 욤 키푸르까지 챙겼다.

3개월 동안은 효과가 있는 것처럼 보였다. 그러던 어느 날, 환상 속에서 런던의 한 이층 버스에 앉아 있는 내 모습을 보았다. 내 눈은 나도 모르게 길을 걷고 있는 어떤 매력적인 존재를 졸졸 따라가고 있었다. 순간, 생각했다. '아, 이런… 또 시작이야.' 그 길로 나는 다시 서구로 돌아왔고, 그 경험을 계기로 다시 영적 교사가 될 준비를 했다.

나는 2년 후인 1974년에 다시 인도로 돌아갈 계획이었다. 그런데 그 전에 마하라지가 몸을 떠났다. 그가 육신을 떠났을 때, 내 이성이 물었다. "그는 어디로 갔을까?" 가끔 그와 함께 앉아 있을 때면, 나는 그의 육체를 보고 있음에도 불구하고 명상 속에서 고요가 깊어짐에 따라 그가 다른 차원에 있는 것처럼 느끼곤 했다. 그리고 그 차원을 뛰어넘어 또 다른 차원에서 그를 만나기도 했다. 내 몸은 다양한 차원에서 오는 엄청난 에너지, 샥티로 떨리기 시작했다. 나는 차원을 하나씩 통과하면서, 각기 다른 방식으로 계속해서 마하라지를 만났다.

라마나 마하르시Ramana Maharshi에 관한, 어쩌면 이미 당신도 알고 있을지 모르는 이야기 하나가 떠오른다. 그가 임종을 앞두고 있을 때, 헌신적인 그의 제자들이 말했다. "바바지, 우리를 떠나지 마세요. 제발 당신 자신을 치유하세요."

라마나 마하르시가 대답했다. "아냐, 이 육신은 이제 제 역할을 다했어."

제자들이 말했다. "우리를 떠나지 마세요. 떠나지 마세요."

라마나 마하르시가 말했다. "바보 같은 소리 하지 마라. 내가 어디로 간다고 생각하는 것이냐." 나는 이 말이 육체라는 환상의 본질을 가장 간결하게 설명한 문장이라고 생각한다. 그러나 마하라지의 죽음 앞에서 내 마음에서는 전혀 다른 감정이 일어나고 있었다.

나는 스스로 아직 다 익지 않았다는 것을 알고 있었다. 마하라지가 떠난 것은, 요리가 채 끝나기도 전에 요리사가 사라진 것과 같았다.

마하라지의 육신을 화장할 때, 다양한 사람들이 서로 다른 것을 보았다. 대부분의 사람들은 통곡하며 슬퍼했고, 나 역시 마찬가지였다. 우리는 구루를 잃었으니까. 그런데 불길 옆에서 밤새 웃고 노래 부르던 남자가 있었다. 그는 "스리 람 자이 람 자이 자이 람"하며 계속해서 노래를 불렀다.

다음 날, 사람들이 그에게 물었다. "왜 그렇게 웃고 노래를 불러요?"

남자가 대답했다. "마하라지가 웃으며 앉아 있었고, 람Ram이 기버터(정제된 버터)를 그의 머리 위에 붓고 있었어요. 더 빨리 타라고요. 그리고 브라흐마, 비슈누, 시바, 모든 신들과 여신들이 꽃을 비처럼 뿌리고 있지 않겠어요? 모두가 행복해하고 있었어요."

그 남자는 뭔가 착각한 걸까, 아니면 그게 진짜 현실이었던 걸까? 또 어떤 여자는 마하라지가 팔꿈치를 짚고 일어나 그녀에게 손을 흔들며 "속상해 하지 마, 마Ma."라고 말하는 듯한 모습을 봤다고 한다. 그러고는 다시 누워서 불에 타기 시작했다는 것이다.

그때로부터 2년 동안, 나는 마하라지로부터 배운 것을 삶 속에 녹여내며 최선을 다해 가르침을 전하고 살았다. 마하라지가 "나는 람 다스가 미국에서 잘못된 일을 하도록 그냥 두지 않을 거야."라고 했던 말을, 내 안의 불순함이 다른 카르마를 만들지 않게 해준다는 의미로 받아들이고, 그대로 되기를 바랐다. 나는 나 자신을 최대한 바르게 유지하기 위해 내가 아는 방식대로 실천에 옮기고 있었다. 당시 내게는 폭스바겐 캠핑용 차량이 있었고, 종종 그것을 몰고 애리조나의 사막으로 떠나 6주 정도 은둔하며 지냈다. 그런 식으로 나는 내 게임의 많은 부분을 정화시키곤 했다. 또 그 시기에는 매년 한 차례씩 LSD를 복용했는데, 그 이유는 내가 놓치고 있는 것이 무엇인지, 그리고 내가 나 자신을 속이고 있는 미묘한 방식들을 들여다보기 위해서였다. 어느 해에는 캔사스주의 살리나에 있는 미드아메리카 모텔에서 LSD를 하고 있었다. 말하자면 그게 내 인생의 미국 중부 여행이었다. 나는 언제나 마하라지의 존재를 느끼고 있었지만, 그러면서도 늘 그것을 더 강력하게 경험하고 싶었다. 그는 나의 길이었고, 나는 그 길을 더 깊이 걷고 싶었던 것이다.

 1974년 여름, 나는 나로파 대학교에서 『바가바드 기타』를 강의하고 있었고, 내가 느끼기에 그 수업은 마하라지의 축복 아래 이루어지고 있었다. 하지만 동시에 나는 완전히 다른 분위기의 한가운데에 있었는데, 그 이유는 대학 설립을 주도했던 트룽파 린포체가 티베트 불교의 한 전통을 따르고 있었기 때문이다. 나는 나 자신이 조금 흔들리는 것을 느꼈다. 내가 걷는 길은 형태가 뚜렷하지 않고 느슨한 반면, 티베트 전통은 매우 체계적이고 명확했기 때문이다. 트룽파와 나는 몇 차례 TV 프로그램에도 함께 출연했다. 우리는 한 번 티베트 불교 전통에 대한 방송을 했는데, 나에게는 너무나도 낯선 내용들이었다. 나는 마하라지에게 사랑과 봉사를 전수받았지만, 그분의 역사에 대해서는 아무것도 아는 게 없었다. 나는 내가 어떤 전통, 어떤 계보를 이어받았는지 설명할 방법이 없었다. 게다가 점점 세속적인 유희에 휘말리고 있었고, 그럴수록 우울함과 위선적인 느낌이 커져갔다. 결국 여름이 끝나갈 무렵, 나는 다시 인도로 돌아가기로 결심했다. 돌아가서 무엇을 마주하게 될지 알 수 없었지만, 어쨌든 가야 했다. 나는 분명 10년 전의 나와는 달라져 있었지만, 아직 완전히 익지는 않은 상태였다. 그리고 우리는 서로를 익혀야 할 빚을 지고 있다.

동쪽으로 차를 몰고 가던 중, 펜실베이니아에 있는 한 모텔에서 하룻밤 머물렀다. 나는 TV로 하원 법사위원회 청문회 House Judiciary Committee를 볼 계획이었다. 그런데 돌연 폭풍 때문에 전기가 나가버렸다. 잠을 자기에는 너무 이른 시간이었고, 달리 할 일이 없어서 명상을 하기로 했다. 명상을 시작하고 15-20분쯤 지났을 때, 마하라지가 내 앞에 나타났다. 그는 평상시와 똑같은 모습으로 나를 바라보더니, 웃으며 말했다. 살아생전에 그는 힌디어로만 말했는데, 내 힌디어 실력은 아주 형편없었고, 그래서 인도에서는 늘 통역사의 도움을 받았었다. 그런데 그날 다른 차원 간에 이루어진 소통에서는, 생각의 형태로 뜻이 전달되고, 각자 생각하는 언어로 바뀌었다. 마하라지는 아주 유창한 영어로 이렇게 말했다. "너는 인도에 갈 필요가 없어. 너의 가르침은 바로 여기에서 이루어질 거야." 이 말은 너무도 생생해서 마치 진짜 현실 같았다. 그리고 그 순간, 나는 곧바로 인도에 가지 않기로 결심했다. 대신, 뉴햄프셔로 가서 오두막집에 한 달쯤 머물면서 명상을 하고 머리를 깨끗이 비워 보기로 했다.

그다음 날, 뉴욕으로 간 김에 힐다 찰튼Hilda Charlton에게 안부 전화를 걸었다. 그녀는 내게 브루클린에 있는 한 여자를 꼭 만나야 한다고 했다. 나는 너무도 혼자 있고 싶었기 때문에 거절했다. 그러자 그녀가 말했다. "그 여자가 그러는데, 그 여자 집 지하실에 지금 너의 구루가 와서 앉아 있대."

나는 더 망설일 것도 없이 하룻밤을 더 머물고 다음 날 힐다와 함께 조야Joya라고 불리는 여자의 집으로 갔다. 우리는 곧장 지하실로 내려갔고, 삼매에 빠진 조야를 발견했다. 나는 그녀의 상태를 확인했다. 호흡도, 맥박도 없었다. 완전히 돌처럼 고요했다. 조야는 평범하지 않은 외모를 가지고 있었다. 긴 인조 눈썹에 두꺼운 마스카라를 하고, 노출이 심한 원피스를 입고 있었다. 마하라지는 늘 담요를 덮고 있는 노인의 모습이었지만, 나는 다음에 어떤 메시지가 어떤 형태로 올지에 대해서는 아무런 고정관념도 갖지 말자고 생각했다.

마침내 그녀가 삼매 상태에서 깨어나 나를 보고는 다짜고짜 물었다. "대체 뭘 원해, 이 자식아?"

힐다가 다급히 말했다. "이분은 람 다스예요."

하지만 그 말은 그 여자에게 아무런 영향도 끼치지 못했다. 그녀가 말했다. "난 그가 누구인지 아무 상관없어. 그런데 저기 저 늙은 남자는 네 거야?"

나는 돌아보았지만, 그곳에는 담요 한 장만 놓여 있을 뿐이었다. 내가 대답했다. "모르겠어요."

그녀가 말했다. "저 양반이 나를 짜증나게 해. 당장 여기서 치워줘."

그러더니 그녀의 의식이 살짝 바뀌며, 아주 가벼운 트랜스 상태로 들어갔다. 갑자기 마하라지가 그녀를 통해 내게 말하는 듯한 느낌이 들었다. 그는 우리가 마지막으로 인도에서 나눴던 이야기들을 하기 시작했다. 인도의 사원 유지에 관한 자잘한 일들 같은, 그녀로서는 도저히 알 수 없는, 심지어 나조차도 까맣게 잊고 있던 이야기였다. 다른 차원에서 돌아온 그녀는, 자신이 여러 차원을 연결하는 것은 익숙하지 않다고 설명했고, 자신에게 무슨 일이 일어났는지조차 몰랐다. 어쨌든 나는 매우 기뻤다. 이 경험은 펜실베이니아 모텔에서 마하라지를 만났던 것과 곧바로 이어지는 비전으로, 마치 내 기도에 대한 응답처럼 느껴졌기 때문이다.

몇 달 후, 나는 뉴욕으로 이사했고, 그곳에서 15개월 동안 조야와 함께 집중적으로 공부했다. 그 가르침은 말로 다 표현하기 어려울 만큼 기묘하고 강렬한 에너지를 가지고 있었다. 매일 새벽 5시부터 다음 날 1, 2시까지 마치 거대한 회오리 속으로 빨려 들어가거나 거대한 건조기 안에서 마구 뒤섞이는 느낌이었다. 나는 이 상황을 떠나거나, 아니면 항복하고 받아들이거나, 둘 중 하나밖에 선택할 수 없었다. 항복은 매우 특별한 스승의 더 높은 가르침을 경험하기 위한 필수 조건이다. 나는 나의 구루의 가르침을 통해 항복과 헌신을 열린 마음으로 받아들였기 때문에, 이 과정에서는 단지 더 깊게 놓아버리기만 하면 되는 것이었다. 일반적인 상식에 반하는 것처럼 보이는 것에 저항하는 마음까지도.

그런데 그 무렵, 나는 조야의 가장 가까운 제자들로부터 아주 끔찍한 소리를 듣게 되었다. 나의 저항이 조야에게 출혈과 강렬한 정신적 고통을 야기하고 있다는 것이다. 모든 판단을 멈추고, 그 가르침에 완전히 항복하는 것 말고는 다른 방법이 없어 보였다. 가르침이 자연스레 흘러오도록 두고, 스승은 이래야 하고 가르침은 저래야 한다는 내 모든 선입견을 불살라 없애 버려야만 했다. 그리고 나는 그 가르침이 순수한 전수 pure transmission 라고 믿으며 스스로를 내려놓았다. 그러면서 나는 그 가르침에 점점 더 깊이 항복했고, 조야가 스스로를 깨달은 존재라고 했던 것을 공식적으로 인정했다— 하지만 이 발언은 나중에 후회하는 일이 되었다.

강도 높은 대면(종종 하루에 스무 시간씩도 계속되는)은 내 안에 아주 미묘하게 숨어 있던 에고의 방어기제들을 모두 수면 위로 끌어올렸다. 그리고 조야는 파괴와 정화의 여신 칼리가 했던 것처럼 그 불순물에 달려들어 그것들을 크게 부풀려 보여주었고, 나는 결국 그 모든 것을 놓아버리든지, 아니면 내가 떠나든지 해야 했다. 나는 최대한 빨리 그 불순물들을 놓아버리는 것을 선택했다. 그리고 내가 감당할 수 있는 최선을 다해 버렸다. 이 모든 과정은 내 안에 오래도록 자리했던, 나 자신을 무가치한 존재로 여기던 쓰레기들을 정화시키는 불길이 되었다.

연극적인 강렬함, 무대 연출과 소품의 화려함은, 그 모든 것이 실제처럼 느껴질 만큼 강한 현실감을 만들어냈다. 그 덕분에 나는 브루클린에 사는 세 아이의 엄마이자, 이탈리아계 가톨릭 사업가와 결혼한 평범한 유대인 가정주부가 사실은 우주의 창조적 원동력인 미즈 빅Ms. Big이라는 기이한 주장조차 믿을 판이었다. 조야는 자신을 힌두교의 파괴와 정화의 여신 칼리와 그 외 여러 우주적 존재들, 예를 들어, 지혜와 전쟁의 그리스 여신 아테나Athena, 우주의 어머니 스리 마타 브라마Sri Mata Brahma, 티베트 탄트라 불교의 여신 타라의 화신으로 묘사했다. 그녀의 존재는 정말 누구도 흉내 낼 수 없었다.

수백 명에 이르는 사람들이 그녀의 강렬한 카리스마, 뻔뻔할 정도의 당당함, 그리고 때로 몸의 기능이 정지된 것처럼 보이는 깊은 트랜스 상태에 들어가는 모습에 이끌려 그 현실에 빠져들었다.

그녀는 자신에게 성흔이 나타났다고 말했고, 확실히 고등학교 수준의 학력으로는 알 수 없는 것들을 알고 있기도 했다. 무대는 완벽하게 준비되어 있었고, 욕망과 깨달음조차 소유하고 싶은 영적인 물질주의에 이끌린 우리는 조야의 말을 너무도 믿고 싶었다.

   처음에 조야는 상당히 많은 시간을 트랜스 상태로 보내곤 했는데, 그 상태에서는 일종의 영적 통로 역할을 하는 듯 보였다. 그녀를 통해 전해지는 가르침은 매혹적일 만큼 풍부했고, 성서 속 인물들, 하시드 전통의 인물들, 힌두교와 불교의 지혜로운 남녀, 또는 다른 차원의 존재들이 등장했다. 그녀의 목소리와 말투는 종종 교육받지 못한 브루클린 억양에서 몇 시간씩 쏟아져 나오는 정교하고 아름다운 시의 언어로 바뀌기도 했다. 그 순간들의 풍요로움에 나는 숨이 막힐 정도였다.

   나는 그 장면 전체가 만들어낸 현실에 점점 더 항복할 수밖에 없었다. 왜냐하면, 그녀를 둘러싼 사람들의 완전한 사랑과 항복이 있어야만 이 같은 높은 차원의 가르침이 흘러나올 수 있다고 들었기 때문이다. 그녀는 당시 내 영적 스승들 중 일부가 모세의 장인이었던 이드로, 파드마삼바바, 노자, 라마크리슈나, 그리스도, 마리아, 니티아난다, 초기 카발라 전통의 스승, 칼리, 두르가와 같이 위대한 영적 존재들이라고 말했다. 나는 이전까지 트랜스 상태에 들어간 사람을 본 적이 없었기 때문에, 이 모든 광경은 그야말로 충격적이었다.

나는 이 멜로드라마에 완전히 빠져들어, 마치 한 손에 카메라를 든 관광객이 인도의 밧줄 마술을 넋 놓고 바라보는 것 같은 신세가 되었다.

조야는 자신이 이 땅에 온 이유가 오직 나를 세계적인 영적 지도자로 준비시키기 위한 도구가 되기 위함이라고 계속해서 강조했다. 결국 그녀 자신조차도 내 발 앞에 엎드리게 될 것이라는 말도 했다. 이 말은 조금 과장스럽게 들리긴 했다. 이상하게도 나는 날이 갈수록 내가 점점 더 별것 아닌 사람이라는 느낌을 받았기 때문이다. 어떤 순간에는 내가 크리슈나무르티Krishnamurti 처럼 느껴지기도 했다. 그가 '별의 교단Order of the Star'의 지도자로 추앙받았지만, 결국 자신을 믿고 따르던 5만 명의 사람을 떠나며 교단의 해체를 선언했던 것, 그러면서 다르마는 결코 자기 자신 바깥에서 구할 수 없으며 오직 자기 내면을 봐야 한다고 했던 말이 떠올랐다.

조야를 만나기 직전, 나는 여전히 성적 집착에서 완전히 자유롭지 못한 것에 대해 깊이 고민하고 있었다. 오랜 시간 동안 강렬한 양성애적 경험을 해온 나는, 여전히 내 인식이 성적 욕망에 사로잡혀 있다는 것을 알고 있었다. 내 개인적인 정화 과정에 대해서는 얼마든지 더 인내할 수 있었지만, 대중 앞에서 활동해야 하는 내 역할을 생각할 때면, 나는 나의 성적인 집착이 내가 가르치거나 상담하는 사람들에게 아주 조금이라도 영향을 줄까 싶어 불안했다. 나로 인해 그들의 집착과 고통이 더 강화될까 봐 걱정되었던 것이다. 마하라지가 "나는 람 다스가 미국에서 잘못된 일을 하도록 절대 내버려두지 않을 거야."라고 말했지만, 내 안에서 계속해서 떠오르는 성적인 생각들은 마하라지의 말에 의문을 품게 만들었고, 나는 또 나대로 내 성적인 행동을 정화하고 싶은 갈망에 사로잡혔다. 이 집착에서 벗어나기 위해 수년간 노력해 왔고, 인도에서는 모든 성적 욕망을 제물처럼 불 속에 바치기까지 했지만, 사실 이번 생에는 이 집착에서 자유로워지는 건 불가능하다고 느낄 만큼 희망을 잃어가고 있었다. 내 성적 카르마는 너무도 무거워 보였다.

나는 이런 목적을 위해 수행되는 특정 티베트 탄트라 종파의 입문 의식에 대한 내용을 읽은 적이 있다. 수도승은 천상에서 온 여성인 다키니dakini와 함께 일련의 개방된 의례 과정을 거치게 된다. 이 의식에 참여하는 다키니들은 어린 시절부터 준비해 온 젊은 여성들이었으며, 감각적인 측면에서 어떤 개인적인 개입이나 집착 없이 수행하도록 훈련을 받는다. 나는 마음속으로 언젠가 나 역시 이러한 가르침에 입문하게 되고, 훈련된 안내자와 함께하는 의식적인 의례 과정을 통해 결국 이 욕망으로부터 완전히 떨어져 나올 수 있게 되기를 바랐다.

그리고 이제 내 앞에 한 여성 스승이 나타났다. 수행이 시작되고 몇 달이 지나자, 그녀는 내 성적인 부분에 초점을 맞추기 시작했다.

그녀는 어떠한 욕망에도 완전히 집착하지 않는다는 확신을 주었고, 나는 점점 더 마음을 열었다. 그리고 마침내 오랜 시간 꿈꿔왔던 정화가 이 가르침을 통해 실현되고 있다는 새로운 희망을 느꼈다. 나는 신중함이나 의심 따위는 떨쳐 버리고, 그 폭풍 속으로 거침없이 뛰어들었다.

이 가르침에 깊이 몰입하게 된 여러 이유 중 가장 중요한 것은 마하라지가 반복해서 했던 말이었다. "세상을 어머니로 보라. 그러면 신을 알게 될 것이다." 그가 마(어머니)라는 말을 반복해서 말하는 것을 들은 사람들도 꽤 많다. 심지어 그는 어머니 여신인 두르가 Durga를 모시는 사당을 지어 주기도 했다. 이런 헌신은 사실 내게는 조금 낯선 것이었다. 내가 어머니에 대해 갖는 감정은 내 실제 어머니와의 관계를 기반으로 형성되었고, 프로이트 이론가이자 힐러로서 받은 훈련에 바탕을 두었기 때문이다. 우주적 어머니를 사랑한다는 것이 당시의 나에겐 직접적으로 와닿지 않았다. 그러나 나는 어머니에 대한 헌신을 간절히 이해하고 싶었다. 그것은 내가 깊은 사랑을 느끼고 있던 람 Ram의 하인 하누만 Hanuman에 대한 헌신과 마찬가지로, 내 스승이 따르던 영적 전통의 한 부분이었기 때문이다. 나는 언젠가 어머니와 헌신적인 관계 속으로 들어가는 길을 찾게 될 것이라고 느꼈다. 뉴욕에 와서 조야와 함께 공부를 시작하고, 그녀의 모계 중심적 현실로 들어가게 되었을 때, 나는 내가 오랫동안 찾아

헤매던 가르침을 만났다고 생각했다. 특히 조야가 그녀 자신을 신성한 어머니 그 자체라고 선언했을 때는 완전히 확신했다.

조야가 끊임없이 마하라지에 대해 이야기하고, 내가 볼 수는 없지만, 아스트랄 차원의 마하라지와 대화를 나누는 것 같은 모습은, 비록 마하라지가 육신을 떠났지만 여전히 나의 영적 여행을 인도해 주고 있다는 믿음이 희미하게 흔들리던 그때의 내 마음 상태와 그분에 대한 그리움을 자극했다.

조야는 육체 안에 머무는 데 큰 어려움을 겪는 것처럼 보였고, 아주 작은 자극에도 온몸이 뻣뻣한 판자처럼 굳어버리곤 했다. 우리는 모두 함께 그녀가 자신의 몸을 떠나 다른 차원으로 가버리지 않도록 하기 위해, 그녀를 최대한 자기 육체 안에 머물도록 하기 위해, 많은 시간을 보냈다. 조야는 목에 보석이 있는 장신구를 하나 걸고 있었는데, 힐다가 그 안에 그녀를 이 현실로 끌어내리는 만트라를 넣어두기도 했다. 힐다가 그 돌에 손을 대면, 조야는 대개 다시 현실로 돌아오곤 했지만, 조야는 수천 개의 면도날이 몸을 가르며 통과하는 듯한 고통을 느꼈다고 말했다. 조야의 고통은 우리 모두에게도 매우 힘든 일이었다. 그래서 우리는 조야의 이 고통스러운 드라마에 짐이 되지 않기 위해 그녀의 모든 변덕에 완전히 항복 선언을 하고는 기꺼이 무엇이든 하려고 들었다.

조야의 힘이 더욱 강해지면서, 그녀는 힐다를 내던지기도 했다.

힐다는 가르침에 있어서 아주 강력한 원천은 아니었지만, 조야의 동료로서 그녀의 멜로드라마를 유지하는 데 필요한, 반쯤 히스테릭한 분위기를 조성해 왔던 인물이었다.

하지만 처음에는 자발적인 매개자의 역할을 하는 것으로 보였던 그 열린 상태가, 사실은 준비되지 않은, 권력과 사랑에 대한 갈망을 가진 사람에게는 지나치게 큰 에너지와 힘이라는 것이 점점 더 분명해졌다. 조야는 사람들이 자신에게 준 신뢰와 권력을 사적인 과시나 감정적 보상을 위해 사용하려는 유혹을 이겨내지 못한 것처럼 보였다. 그녀는 가끔 지혜를 담아내는 빈 그릇으로 머무는 대신, 그 안에 담긴 내용물이 자신의 것이라고 주장하기 시작했다. 더 나아가, 자신은 단순히 그릇이 아니라, 그 메시지들이 흘러나오는 근원 그 자체라고까지 말했다. 이것은 바닷물이 담긴 컵이 스스로를 바다라고 주장하는 것과 마찬가지였다.

너무 많은 '신호들'이 있었다. 예를 들어, 조야와 내가 함께 있을 때 전화가 울렸다. 그녀는 수화기를 들고 고통이 담긴 목소리로 속삭이며 말했다. "나는 지금 말하기 힘들어. 너무 뻣뻣해서." 그리고는 전화기를 떨어뜨렸다. 그런 다음에는 아무 일도 없던 것처럼 계속해서 대화를 이어갔다. 그 순간, 나는 그 전화기 반대편에 얼마나 많은 적들이 있었는지를 깨달았다.

나는 지루해지기 시작했다.

몇 달 동안 나는 나의 지루함과 이단적인 생각들을, 내 자아가 조야의 가르침에 완전히 항복하지 않으려고 필사적으로 저항하는 것이라고 받아들였다.

하지만 아무리 그렇게 합리화하려고 노력해도, 의심과 지루함은 점점 더 커져 갔다. 탄트라 수행은 더 이상 생산적이지 않았다. 나는 조야 역시 집착을 가진 한 사람일 뿐이라고 생각하기 시작했다. 그리고 이런 감정들이 조야와의 시간을 끝내고 떠나야 할 때가 되었다는 신호일지도 모른다고 생각했다.

점점 더 분명해지는 건, 이 모든 차원과 존재들이 아무리 매혹적이라 하더라도, 그건 해방과는 엄연히 다르다는 사실이었다. 완전한 해방 속에서는 더 강력한 에너지, 더 밝은 빛, 더 큰 에너지가 있었고, 샥티가 우리를 통해 흘러넘쳤다. 또, 깨달은 존재들이 우리 앞에 나타났고, 위대한 가르침과 지혜, 지식이 전해졌다. 나는 나의 권력 욕구가 여전히 내 안에 있음을, 여전히 살아서 움직거리고 있음을 알아차렸다. 나는 '와, 이걸 알아차리느라 이렇게 긴 시간이 걸렸구나.' 하고 생각하며 나 자신을 지켜봤다. 그리고 나면, 또 다른 차원이 열리고, 다시 또 다른 차원이 열렸다. 하지만 그 차원은 결국 또 다른 공간일 뿐이고, 그 공간에 집착하는 것은 고통을 야기할 뿐이다. 육조 혜능은 "어떠한 것도 붙잡지 않는 마음을 길러라."라고 반복해서 말했다. 요가 수트라에는 이 모든 차원들이 다 나와 있다. 모든 것은 그냥 현상일 뿐이며, 이 현상은 세상에 대한 집착을 느슨하게 하고, 내면의 것을 변화시키거나 태워 없애는 데 도움이 된다. 그러나 이것 역시 또 하나의 현상일 뿐이다. 명상 중 경험, 샥티 체험, LSD 같은 환각 체험도 결국엔 놓아야 한다. 만약 우리가 모든 걸 내려놓을 수 있다면, 우리는 카르마에서 벗어날 수 있다. 그때 우리는 이원성을 넘어서고, 쾌락과 고통을 넘어서고, 분리되어 있다는 환상에서 깨어날 수 있다.

우리는 우리가 세상에 태어난 이유가 경험 자체와 경험하는 자라는 이원성을 넘어설 때까지 수많은 경험을 하기 위해서라는 걸 이해하기 시작한다. 우리는 '되어가기 becoming'가 아닌 '있음 being' 자체에 머문다. 있는 그대로 존재하게 되었을 때, 우리는 단지 가르침을 이해하는 것을 넘어 그 가르침 자체가 된다.

이 시기가 끝나갈 무렵, 나는 조야와 그녀를 통해 가르침을 준 많은 존재들과의 작업이 끝났다는 느낌이 들었다. 그건 더 이상 내가 필요로 하는 것이 아니었다. 마치 "바늘 끝에서 얼마나 많은 천사가 춤을 출 수 있는가?" 같은 질문에 정답을 알아내려고 애쓰는 것 같았다. 결국 우리가 할 수 있는 유일한 일이라고는 직접 천사가 되어 우리의 친구들이 얼마나 함께할 수 있는지 확인하는 것뿐인데 말이다.

조야에 대한 의심은 날이 갈수록 커져 갔다. 그녀는 1년 사이에 크게 변했다. 조야는 깨달은 존재들이 자신을 통해 말하는 것을 억울하게 느끼기 시작했고, 종국에는 매개체로서의 역할도 거부하기 시작했다. 그녀는 여전히 강한 샥티와 카리스마를 가지고 있었지만, 강의 내용은 점점 더 그녀가 자라온 문화에 대한 흔한 이야기들로 도배되었고, 거기에 영적인 교훈이 살짝 곁들여진 정도에 불과했다.

현실이 무너져 내리면서, 나는 무대 뒤에서 전개되는 배우들의 고통스러운 삶을 보기 시작했다. 나는 내가 할 수 있는 한 최대한 우아하게, 사랑을 담아 그 무대에서 물러나고자 했다. 마하라지는 무엇을 하든지 절대로 어떤 사람이라도 마음에서 내쫓지 말라고 경고하곤 했다. 그래서 나는 내 사랑이 충분히 깊어지기를 기다렸다. 그러나 막상 떠나려고 했을 때는, 떠나는 일이 너무도 어려웠고, 빠져나갈 수 있는 조항이 없는 시스템 속에 들어와 있었다는 사실이 분명해졌다. 나는 그 시스템에 맞서야 했지만, 그런 행동에 지지해주는 이들은 거의 없었다. 내가 겪고 있는 일은 다른 영적 운동들과 상당히 비슷했다. 문선명 목사의 통일교, 예수의 광신도들, 크리슈나 의식 운동 같은 것들. 그 각각은 모두 완전한 하나의 현실 세계처럼 보였고, 한 번 발을 들이면 변화가 허용되지 않는 헌신의 형태로 변해버리는 공통점을 가지고 있었다.

내가 조야를 떠난 것은, 그녀에게 실망한 추종자들이 대거 이탈하던 흐름의 일부였다. 심지어 그녀의 집에서 일하던 사람들까지도 그녀를 떠나기 시작했다. 조야 집단의 최전선을 떠난 난민들이 각자 경험한 이야기를 나누기 시작했고, 그렇게 거짓과 진실 왜곡의 실체가 서서히 드러났다. 그녀에게서 뿜어져 나오던 엄청난 에너지가 단지 영적인 근원에서 나오는 것이 아니라 약물의 도움을 받았다는 사실도 밝혀졌다. 가장 최측근의 친구들조차도 거짓으로 위기 상황을 꾸며내어 내게 전화를 하도록 여러 차례 강요 받았다는 것을 고백하기도 했다. 조야는 그게 다 나를 위한 것이라고 그들을 설득했고, 그들은 그것을 따를 수밖에 없었다고 했다. 이런 속임수와 조작의 이야기들이 쏟아져 나왔다. 나는 결국 속아 넘어간 것이었다.

내가 강의나 글에서 조야의 가르침에 대해 말했던 것들 중 일부는, 결국 사실이 아닌 것이 되고 말았다. 나는 체면을 구긴 채 그곳을 떠나야 했다. 그러나 내가 느낀 당혹감보다 더 중요한 건 진실의 문제였다. 어느 순간 나는, 마하트마 간디가 겪었던 것과 결코 다르지 않은 상황에 내가 놓여 있다고 느꼈다. 간디는 수천 명이 참여한 대규모 비폭력 불복종 운동을 시작한 첫날, 즉시 참모들을 불러 시위를 전부 취소했다. 참모들은 강하게 반발하며, 모든 준비와 노력을 다 해놓고 이제 와서 어떻게 취소 결정을 내릴 수 있느냐고 물었다. 간디가 대답했다. "나는 일관성이 아니라, 진실에 헌신하는 사람이다."

나는 내가 조야를 깊이 신뢰했던 것처럼 나를 깊이 신뢰해 온

많은 사람들에게 어떻게 진실을 전할 것인지의 문제에 직면했다. 내가 조야에게서 받은 실망을 그들에게 똑같이 안겨주지 않으려면 어떻게 해야 할지, 딜레마가 아닐 수 없었다.

이 가르침에는 분명 긍정적인 면이 있었다. 많은 사람들이 강렬한 사다나를 통해 자신이 누구인지 놀랄 만큼 깊은 경험을 하게 된 것이다. 그들이 그렇게 깊은 수행을 할 수 있었던 건, 어쩌면 조야를 통한 환상이 있었기 때문에 가능했을지도 모른다. 그 환상이 각자가 내면의 작업을 하기 위해 반드시 필요한 에너지와 헌신을 이끌어내는 역할을 한 것은 분명해 보였다. 이 가르침을 통해서, 그리고 결국 그것을 떠나보내며, 우리 중 많은 이들이 더 큰 힘과 연민, 더 큰 열림과 순간을 있는 그대로 받아들이는 깊은 능력을 얻게 되었다. 그 모든 것에, 나는 깊은 감사를 느낀다. 그러나 나와 몇몇 다른 사람들이 이 가르침을 통해 많은 것을 얻었더라도, 모든 사람들에게 그런 배움이 있었던 것은 아니었다. 어떤 이들은 상처를 입었고, 그녀의 가르침을 떠난 뒤 절망과 냉소, 그리고 피해의식을 안고 살아가게 되었다.

결국 어떤 스승은 완전히 순수하지 않을 수도 있는데, 그렇다면 가르침을 받는 것을 두려워해야 할 이유가 있지 않을까 하는 의문이 생긴다. 나는 두려워할 필요가 없다는 생각이다. 어떤 학생들은 매우 빨리 성장한다. 심지어 그들의 정화는 스승보다 더 깊은 수준에서 이루어지기도 하는데, 이것은 그들의 의도가 더 순수하기 때문이다. 나는 내가 지닌 영적 물질주의 때문에 업보를 받았다. 만약 신에 대한 우리의 열망이 순수하다면, 그 열망 자체가 우리의 힘이 될 것이다. 그렇다면 잠시 길을 잃더라도 결국에는 우리 내면의 진실한 가슴은 무엇을 해야 할지를 듣게 될 것이다. 그리고 나면 삶의 모든 불순물들은 결국 '깨달음 방앗간의 곡식'이 되어줄 것이다.

전통과 계보

나는 여러 해 동안 어느 계보에도 얽매이지 않는 진정한 구도자가 되기 위해 노력했다. 다시 말해, 공부하는 분야 각각의 전통에 충실하면서, 그것들을 모두 완전히 담아낼 수 있을 만큼 충분히 강해지기 위해 애썼다. 하지만 고작 내가 했던 일은, 아마 여러분 대부분이 했던 일이기도 할 텐데, 나 자신을 일련의 개념적 집단으로 분류하는 일에 불과했다. 나는 불교도들과 있을 때는 불교도처럼, 수피들과 있을 때는 수피처럼, 힌두교인들과 있을 때는 힌두교인처럼, 기독교인들과 있을 때는 기독교인처럼, 하시딤들과 있을 때는 하시딤처럼 행동했다.

몇 해 전, 베네딕토 수도원에서 수행을 한 적이 있다. 이른바 '큰 인물들'이 다 모인 자리였다. 스와미 사치다난다Swami Satchidananda, 앨런 와츠Alan Watts, 사사키 로시Sasaki Roshi, 브라더 데이비드Brother David, 피르 빌라야트 칸Pir Vilayat Khan 등 쟁쟁한 이들이 모두 모였다. 우리는 각자 자신이 전문으로 하는 전통에 따라 수행을 했고, 모두가 서로의 전통에 참여했다. 새벽 4시, 나는 스와미 사치다난다 옆에서 "귀뚜라미 소리를 통해 어떻게 자신의 불성을 알 수 있을까?"라는 공안을 붙들고 좌선을 하고 있었다. 우리는 세 번 절하고 무릎을 꿇는 것을 포함해 모든 의식을 제대로 갖추고 로시를 만나러 들어가야 했다. 그는 방 안에 앉아 있었고, 옆에는 종과 죽비가 놓여 있었다.

이런 경험은 그때가 처음이었다. 나는 "비움의 상태"로 앉아 있어야 하는데, 마음 속으로 계속해서 대답할 말을 준비했다. 바보 같은 소리는 하고 싶지 않았기 때문이다. 알다시피, 이건 말 그대로 고수들이 모인 메이저 리그가 아닌가. 그래서… "귀뚜라미 소리를 통해 어떻게 자신의 불성을 알 수 있을까?"에 대해 생각하고 생각하고 또 생각하다가, 마침내 완벽하다고 느껴지는 대답 하나를 떠올렸다. 내 차례가 되어 방에 들어갔다. 사사키 로시가 물었다. "아, 박사님, 귀뚜라미 소리를 통해 어떻게 당신 안의 불성을 알 수 있을까요?" 나는 밀라레파가 우주의 소리를 듣는 듯한 자세로 손을 귀에 갖다 댔다. 나는 나 스스로를 가톨릭 수도원에 있는 유대인 힌두로 정의하고, 일본식 공안에 대해 티베트식으로 대답하기로 마음먹었다. 나는 내가 가진 기발한 귀여움에 홀딱 반하고 말았다. 로시가 나를 보더니 종을 흔들며 말했다. "60점!" 그 순간, 그는 완전히 나를 꿰뚫었다. 중산층의 성취 지향적 정체성에 갇힌 나를 꿰뚫어본 것이다. 우리는 한바탕 웃었다.

사사키 로시와의 경험처럼, 여러 차원에서 동시에 이루어지는 연결의 순간은 아주 소중하다. 우리가 또 다른 인간 존재와 인간의 형상 안에서 또 밖에서 만날 때, 함께 춤을 추고 있지만 그러면서도 춤 속의 역할에 집착하지 않은 채 자유롭게 만나게 되는 그런 순간들이 있다.

나는 스와미 묵타난다와 그런 순간을 함께 한 적이 있다. 그는 내게 만트라를 주었는데, 사원의 안쪽 방에서 명상하던 중 그 만트라가 나를 아스트랄 차원으로 이끌었다. 다른 차원에서 우리는 다시 만났다. 그의 눈을 바라보았다. 그 순간, 나는 위로 올라가며 날기 시작했다. 그러나 날아가면서 곧 균형을 잃었고, 다시 균형을 잡으려고 했을 땐 명상을 하던 사원으로 돌아와 있었다. 나는 마치 지구로 이제 막 돌아온 사람처럼 비틀거리며 동굴 밖으로 나왔다. 그때 복도에서 스와미 묵타난다와 마주쳤다. 그의 통역사가 내게 물었다. "날아보니 어떠셨습니까?" 그는 반짝이는 눈으로 나를 보았는데, 그 반짝임 속에는 "우리는 다른 차원에서 만났어. 지금은 여기에 있고. 우리는 모든 차원에서 동시에 함께 있어."라는 메시지가 담겨 있었다. 그 순간에는 진짜 기쁨, 기쁨, 기쁨, 오직 기쁨만이 가득했다. 앨런 와츠는 두 차원을 동시에 공유하는 공간과 그 기쁨에 깊이 빠져 있던 사람이었다. 칼 융도 비슷했다. 그는 다른 영역, 다른 차원의 현실로 올라가곤 했다. 하지만 어김없이 돌아올 때면 이렇게 말했다. "나는 가족에게 돌아올 수 있어서, 지구에 발을 붙일 수 있어서, 내 집으로 다시 돌아올 수 있어서 행복하다네." 하지만 그건 완전한 자유가 아니다. 왜? 진정으로 깨닫는다는 것은 어디에도 집착하지 않는 것이므로. 이쪽에도, 저쪽에도.

이런 순간을 함께 했던 대부분의 존재들과 나는 그저 한 순간만 그런 경험을 할 수 있었다. 왜 오직 한 순간뿐이었는지는 나도 모른다. 그런 경험 자체가 단 한 순간만 가능하도록 설계되어 있기 때문인지, 아니면 여러 차원에서 동시에 만나는 공간을 계속해서 유지할 만큼, 상대도, 나도 충분히 순수하지 않기 때문인지, 나로서는 알 수 없다. 내가 만난 존재들 중 항상 그 자리에 있었던 유일한 사람은 (비록 그를 '고정된' 시간 공간에서 일관되게 찾아낼 수는 없었지만) 마하라지였다. 내가 어디를 보든, 그는 그 자리에 있었고, 그 자리에 없었다. 내가 아무리 높은 곳을 올라가든, 그는 항상 그 자리에 앉아 있었다. 내가 어디를 가든, 나는 그가 그 자리에 있다는 느낌을 받는다. 이것은 아마도 내 마음이 특별히 그를 향해 열려 있기 때문일 수도 있다. 아니면, 또 다른 어떤 것—그 자신에 관한, 혹은 그가 가진 자유로움에 관한 어떤 것 때문일 수도 있다.

이 여행의 시작에서는 여러 전통에 열려 있는 것이 매우 중요하다. 그게 바로 『지금 여기에 있으라』에서 말하는 것이다. 이것도 조금, 저것도 조금—마음을 고요하게 하기 위한 불교 명상, 몸과 마음을 열기 위한 수피 춤, 몸의 균형이 맞지 않을 때는 태극권, 긴장을 풀기 위한 마사지, 중심을 잡기 위한 만트라 등 '영성 뷔페'에는 우리가 선택할 수 있는 다양한 방법들이 있다.

하지만 어느 순간이 되면, 내면의 끌림이 우리를 어느 한 전통의 방향, 어떤 계보를 따르도록 이끌기 시작한다. 그것을 우리는 길이라 부를 수도 있고, 신의 한 측면이라 부를 수도 있을 것이다. 모두가 신께 이르지만, 신께 이르는 길은 저마다 조금씩 다르다. 이것이 바로 다르마의 길이다. 어떤 사람에게는, 결혼을 하고 아이를 낳고 세상적인 삶을 살면서도 영적인 것을 추구하는 것이 최적의 길이다. 그저 그 영역에서 봉사함으로써 신께 다가가는 것이다. 또 어떤 사람에게는, 아다르마의 길—즉, 신으로부터 멀어지는 것이 길일 수도 있다. 모든 사람에게 완벽하게 들어맞는 단 하나의 길이 있다고 결론지을 수는 없다. 하지만, 길은 분명 존재한다. 그리고 그 길을 조율해 나아가는 과정에는 우리에게 어떤 길이 맞는지 그 흐름을 조용히 경청하는 것이 포함된다. 결국 우리는 충분히 자신을 맡기고 항복할 수 있는 수단에 우리 자신을 조율하게 된다.

하나의 특정한 전통의 예로, '어머니'를 숭배하는 길이 있다. 우리는 모든 형태, 이 우주의 모든 형상들을 '어머니'로 본다. 우리는 모두 '어머니'의 일부이다. '어머니'는 다양한 얼굴을 가진다—성모 마리아, 두르가, 락슈미, 칼리. 어떤 모습은 몹시 분노에 차 있으며, 어떤 모습은 자애롭고 부드럽다. 어떤 사람들은 자연을 '어머니'로 보는 관점—즉, '어머지 자연 Mother Nature'에 깊이 빠지기도 한다. 그 관점을 더 확장하면, 모든 형상이 곧 '어머니'가 된다. 그리고 나면 우리는 아주 흥미로운 선택 앞에 놓이게 되는데, 그것은 세상을 '어머니'로 보느냐, 아니면 세상으로 '어머니'를 덮느냐 하는 것이다. 다시 말해, 우리는 '어머니'의 환영, 즉 마야 Maya에 사로잡혀 삶의 모든 것 바탕에 깔린 신성함을 보지 못할 수도 있다.

만약 우리가 세상으로 '어머니'를 덮어버린다면, 우리는 세상 속에서 길을 잃게 된다. 자동차는 그저 자동차일 뿐이고, 텔레비전은 그저 텔레비전일 뿐이며, 분노는 분노, 의심은 의심, 어머니와 아버지는 그냥 어머니와 아버지일 뿐이다. 그러나 만약 우리가 세상 너머의 '어머니'를 본다면, 우리가 이 생에서 겪는 모든 경험은 어머니의 또 다른 얼굴, 또 다른 측면, 또 다른 성질, 또 다른 음색, 그리고 또 다른 움직임이 된다. 이러한 현실 속에서 우리는, 영적인 길을 걷는 구도자로서 우주를 '어머니'로 대하며 살아가고, '어머니'로부터 사랑을 배우고, 양분을 받으며, 교감하고, 마침내 '어머니'와 하나가 되는 길을 배워간다.

칼리는 '신성한 어머니'의 한 모습이다—그런 어머니를 가진다는 건 얼마나 놀라운 일인가! 그녀는 우리 대부분을 완전히 겁에 질리게 만들 만큼 무시무시한 존재이다. 그렇다면 그녀의 무엇이 우리를 그토록 무서움에 떨게 하는 걸까? 그것은 우리가 우리 자신이 누구라고 믿는 모습에 집착하기 때문이다. 칼리는 정화의 불이다. 그녀는 우리 안에 숨겨둔 모든 것을 하나하나 빠짐없이 가져가 버린다. 그러면 우리 안에는 순수한 영혼들만 남게 되고 그것은 '하나One'로 떠오른다. 우리는 더 이상 분리된 자아에 집착하지 않으며, 개별성에 대해서도, 세상이 이래야 하고 저래야 한다는 생각에도 집착하지 않는다. 자유로워진다. 그리고 바로 그 순간, 더 이상 칼리의 형상은 보이지 않게 된다. 우리는 칼리의 형상을 투명하게 통과해서, 황금빛 여신 두르가를 본다.

이제 칼리는 당신이 그녀를 찾을 때에만 형상을 드러낼 것이다. 만약 당신이 그녀를 찾지 않는다면, 그녀 역시 당신을 전혀 신경 쓰지 않는다. 하지만 당신이 칼리를 부른다면, 그녀는 당신으로 하여금 당신 안의 모든 '추악한 것들'과 마주하게 하고, 그에 대한 당신의 모든 반응을 통째로 삼켜버릴 것이다. 그 반응들을 붙잡고 놓지 않으려 한다면, 그때부터는 진짜 고생이 시작된다. 가짜 성스러움이 시작되기 때문이다. 만약 당신 안의 모든 추악한 것들을 진심으로 놓아버리고 싶다면, 이렇게 말하라. "여기 있어요, 칼리 마 Kali Ma. 당신이 가져가 주세요."

그렇다면 우리는 어떻게 칼리에게 나의 추악한 것들을 가져가게 할 수 있을까? 우리를 자유롭지 못하게 하는 것들을 그냥 내려놓으면 된다. 무엇을 내려놓느냐고? 가치 없는 것들을 내려놓으면 된다. 분석할 필요도 없다. 그냥 내려놓는다. 죄책감을 내려놓는다. 죄책감은 우리를 신께 데려가지 못한다. 분노를 내려놓는다. 분노는 우리를 자유롭지 못하게 한다. 멜로드라마에 대한 집착―그것도 내려놓는다. 이걸 붙들고 그대로 있을 것인가, 아니면 영적 여행을 하며 앞으로 나아갈 것인가? 신은 인내심을 가지고 우리를 기다리고 있다. 서두르는 건 오히려 우리 쪽이다. 우리는 앞으로 나아가길 원한다. 그래서 집착하고 매달리던 것을 내려놓는다. 간단하다. 마하라지가 내게 말했다. "람 다스, 너 화가 난 거야?" 내가 대답했다. "네." 나는 내가 느끼는 분노가 정당하다고 생각했다. 다시 마하라지가 말했다. "내려놔." 나는 망설이며 말했다. "하지만…." 그가 다시 말했다. "그냥 내려놔." 마하라지가 나를 바라보았고, 나는 그것을 내려놓았을 때의 내 모습을 보았다. 정말 아름다운 모습이었다.

처음 우리가 영적 여정을 막 시작했을 때는, 두려워하는 것들―재난이나 사고, 혹은 강도를 당하거나, 성폭력을 겪거나, 직장을 잃거나, '두려움'을 불러일으키는 일들―에 직면할 때마다 이렇게 말한다.

"오, 이런 일은 나에게 일어나지 말아야 해. 나는 행복을 원해. 즐거움을 원한다고. 나는 이런 일이 일어날 줄은 몰랐어." 하지만 시간이 지나고, 이 여정이 어디를 향해 가고 있는지를 점점 더 의식적으로 자각하게 되면, 이렇게 말하게 된다. "이게 내 인생에서 일어나야 할 일이라면, 어디 한 번 부딪쳐보자." 바로 그 순간, 우리는 고통을 은총으로 받아들일 수 있다는 것을 알아차린다. 그리고 바로 그 순간, 우리는 상처 입지 않을 수 있는 존재가 된다. 어느 누가 우리에게, '진짜 우리'에게 어떻게 해를 입힐 수 있겠는가?

우리는 고통이 정화의 불이라는 것을 깨닫게 된다: 우리는 오직 에고 안에서 길을 잃었을 때에만 고통을 저주한다. 자유를 갈망하는 영혼으로 존재할 때는 고통을 활용한다. 기쁨도 활용한다. 우리는 그 모든 것을 신께 다가가고 스스로를 해방에 이르도록 하는 데 활용한다. 그러고는 점점 더 알아차린다. 기쁨보다 고통이 더 나를 깨우친다는 것을. 만약 누군가 고통을 일부러 찾아 나선다면, 우리는 그를 마조히스트라고 부른다. 그래서 고통을 일부러 찾지는 않는다. 현실의 심리적인 차원에서 그건 정직하지 못한 일이 되기 때문이다. 하지만 고통이 찾아올 때, 우리는 그것을 가지고 작업한다.

"아, 암이라고 하는구나." 나는 내 영혼의 성전인 육체를 지닌 존재로서, 이번 생에 이 몸을 치유하기 위해 최선을 다할 것이다. 그러나 나는 치유가 되든 그렇지 않든 그것을 문제 삼지 않는다.

그저 앎을 가지고 작업할 것이다. 깨어 있는 존재는 모든 것을 깨달음의 도구로 사용한다. 버려지는 것은 아무것도 없다―죽음의 순간마저도. 그것은 우리가 준비되어 있기만 하다면, 이 생에서 가장 깊은 성장과 깨어남의 순간이 될 수 있다.

우리가 더 이상 멜로드라마에 빠지지 않게 되면, 그때에야 비로소 카르마를 스스로 만들어내지 않게 된다. 놓아버리는 것은 정화의 행위이다. 그래서 불교에서 말하는 다섯 가지 장애―감각적 욕망, 악의, 나태와 무기력, 들뜸, 회의적 의심―처럼 뻔한 것들뿐만 아니라, 천상의 존재나 미묘하고 아름다운 물질계에 대한 집착처럼 아주 미묘한 수준의 알아차리기 힘든 것들까지도 놓아버리고 싶어진다. 그것을 몇 년씩 분석하고, 치료하고, 마치 배설물을 가지고 노는 것처럼 붙들고 있을 것이 아니라, 그저 놓아버리고 싶어진다.

나의 영적 계보는 '신의 종'이라는 의미가 담긴 내 이름 람 다스에 반영되어 있다. 이것은 신과 구루에 대한 헌신의 길이며, 이 헌신을 표현하는 것은 모든 존재를 섬기는 일을 통해 이루어진다. 마더 테레사도 이 영적 계보를 따른다. 그녀는 인도 캘커타의 거리에서 나병환자들을 돌보는 일을 두고 "고통의 옷을 입고 변장한 그리스도를 섬기는 것"이라고 말했다.

힌두교에서 원숭이 신 하누만은, 헌신의 길 계보와 가장 깊이 연결되어 있다. 하누만은 라마를 향한 완전한 일편단심의 헌신적

봉사로 유명하다. 그는 라마를 향한 사랑을 통해 엄청난 힘과 능력을 가진다. 『라마야나 Ramayana』에서 우리는 그가 어떻게 그 힘을 사용했는지 볼 수 있다. 그는 다른 사람들의 건강과 믿음을 회복하도록 돕기 위해, 세상의 조화 속에서 저마다 자기 자리를 찾도록 돕기 위해, 그리고 신과 다시 연결되도록 돕는 데에 그 힘을 사용했다. 하누만이 상징하는 이 영적 길은 카르마 요가 Karma Yoga라고 불리는, 매우 섬세하고 깊은 수행이다.

라마가 하누만에게 "하누만, 너는 누구냐?"라고 물었을 때, 하누만은 이렇게 대답한다. "내가 누군지 모를 때, 나는 당신을 섬깁니다. 내가 누군지 알게 될 때, 나는 곧 당신입니다."

나의 구루 님 카롤리 바바(마하라지)가 나에게는 하누만이자 라마이다. 라마나 마하르시는 '신, 구루, 참나는 하나이며 동일한 존재'라고 말했다. 나는 그것을 마하라지에 대한 친밀감과 사랑이 점점 더 깊어짐으로써 경험한다. 그는 1973년에 육신을 떠났지만, 나는 그의 은총을, 나를 두려움으로부터 자유롭게 해주는 그 은총을 점점 더 강렬하게 체험한다. 나는 그분과 나의 관계를 『사랑의 기적 Miracle of Love』이라는 책에서 1천 개가 넘는 이야기를 통해 전한 바 있다. 놀랍고도 기쁜 것은, 그 책을 읽은 수백 명의 사람들이, 그분이 육신을 입었던 시절 단 한 번도 만나본 적이 없음에도 불구하고, 그에 대한 꿈을 꾸거나 강렬한 현존을 느끼며, 마치 자신들의 영적 여정이 그분에게 인도되고 있다는 느낌을 받았다는 사실이다.

어떻게 하면 깨달음을 얻을 수 있는지 마하라지에게 처음으로 질문했던 1967년 이후, 그는 수차례에 걸쳐 이렇게 말했다. "모두 다 사랑하라.", "모두에게 먹을 것을 대접하라." 그리고 "모든 이를 다 섬겨라." 이 말들은 내 삶에서 행동을 위한 안내 지침으로 작용해 왔다. 이 세상에서 내가 하는 모든 섬김은 그분의 발 아래 바치는 것이었으며, 그런 행위 하나하나가 나를 구루에게, 그리고 결국 신께 더 가까이 데려다주었다.

궁극적으로 우리는 저마다 자기만의 영적 계보, 혹은 자기만의 길을 발견하게 된다. 그리고 언젠가는 "신이여, 저를 알아주세요.", "깨달음을 얻게 해주세요." 혹은 "열반을 원합니다."라고 말하게 되는 때에 도달하게 되는데, 바로 그때 자신의 영적 안내자나 구루를 불러내게 된다. 그 존재를 당신은 아직 알지 못할지도 모르지만, 깨달음의 순간이 되면 저절로 알게 된다. 그 존재는 그리스도일 수도 있고, 수많은 영적 존재들 중 하나일 수도 있다. 반드시 육신을 지닌 존재일 필요는 없다. 사실 우리 대부분의 진정한 구루, 사트구루 Sat Guru는 물질계에 속한 존재가 아니다. 우리의 구루는 우리가 순수한 마음으로 청할 수 있는 만큼까지, 그 범위가 확장되면 확장되는 만큼을 더해가며, 가르침 위에 또 다른 가르침을 줄 것이다. 그렇게 우리를 이끌어줄 것이다. 때로 그 가르침들은 육신을 입은 스승을 통해 오기도 하고, 상황이나 경험의 형태로 오기도 한다. 그리고 구루와의 관계를 전적으로 신뢰하게 될 때, 그때부터 우리는 끊임없이 배우게 될 것이다. 우리 안의 구루에게 질문하는 법을, 구루에게 귀 기울이는 법을, 구루의 존재에 대한 알아차림에 마음을 조율하는 법을, 그리고 구루가 우리를 인도하도록 내맡기는 법을. 그러면서 우리는 이 모든 상황이 구루가 우리를 집으로 데려가기 위해 가르침을 주는 것이라는 걸 깨닫게 될 것이다.

우리의 구루 또는 영적 안내자는 고유하고 특정한 전통을 대표한다. 그리스도도, 파드마삼바바 Padmasambhava도 하나의 전통을 대표한다. 무함마드, 아브라함, 그리고 마하라지 역시 하나의 전통을 대표한다. 물론 모든 영적 전통이나 계보가 특정 종교를 일컫는 것은 아니다. 고차원의 많은 존재들은 시간과 종교를 초월하여 여러 시대에 걸쳐 육신을 입은 모습으로 나타났다. 또 어떤 존재들은 티베트 불교의 툴쿠tulkus, 힌두교의 구루, 유대교의 랍비, 기독교 수도원처럼 하나의 전통을 따라 내려오기도 했다. 누가와 요한이 다르고, 요한과 바울이, 바울과 베드로가 다른 것처럼, 밀라레파는 틸로파Tilopa와 다르다. 전통적인 미국 원주민의 계보에서 옐로우 클라우드Yellow Cloud와 코치즈Cochise는 서로 다른 인물이다. 유대 신비주의 전통에서 차디크Tzaddiks 또한 각자 고유한 계보를 상징한다. 궁극적으로 우리는 어느 하나의 특정한 전통과 계보를 통해 깨달음에 이를 수 있다. 때로는 육신을 입은 인도자가 없는 경우도 있다. 그럴 땐 비이원적인 관점, 즉 선불교나 야나 요가jnana yoga처럼 형태를 초월한 수행의 전통에 매력을 느낄 수도 있다. 결국 우리는 어떤 특정한 전통에 빠지게 된다. 그것은 멋있어 보여서도 아니고, 지적으로 흥미롭게 느껴져서도 아니며, 그 공동체의 분위기가 특별히 더 좋거나 구성원들이 옷 입는 방식이 마음에 들어서도 아니다. 단지, 그 길이 우리를 끌어당기기 때문이다. 그것을 통과하는 것이 우리의 길이기 때문이다.

하나의 전통에 마음을 맞추기 시작하면, 우리는 인식이 바뀌고, 삶의 전경과 배경이 바뀐 것을 알아차리게 된다. 전에는 전혀 눈에 들어오지 않던 스승들이 보이기 시작하고, 함께해야 할 사람들이 새롭게 눈에 들어온다. 이 전체 과정은 지각의 초점이 좁아지고 명확해지도록 이끌며, 결국 우리는 신지학자들이 신으로부터 나오는 '광선'이라고 부르는 그 길로 직접적으로 나아가기 시작한다. 사실, 신의 개념에 헌신적으로 다가가는 것조차 하나의 광선이며, 그런 까닭에 우리는 신과 합일되는 순간 신이라는 개념조차 초월하게 된다. 그러나 모든 길이 언젠가는 끝난다는 것을 안다고 해서, 언젠가는 헌신을 결단해야 한다는 필수조건이 무효화되는 것은 아니다. 그 여정에는 자기를 내려놓는 과정이 반드시 필요하다.

우리는 하나의 영적 전통을 통과해 나아간다. 순수한 전통은 우리를 그 전통 너머로 튕겨내듯 날려 보낸다. 절대로 그 전통의 계보 안에 우리를 가두어 두도록 설계되어 있지 않다. 그보다는 오히려 전통이 놓인 곳과 정 반대쪽으로 데려가 우리를 자유롭게 놓아버린다. 반면, 덜 순수한 가르침은 우리를 그 전통 안에 가두어 버린다. 우리를 자유로운 존재로 만들기보다, 불교 신자로, 기독교인으로, 힌두교인으로 만들어 버리는 것이다. 어떤 전통을 이끄는 사람이 진리에 완전히 연결되어 있지 않다면, 그들은 진리 자체가 아니라 진리로 향하는 수단에 집착하게 된다. 그리고 그 수단은 살아있는 영이 그것을 살리지 않으면 결국 부패하게 마련이다. 살아있는 영은 오직 그 자체가 된 존재들을 통해서만 온다. 물론 우리는 저마다의 영적 여정에서 자기 수행의 일부로서 어떤 전통의 구성원이 되는 경험을 할 수 있다. 그러나 단지 그것으로는 충분하지 않다는 것을 안다면, 그때는 그 집착을 내려놓을 수 있어야 한다. 결국 우리는 하나의 전통을 통해서 그 너머로 나아간다. 그리고 그것을 넘어서고 난 뒤에는 수피를 통해서도, 히브리 전통을 통해서도, 기독교나 불교, 힌두, 조로아스터교, 그 외 수많은 전통과 계보를 통해서도, 살아있는 영이 된 존재들이 있다는 것을 알게 된다.

어쩌면 우리는 라마크리슈나처럼 각기 다른 전통의 모자를 한 번씩 써보게 될 수도 있다. 그것은 나의 어떤 결핍 때문이 아니라, 모든 전통이 가진 고유함과 진리를 인정하고, 그 보편성을 온전히 이해하고자 하는 존중의 표현이다. 완성된 존재란, 그가 어떤 특정한 전통을 전달하는 형태를 취하고 있을지라도, 모든 길이 도달하는 궁극의 상태를 그 존재 자체로 드러내는 사람이다. 라마크리슈나는 '어머니 신'을 향한 헌신의 길을 따랐다. 그러나 그의 수행이 완성된 후에는, 어머니를 향한 헌신의 삶을 살면서도 완전히 비이원적 상태 속에 존재했다. 영적 여정의 시작은 다양성이며, 그 끝은 보편성에 이르는 것이다. 어떤 전통을 따르는 것은 중간 단계에 해당한다.

# 명상 가이드

다음은 영적 도반들에게 소리 내어 읽어주기 위한 명상 가이드이다.

등을 곧게 펴고 앉으십시오. 머리와 목, 가슴이 일직선이 되도록 바르게 정렬합니다. 가슴 부분, 당신의 영적 심장인 흐리다얌 Hridayam의 자리, 가슴 한가운데에 주의를 집중합니다. 입은 다문 채로, 마치 가슴을 통해 호흡을 하듯 천천히 숨을 들이쉬고 내쉬면서 당신 존재의 중심에 집중합니다. 깊고 고요한 호흡을 이어갑니다.

이제 당신을 둘러싼 공기가 황금빛 안개로 가득 차 있다고 상상합니다. 들이쉬고 내쉬는 매 호흡마다, 당신은 점점 더 황금빛 물질을 끌어들입니다. 그 빛으로 당신을 가득 채우십시오. 그 빛이 당신의 온몸 구석구석으로 흘러 들어가는 것을 지켜보십시오.

　우주의 에너지를 들이쉬고 내쉽니다. 신의 숨결을 들이쉬고 내쉽니다. 그 숨결이 당신의 온몸을 가득 채우는 것을 지켜보십시오. 숨을 내쉴 때마다, 당신 안에 있는 모든 것, 진정한 당신을 알게 하는 것으로부터 당신을 방해하는 그 모든 것을 함께 내뱉습니다. 당신을 신으로부터 분리되도록 만드는 모든 감각을 내뱉습니다. 당신을 가치 없다고 느끼게 만드는 모든 감정을 내뱉습니다. 자기 연민과 육체적이든 심리적이든 온갖 고통에 집착하는 마음을 내뱉습니다. 분노와 의심, 탐욕과 욕망, 혼란을 내뱉습니다. 그리고 신의 숨결을 들이마십니다. 신을 아는 것을 방해하는 모든 장애물을 내뱉습니다. 내뱉는 그 모든 숨이 변화하는 것을 가만히 지켜봅니다.

　이제 당신의 존재 속으로 스며든 황금빛 안개가 당신의 가슴 한가운데에 집중되도록 합니다. 그리고 황금빛 안개를 마치 당신의 가슴 한가운데에 피어난 연꽃 위에 있는 엄지손가락만 한 작은 존재라고 상상해 보세요. 그 존재의 평정심을 느껴 봅니다. 내면에서부터 뿜어져 나오는 광채로 환하게 빛나고 있습니다. 당신의 상상력을 더욱 발휘합니다. 그 존재를 바라보면서 빛을 뿜어내고 있는 것을 알아차립니다. 숨구멍마다에서 빛을 뿜어내고 있는 것을 바라봅니다. 그 존재를 명상하는 동안, 그 존재로부터 흘러나오는 깊은 평화를 경험해 보세요. 그 존재를 바라보는 동안, 그 존재가 위대한 지혜의 존재임을 느껴보세요. 조용히, 침묵 속에서, 완벽하게 균형 잡힌 자세로 앉아 있는 그 존재를 느낍니다. 그 존재의 자비와 사랑을 느낍니다. 그리고 그 사랑이 당신 자신을 가득 채우는 것을 지켜봅니다.

이제 천천히 그 작은 존재가 점점 커져서 당신의 몸 전체를 가득 채우도록 집중합니다. 이제 그 존재의 머리는 당신의 머리를, 몸통은 당신의 몸통을, 팔은 당신의 팔을, 다리는 당신의 다리 공간을 채울 만큼 커졌습니다. 당신의 피부 안에 이 존재가 앉아 있습니다. 이 존재는 무한한 지혜의 존재이며, 가장 깊은 자비의 존재이며, 축복 속에 잠긴 존재이며, 스스로 빛을 내는 환희의 존재이자, 완전한 평온의, 빛의 존재입니다. 이 존재는 당신의 피부 안에서 더욱 커지기 시작합니다. 당신이 점점 커지는 것을 느껴 봅니다. 마침내 당신의 머리가 천장에 닿을 정도로 커집니다. 당신은 바닥에 앉아 있는데도, 이 방에 모여 있는 모든 존재들이 당신 몸 안에 존재할 만큼 커졌습니다. 이 방 안의 모든 소리들, 심지어 내 목소리조차도 당신 안에서 울려 나오고 있습니다. 당신의 광대함을 느껴 봅니다. 당신의 평화를 느껴 봅니다. 당신의 평정심을 느껴 봅니다.

당신은 계속해서 커집니다. 당신의 머리는 하늘로 뻗어 올라가고, 사방은 푸른 하늘로 가득 차 있습니다. 당신이 살고 있던 동네, 당신을 에워싼 환경 전체가 이제는 당신 안에 자리합니다. 그 안을 들여다보고 인간으로 겪는 모든 상황을 느껴 봅니다. 외로움을 바라봅니다. 기쁨을, 돌봄을, 폭력을, 편집증을, 자식을 향한 어머니의 사랑을, 질병을, 죽음에 대한 두려움을, 이 모든 것을 바라봅니다. 그리고 이 모든 것이 당신 안에 존재한다는 것을 깨닫습니다. 그것들을 연민의 마음으로, 돌보는 마음으로 바라봅니다. 평정심을 유지하면서 당신의 존재를 통해 안팎으로 흘러드는 빛을 느껴 봅니다.

이제 당신은 더욱더 커집니다. 당신의 광대함이 점점 확장되어, 마침내 머리가 행성들 사이에 이르고, 당신은 은하계 한가운데에 앉아 있습니다. 지구는 당신의 배 깊은 곳에 자리 잡고 있습니다. 인류 전체가 당신 안에 자리합니다. 그 안의 혼란과 갈망을 느껴 봅니다. 아름다움을 느껴 봅니다. 당신은 우주의 중심에 있습니다. 고요히, 거대하게, 평화롭게, 자비롭게, 그리고 사랑이 가득한 존재로, 우주의 중심에 앉아 있습니다. 인간의 마음이 만들어낸 모든 창조물들이 당신 안에 있습니다. 그것들을 연민의 마음으로 바라봅니다.

계속해서 확장해 갑니다. 이 은하계뿐 아니라 모든 은하계가 당신 안에 있게 될 때까지, 당신이 상상할 수 있는 모든 것을 당신 안에 품을 수 있을 때까지 계속해서 확장합니다. 모든 것이 당신 안에 있습니다. 오직 당신만이 존재합니다. 당신의 홀로 있음, 고요함, 당신의 평화를 느껴보세요. 다른 어떤 존재도 없습니다. 의식의 모든 차원이 당신 안에 있습니다.

당신은 고대의 존재입니다. 과거에 있었던 모든 것, 지금 존재하는 모든 것, 그리고 앞으로 존재하게 될 모든 것이 당신 존재의 춤 속에서 하나로 어우러집니다. 당신은 우주의 전부이기에, 무한한 지혜를 지니고 있습니다. 당신은 우주의 모든 감정을 깊이 느끼기에, 무한한 자비를 지니고 있습니다. 당신은 존재의 경계를 천천히 분해하여 형태를 넘어선 무엇에 조용히 녹아 들어갑니다. 그리고 잠시, 형태가 없는 그 자리에 머무릅니다. 시간과 공간 너머의, 자비 너머의, 사랑 너머의, 신 너머의… 아무것도 아닌 완전함 속에 가만히 머무릅니다. 그 모든 것을 그대로 내버려두세요. 완전하게 존재하도록 내버려두세요.

이제 아주 부드럽게, 아주 천천히, 당신의 거대한 존재인 하나됨이 다시 경계를 조금씩 세워 형태를 갖추도록 하세요. 당신은 여전히 광대하고, 여전히 고요하며, 여전히 모든 것을 당신 안에 품고 있습니다. 하나됨의 너머에서 조용히 돌아오세요. 천천히 크기를 줄이면서, 수많은 우주를 지나 지금의 우주로 돌아오세요. 당신의 머리가 다시 행성들 사이에 이르고, 다시 지구가 당신 안에 머무를 때까지, 다시 당신의 머리가 하늘에 있고, 수많은 도시들이 당신 안에 자리할 때까지 계속해서 크기를 줄여 봅니다.

당신의 머리가 이 방의 천장에 닿을 때까지 크기를 줄여 갑니다. 그리고 잠시 여기에 머뭅니다. 이 위치에서 당신의 방을 한 번 내려다

보고, 이 명상을 시작할 때 당신이 당신이라고 믿었던 존재를 찾아봅니다. 그 존재를 바라보며, 당신의 모든 사랑과 자비를 보냅니다. 그 존재가 이번 생에 어떤 여정을 걷고 있는지 바라봅니다. 그 존재가 겪는 역경, 두려움, 의심, 그리고 연결됨을 바라봅니다. 그 존재가 붙잡고 있는 모든 것들, 스스로 자유롭지 못하게 하는 모든 집착들을 바라봅니다. 그 존재가 자신의 본모습에 얼마나 가까이 다가와 있는지 바라봅니다. 존재의 내면을 바라봅니다. 거기에 있는 영혼의 순수함을 바라봅니다.

지금 이 순간, 지고의 자리에서 아주 부드럽게, 아주 섬세하게, 온 마음을 다해 손을 뻗어 그 존재의 머리에 올려봅니다. 그리고 축복을 내리세요. 이번 생에 그 존재가 자신을 온전히 알 수 있기를 진심으로 축복해 주세요. 바로 이 순간, 당신은 축복을 내리는 존재이며, 동시에 축복을 받는 존재입니다. 이 둘을 동시에 경험하십시오.

이제 다시 크기를 줄여 처음 시작할 때의 몸으로 돌아갑니다. 당신은 여전히 육신 속에 있지만, 그 안은 광채가 가득한 존재가 되었습니다. 무한한 지혜가 가득한 존재가 되었습니다. 진리와 일치하는 자비로 가득한 존재가 되었습니다. 모든 존재에 대한 사랑으로 가득한 존재가 되었습니다. 사랑과 평화가 당신을 통해 당신 밖으로 흘러가는 것을 느껴 봅니다. 지금 당신을 통해 흐르는 빛을 사용하여 그 에너지를, 그 축복을, 모든 존재들에게 닿도록 전합니다. 당신은 등대가 되어 평화와 사랑을 고통받는 모든 이들에게 전합니다.

당신이 사랑하지 못했다고 느끼는 모든 사람들을 떠올려 보세요. 그들의 영혼을 향해 바라보며, 그들에게 빛을, 사랑을, 평화를 보내 그것으로 그들을 에워쌉니다. 분노와 판단은 놓아버립니다. 그리고 사랑의 빛과 평화의 빛을 아픈 사람들에게, 외로운 사람들에게, 두려움에 사로잡힌 사람들에게, 길을 잃은 사람들에게 보냅니다. 당신의 축복을 나눕니다. 우리는 주고 나서야 무엇을 받을 수 있게 됩니다. 그리고 아무리 많이 주어도 언제나 그 이상으로 돌려받는 다는 사실을 알게 될 것입니다. 이 영적 여정을 계속해서 가는 동안, 당신은 받은 것을 나눌 책임을 받아들여야 합니다. 그것이 바로 신과 조화를 이루는 한 방법이며, 당신이 신의 뜻을 실현하는 도구가 되는 것입니다.

이제 그 완전한 빛의 존재가 다시 한 번 작고 아담한 형태, 엄지손가락만 한 크기로 돌아갑니다. 그 존재는 당신의 가슴 한가운데, 영적인 심장의 자리에 있는 연꽃 위에 앉아 있습니다. 그 존재는 빛으로 가득하고, 평화로우며, 깊은 자비로 충만합니다. 이 존재는 사랑입니다. 이 존재는 지혜입니다. 이 존재는 우리 안의 구루이자, 언제나 진실을 알고 있는 당신 안의 존재입니다. 이 존재는 당신이 생각을 넘어, 더 깊고 깊은 직관을 통해서 만나게 되는 존재입니다. 이 존재는 우주의 흐름이며, 당신 안에 존재하는 전체 우주의 작은 형상입니다. 당신은 언제든지 조용히 앉아 마음을 가라앉히기만 하면 당신을 인도하는 이 존재의 소리를 들을 수 있습니다. 이 여정이 끝날 때, 당신은 이 존재 안으로 완전히 녹아들어 사라지게 될 것입니다. 당신은 항복하고, 합일되고, 그리고 마침내 알게 될 것입니다. 신과, 구루와, 그리고 참된 나는 본디 하나였다는 것을.

9

죽음: 깨어남을 위한 기회

몇 해 전, 암 투병 중이던 어머니가 죽음에 가까워질수록, 나는 더 많은 시간을 어머니 곁에서 보냈다. 그 무렵 나는 명상에 관심을 갖기 시작했고 환각제도 사용하고 있던 까닭에, 어머니를 깊이 사랑하고 있음에도 불구하고 어머니의 죽음에 대해 특별히 불안하거나 두려운 마음은 들지 않았다. 병원에 앉아 있을 때는 종종 이 약물 저 약물에 취한 상태였는데, 그런 나에게 어머니의 병실을 찾아오는 사람들의 행렬은 하나의 퍼레이드처럼 보이곤 했다—의사, 간호사, 친척들, 그리고 아버지까지. 그들은 모두 하나같이 용기 있는 척 이렇게 말했다. "오늘은 훨씬 좋아 보이네요.", "수프는 드셨어요?", "며칠 지나면 다시 일어나실 거예요.", "의사가 새로운 약이 있다고 하더라고요." 그리고 나서 그들은 복도로 나가자마자 작은 목소리로 속삭였다. "일주일도 못 버티실 거야."

어머니는 완전한 선의에서 비롯된 위선의 고리에 둘러싸여 있는 것처럼 보였다. 그러나 내가 할 수 있는 일이라곤 그저 조용히 어머니 옆에 앉아 있는 것, 그리고 가끔 아주 오랫동안 어머니의 손을 잡아주는 것뿐이었다. 어머니가 돌아가시기 일주일쯤 전이었을까? 점점 어두워지는 병실에서 어머니가 말씀하셨다. "나는 내가 곧 죽을 거라는 걸 알고 있단다. 힘이 있을 때 그냥 창밖으로 뛰어내릴 걸 그랬어." 그리고 이렇게 덧붙이셨다. "이런 얘기를 할 수 있는 사람이 너밖에 없구나." 그때까지 우리는 죽음에 관해 그 어떤 대화도 나눈 적이 없었다. 어머니가 물었다. "너는 죽음이 뭐라고 생각하니?"

내가 말했다. "글쎄요. 나도 잘은 모르겠어요. 그런데 엄마를 보고 있으면, 마치 내가 사랑하는 사람, 정말 소중한 친구 한 사람이 불타는 건물 안에 있는 것처럼 느껴져요. 건물은 무너지고 있는데, 이렇게 엄마와 얘기를 나누고 있으면 우린 또 그저 여기에 있을 뿐이고요. 병으로 몸이 조금씩 사라져가고 있지만, 그렇다고 해서 진짜로 무슨 대단히 큰 일이 벌어지는 건 아닐 거라는 생각이 들어요." 우리는 고요한 침묵 속에 함께 머물렀다. 아무 말 없이, 손을 잡고, 긴 시간 동안.

장례식과 관련해 두 가지 이야기를 하는 것이 의미가 있을지도 모르겠다. 나의 어머니와 아버지는 44년 동안 결혼기념일마다 사랑의 상징으로 빨간 장미 한 송이와 함께 선물을 주고받았는데, 첫 번째 이야기는 이것과 관련이 있다. 절에서 열린 어머니의 장례식에서 관은 장미로 뒤덮여 있었다. 관이 절 밖으로 빠져 나올 때, 내가 앉은 첫째 줄을 지나가게 되었는데, 그 줄에는 전직 철도회사 사장이자 아주 보수적인 보스턴 출신의 공화당 변호사인 60대 중반의 나의 아버지와 주식중개 변호사인 큰 형, 역시 변호사이지만 영적인 체험을 하고 있던 나의 작은 형, 그리고 형수들과 내가 앉아 있었다. 관이 우리 앞을 지나갈 때 관을 덮고 있던 장미 한 송이가 아버지 발 밑으로 떨어지는 일이 벌어졌다. 첫 줄에 앉은 우리는 모두 그 장미를 바라보았다. 어머니와 아버지의 결혼기념일 장미에 대해서는 모두가 잘 알고 있었지만, 어느 누구도 그것에 대해 말하지 않았다. 장례식이 끝나자 아버지는 떨어진 장미를 집어 들었고, 리무진에 탄 후에도 계속 손에 쥐고 있었다. 마침내 형이 입을 열었다. "엄마가 보내는 마지막 메시지 같아요." 차에 타고 있던 우리는 모두 고개를 끄덕이며 형의 말에 동의했다. "맞아!" 그때 그 순간의 감정은, 그 자리에 있던 사람들 중 최소 세 명에게는 전혀 익숙하지 않은 현실을 자연스럽게 받아들이도록 만들어 주었다.

우리에게는 그 장미를 어떻게 보존할 것인가의 문제가 남았다. 마침 삼촌이 꽃을 어떤 액체에 담가 유리병에 넣어 밀봉하는 방식으로 영원히 보존할 수 있게 만들 수 있는 사람을 알고 있다고 했다.

그래서 그 장미는 용기에 안전하게 담겨 거실 벽난로 선반 위에 놓이게 되었다. 그것은 어머니를 떠오르게 하는 연결 고리가 되었다. 몇 년 후, 충분한 애도의 시간이 흐른 뒤 아버지는 아주 아름다운 새 아내를 맞이했다. 시간이 흐르면서 벽난로 선반 위 장미는 색이 점점 빠져 담겨 있던 액체를 혼탁하게 만들고 있었다. 이제 유리병 속에는 그저 죽은 꽃 한 송이가 있을 뿐이었다. 그것은 곧 어머니의 메시지였다. 장미는 차고 안쪽, 도저히 버릴 수 없는 추억의 물건들이 자리한 캐비닛으로 옮겨졌다. 아마 누구에게나 그런 공간이 하나쯤은 있을 거라 믿는다.

장례식과 관련된 두 번째 이야기는 내가 어머니 장례식에 가기 위해 LSD를 복용했다는 것이다. 그것은 꽤 흥미로운 경험이었는데, 왜냐하면 어머니와 내가 함께 앉아 장례식 장면 전체를 바라보고 있는 듯한 느낌을 받았기 때문이다. 어머니는 특별히 슬퍼 보이지 않았고, 그건 나도 마찬가지였다. 가족들은 한쪽에 앉아 있었고, 나머지 사람들은 그들 반대편에 앉아 있어 가족들이 슬퍼하는 모습을 지켜볼 수 있었다. 나는 줄 맨 끝에 앉아 있었다. 날씨는 화창했고, 황금빛 광선이 관에서 뿜어져 나오고 있었다. 어머니와 나는 어머니에 대해 아름다운 생각들을 하고 있는 사람들을 바라보았다. 나는 얼굴에 미소가 번지는 것을 느꼈으나, 곧 깨달았다. 그렇게 웃어버리면, 그건 마지막 결정타가 될 것이 뻔했다. "역시, 마약을 했군.

자기 어머니 장례식장에서 웃어?" 누군가의 죽음 앞에서 미소 짓는 일은 사회적으로 용인되지 않는 반응이다.

몇 년 후, 마하라지를 만나기 전, 나는 바라나시 Varanasi, 혹은 카시 Kashi라고도 부르는, 인도에서 매우 신성한 도시인 베나레스 Benares를 방문했다. 당시 나는 힌두교나 신화에 대해 아는 것이 아무것도 없었다. 베나레스의 거리에는 죽음에 거의 다다른 존재들이 있었다. 다수가 나병 환자였다. 그들은 동냥 그릇을 꿰차고 가트 ghat에 줄지어 앉아 있곤 했다. 가트는 갠지스강 쪽으로 뻗어 있는 일종의 화장터로, 그곳에서는 특정 계급의 사람들이 시신을 화장하기 위해 하루 종일 밤새도록 불을 지핀다. 누군가가 그 지역에서 죽으면, 그 시신은 천으로 감싸진 들것에 실려 성가를 부르는 남자들이 들거나 릭샤에 태워져 거리로 나오게 된다. 집에서 시신을 운구해 나올 때는, 머리는 집 쪽으로, 발은 갠지스강 쪽으로 향하게 한다. 그리고 운구하는 동안 "람 남 사티야 해, 사티야 볼, 사티야 해 Ram Nam Satya Hai, Satya Bol, Satya Hai… 신의 이름은 진리."라는 말을 암송한다. 가트로 향하는 길 중간 지점에 이르면, 의식을 치르고 시신을 반대로 돌려 머리가 갠지스강 쪽으로 향하게 한다. 이것은 그 사람의 진짜 집이 이제는 형상 너머에 있음을 상징한다.

거의 죽음에 다다른 것처럼 보이는 거리의 거지들은 저마다 허리에 두른 천에 작은 주머니를 하나씩 달고 있었다. 나는 나중에야 그들이 화장용 장작더미를 살 수 있을 만큼의 돈을 그 속에 넣고 다닌다는 것을 알았다. 당시의 나에게, 인도의 가난은 너무도 끔찍한 두려움으로 다가왔다. 그들의 처지가 너무 참혹해서 그저 바라보는 것만으로도 괴로울 지경이었다.

그로부터 다섯 달이 지난 후, 나는 다시 베나레스를 찾았다. 사원에서 어느 정도 지냈던 터라 그 도시에 대한 이해가 어느 정도는 있는 상태였다. 나는 다섯 달 전과 마찬가지로 거리를 걸었지만 이번에는 완전히 다른 풍경을 보게 되었다. 말 그대로 베나레스는 인도에서 가장 신성한 도시였으며, 베나레스에서 죽는다는 것은 영적인 힌두교도들에게는 최고의 소망이나 다름없었다. 그것은 곧 해탈이었으며, 죽음을 향해 의식적으로 나아가는 길이었다. 시신이 화장용 장작더미 위에서 불타고 있으면, 신의 한 형상인 시바 Shiva가 또 다른 신의 형상인 라마 Rama의 이름을 그 사람의 귀에 속삭여 주는데, 그로 인해 그 영혼은 해탈을 얻게 된다고 한다. 예전에 내가 그토록 불쌍하고 비참하다고 느꼈던 존재들은, 실은 수많은 인도인들 가운데 가장 성공한 사람들이었다. 왜냐하면 그들은 다른 수많은 인도인들과는 달리 베나레스에서 죽음을 맞이함으로써 해탈에 이를 수 있는 선택된 사람들이었기 때문이다.

이러한 지식을 갖고 그들을 바라보자, 나를 바라보는 그들의 표정에서 연민이 읽혔다. 그들의 눈에는 오히려 내가 안쓰러운 존재였을 것이다. 그들의 눈에 나는 아마도 베나레스에서 죽지 못할 일개 외국인, 윤회의 수레바퀴 속에서 고통과 환상에 휘말려 헤맬 것이 뻔한 존재에 불과하지 않았을까? 나는 베나레스를 보는 관점을 180도 바꾸었다. 그리고 그토록 엄청난 육체적 고통이 존재함에도 불구하고, 그곳은 엄청난 기쁨의 도시라는 걸 보기 시작했다.

나는 늙고 쇠약해진 몸 안에 존재한다. 이건 내가 기능하고 있는 하나의 포장지일 뿐이다. 나는 이 포장지를 존중한다. 그리고 이 포장지를 꽤 정성껏 돌보고 있다. 그러나 어떤 계기에서였든, 그것이 마하라지였든, 환각제였든, 아니면 공부나 명상 체험이었든, 내 몸과 개성, 그리고 '람 다스'라는 멜로드라마의 중요성은 눈에 띄게 줄어들고 있다. 그와 동시에, 죽음에 대한 두려움도 사라지고 있으며, 이러한 새로운 시각은 나로 하여금 죽음을 성찰하고 글로 풀어낼 수 있게 해주었다. 물론, 『티베트 사자의 서』에 대한 연구, 올더스 헉슬리의 소설 『아일랜드』에 묘사된 죽어가는 과정, 그리고 헉슬리의 실제 죽음과 나의 어머니의 죽음은 내게 깊은 영향을 미쳤다. 그리고 죽음을 바라보는 새로운 방식이 필요하다는 것을 절감한다.

수많은 경험이 죽음의 문제를 이해하고 받아들이는 데 깊이 기여했지만, 그중에서도 마하라지와 관련된 두 가지 이야기는 특히 더 강한 인상을 남겼다. 어느 날 마하라지가 오랜 세월을 함께 했던 한 헌신자와 걷고 있었다. 그러다 갑자기 위를 올려다보더니 이렇게 말했다. "당신 어머니가 방금 돌아가셨어." 그녀는 아주 멀리 떨어진 도시에 살고 있었으므로, 마하라지는 이것을 다른 차원에서 본 것이 분명했다. 마하라지는 웃고 또 웃었다. 그 모습을 본 헌신자는 충격을 받고는, 그토록 아름답고 순수한 여인의 죽음을 두고 웃었다는 이유로 마하라지를 '도살자'라고 불렀다. 그러자 마하라지가 돌아서며 이렇게 말했다. "그럼 내가 어떻게 해야 한다는 거야? 꼭두각시 인형처럼 연기하길 원해?"

또 다른 어떤 날, 마하라지가 제자들과 함께 앉아 있다가 갑자기 주위를 한 번 둘러보고는 말했다. "누가 오고 있어." 그러나 발소리나 인기척을 들은 사람은 아무도 없었다. 몇 분쯤 지나 마하라지의 헌신자와 함께 일하는 직원이 도착했다. 그가 말을 꺼내기도 전에, 마하라지가 외쳤다. "그래, 그가 죽어가고 있다는 거 알아. 그런데 나는 갈 수 없어." 그 말에 남자는 큰 충격을 받았다. 자신의 고용주가 심장마비로 쓰러진 건 불과 몇 분 전이었고, 마하라지를 급히 모셔오기 위해 직접 이곳에 왔던 것이다. 그 직원은 물론 그곳에 있던 다른 사람들도 함께 간청했지만, 마하라지는 끝내 가지 않겠다고 했다. 대신 그는 바나나 하나를 집어들어 직원에게 건네며 말했다. "자, 이 바나나를 갖다줘. 그럼 곧 괜찮아질 거야." 바나나를 받아든 직원은 그 길로 급히 돌아갔고, 가족들은 조심스럽게 바나나를 으깨어 병든 남자에게 먹였다. 그는 바나나를 다 먹자마자 숨을 거두었다.

미국에 있을 때였다. 어느 날 웨이비 그레이비Wavy Gravy가 전화를 걸어 왔다. "죽어가는 한 청년이 당신을 만나고 싶어 해요." 나는 깡마른 몸에 리바이스 청바지와 재킷을 입고 부츠를 신은 20대의 그를 만났다. 그와 마주 앉아 나는 이렇게 말했다. "곧 죽는다고 들었어."

그가 대답했다. "네. 그럴 것 같아요."

그에게 죽음에 대해 이야기하고 싶냐고 묻자, 그는 고개를 끄덕였다. 대화를 시작한 지 20분쯤 흘렀을까? 담배에 불을 붙이는 그의 손이 떨렸다. 분명 처음에는 없던 떨림이었다. 나는 나의 편집증적 사고 회로를 돌리며 생각했다. '아, 대체 이게 뭐 하는 짓이지? 내가 뭐라고 이 사람 앞에서 이러는 거냐고! 죽어가는 사람 앞에서.' 그리고 그에게 말했다. "정말 미안해. 너를 불편하게 하려던 건 아니야. 혼자 있고 싶으면 난 그냥 가도 상관없어. 너를 괴롭히고 싶은 마음은 전혀 없거든."

그가 말했다. "아뇨, 절대 그렇지 않아요! 나는 지금 당신과 함께 있는 게 정말 좋아요. 너무 들떠서 긴장한 거예요. 저는 죽음을 받아들일 수 있는 힘을 찾고 있었어요. 그리고 당신은 죽음을 무서워하거나 두려워해서 상황을 더 나쁘게 만들 사람이 아니에요. 제 주위에 있는 사람들하고는 달라요." 그는 나조차 모르고 있던 나에 대한 무언가를, 그러니까 내가 죽음을 두려워하지 않는다는 사실을 정확히 짚어 주었다. 그리고 말했다. "계속 옆에 있어 주세요."

 우리는 함께 시간을 보내기 시작했다. 한 번은 차를 빌려서 마린 카운티의 1번 고속도로를 타고 드라이브를 갔다. 해안을 따라 나 있는 그 도로를 달리는 것은 꽤나 아슬아슬했다. 주유를 하기 위해 잠시 멈춰 섰을 때, 그가 말했다. "제가 운전해도 괜찮을까요? 어쩌면 이번이 마지막이 될 것 같아서요." 젊음이 한창인 스물세 살 친구들이 운전에 대해 어떤 감정을 갖고 있는지 안다면, 이건 꽤나 로맨틱한 순간이 아닐 수 없다. 나는 기꺼이 운전대를 내주었다. "물론, 되고 말고!" 그러나 그가 운전대조차 제대로 돌릴 수 없을 만큼 기운이 없다는 걸 알아차리는 데는 긴 시간이 필요하지 않았다. 우리는 시속 30킬로 정도로 아주 천천히 달리고 있었고, 굽은 도로를 한 번 지나칠 때마다 90미터 절벽 아래로 깎아지른 바다를 마주해야 했다. 나는 커브를 돌 때마다 조심스럽게 운전대를 잡고 살짝 돌렸다. 그가 눈치채지 못하도록, 어색한 상황이 연출되지 않도록. 나는 정말 그를 불편하게 만들고 싶지 않았다.

 그 순간, 상황은 이미 충분히 좋지 않았는데도, 그가 담배까지 피우려고 했다. 나는 속으로 생각했다. '이 사람, 자기만 가는 게 아니라 나까지 데려가겠네!' 그러다 문득 내가 어떤 공모에 가담하게 되었다는 걸 깨달았다. 그는 지금 젊고, 건강하고, 생기 넘치는 스물세 살의 자신으로 남기 위한 연기를 하고 있으며, 나는 그가 죽어가고 있다는 걸 함께 모르는 척하고 있었다. 내가 말했다. "저기 있잖아. 지금 우리는 같이 연기하고 있는 거야. 너는 지금 운전대를 돌릴 힘도 없고, 하물며 담배는 더더욱 피울 수 없다고. 운전은 내가 하는 게 맞아. 우리는 현실을 직시해야 해. 우리가 바라는 이상적인 상황을 연출할 게 아니라. 지금 이게 현실이야. 지금 차를 세워." 이 말이 계기가 되어 우리의 대화는 새로운 국면으로 접어들었고, 덕분에 이전보다 훨씬 더 생생하고 흥미로운 시간을 보냈다. 우리는 점점 더 '지금 이 순간'을 살았다.

죽음을 준비한다는 것은, 결국 순간에서 순간으로 이어지는 매 순간을 사는 것이다. 지금 이 순간을 살고, 그다음 순간을 살고, 그리고 또 그다음 현재를 살아갈 때, 그때는 죽음의 순간이 찾아와도 과거나 미래에 머물지 않고 지금에 있을 수 있다. 사실 죽음에 대해 가장 두려운 것은, 죽음 그 자체보다 그것에 대해 미리부터 느끼는 공포심이다. 만약 당신이 진짜 현재를 살고 있지 않다면, 다른 사람에게 지금 이 순간을 살라는 말을 결코 해서는 안 된다.

나중에 나는 암에 걸린 한 변호사와 죽음에 대해 작업해 달라는 제안을 받았다. 나는 "저는 본인이 직접 원한다고 해야 응합니다."라고 말했다. 그랬더니 그는 "아, 당연하죠. 그분이 정말 당신을 만나길 바라고 있어요."라고 대답했다. 나는 바닷가에 위치한 그의 호화로운 집으로 갔다. 그는 가족과 친구들에게 둘러싸인 채 앉아 있었고,

모두가 술을 마시고 있었다. 그는 단지 죽음을 앞두고 있다는 이유로 그 자리의 모든 상황을 막무가내로 통제하고 있었다. 그들은 내게 술을 권했고, 나는 잠시 바다를 바라보고 앉아 있었다. 대화 속에서 날카로운 감정이 오가는 것이 느껴졌고, 모든 사람들이 지나치게 큰 소리로 웃고 있었다. 마침내 나는 그를 향해 돌아서서 이렇게 말했다. "죽음을 앞두고 있다고 들었습니다."

그가 나를 초대한 것이 죽음과 마주하기 위해서가 아니었다면, 나는 그런 말을 할 자격이 없었을 것이다. 아무에게나 다가가서 "죽음을 앞두고 있다고 들었어요."라고는 말할 수 없지 않은가. 타인에게 자신의 관점을 강요할 권리는 없지만, 그는 분명 나를 그렇게 하도록 초대했다. 그리고 내가 거기에 응한 것은, 연민에서 비롯된 행동이었다. 그 순간, 그 자리에 있던 모두가 충격을 받았다. 나는 어느 누구도 입 밖으로 꺼내지 않은 그 한마디를 건넸고, 그것으로 우리가 있는 공간의 분위기가 완전히 바뀌었다. 그리고 나서, 그의 가족들과 친구들, 그리고 나는 바닷가에 앉아 죽음에 대한 대화를 나누기 시작했다. 우리는 바다를 명상했다. 모든 것을 다 품는 바다는 죽음까지도 다 품는 것 같은 힘을 즉각적이고 정묘하게 발현하여 우리 모두를 감싸주었다.

그 후 얼마 지나지 않아, 나는 로스앤젤레스에서 죽어가고 있는 소중한 친구를 방문했다. 그녀는 매우 섬세하고 지적이며, 진보적이고, 감수성이 예민한 사람이었다. 처음 그녀를 만났을 때, 그녀는 죽음에 관심이 많았고, 그것에 대해 이야기하고 싶어 했다. 대화를 하면서, 나는 그녀의 지적인 면모를 충분히 느낄 수 있었다. 환생에 대한 이야기라고는 전혀 들어본 적이 없는 그녀는 '들어는 볼게. 그런데 다 헛소리야.'라고 생각하고 있었다. 내가 하는 말은 단 한 톨도 그녀에게 가 닿지 않았다.

다음에 다시 그녀를 찾아갔을 때, 그녀는 너무 쇠약해져 있어서 내가 할 수 있는 일이라곤 그저 그녀의 침대 옆에 앉아 있는 것뿐이었다. 그녀의 암은 신경계로 퍼져 있었고, 그로 인해 하복부와 사타구니 쪽에 극심한 통증을 겪고 있었다. 내가 옆에 앉아 있는 동안, 그녀는 말 그대로 고통에 몸부림쳤다. 고개를 이러저리 돌리고, 손으로 온몸을 문지르며, 얼굴은 극심한 고통의 표정이 가득했다. 나는 그녀 옆에서 불교의 부패해가는 육신에 대한 명상을 하고 있었다. 이 명상은 인간의 몸이 부패해가는 여러 단계를 차례로 관찰하는 정통 수행법 중 하나였다. 나는 그 자리에, 완전히 열린 채로, 눈도 감지 않고, 다른 곳으로 시선을 돌리지도 않고, 그 자리에 머물며 고통을 바라보았다. 모든 과정을 지켜보고, 감정에 집착하거나, 움켜쥐거나, 평가하지 않고, 그저 흘러가도록 내버려두었다―우주의 법칙이 펼쳐지는 과정을 그저 바라보고 있었던 것이다. 누군가의 죽음과 함께 한다는 것은 결코 쉬운 일이 아니었다. 특히 그 대상이 내가 너무나도 사랑하는 존재라면 더더욱.

고통을 지켜보며 그 자리에 앉아 있는 동안, 나는 점점 더 거대하고 깊은 고요함을 경험하기 시작했다. 방은 빛으로 가득 찼고, 바로 그 순간, 그녀는 몸을 뒤틀며 고통에 휘말려 있는 중에도 내게 몸을 돌려 속삭이듯 말했다. "너무 평화로워." 몸은 여전히 고통에 요동치고 있었지만, 명상적인 분위기 속에서 그녀는 고통 너머로, 깊은 평화로 나아가고 있었다. 나, 아니 어쩌면 우리는, 그 진동의 공간을 함께 창조해낸 것인지도 모른다. 그녀와 나는, 그 순간 이 우주 말고는, 다른 어떤 곳에도 존재하고 싶지 않았다. 경이로운 축복이었다.

엘리자베스 퀴블러-로스 Elisabeth Kübler-Ross가 이끄는 죽음과 임종에 관한 세미나에서, 암으로 죽어가고 있는 스물여덟 살의 간호사를 만난 적이 있다. 그녀는 자녀가 네 명이나 있는 엄마였으며, 열한 번의 수술을 견뎌낸 사람이었다. 그녀가 우리에게 물었다. "스물여덟 살의 엄마가 암으로 죽어가고 있는 병실에 들어갔다고 상상해 보세요. 어떤 기분이 들까요?" 청중석에서는 여러 대답들이 쏟아져 나왔다. 분노, 좌절, 연민, 슬픔, 공포, 혼란 등등. 그러자 그녀가 다시 물었다. "그렇다면, 만약 당신이 바로 그 스물여덟 살의 엄마이고, 당신을 찾아온 모든 사람들이 그런 감정을 품고 있다면, 당신은 어떤 기분이 들까요?" 그 순간 우리는 모두 깨달을 수 있었다. 죽음을 눈앞에 둔 사람을 만날 때면, 그 사람을 있는 그대로 마주하는 대신 죽음에 대한 우리의 감정을 투영해 그 사람을 대한다는 사실을. 이것은 앞서 언급된 아름다운 소녀에 대한 비유와도 다르지 않다. 소녀를 바라보는 모든 이들이 단지 그녀의 외적인 아름다움에만 반응하고 그 안에 있는 한 존재와는 진정으로 연결되지 못하는 것처럼 말이다.

에릭 카스트Eric Kast는 말기 암 환자들을 대상으로 LSD를 활용한 연구를 진행했는데, 그중 암으로 죽어가는 한 간호사의 사례가 있다. 「월드 메디컬 뉴스 World Medical News」에 따르면, LSD를 복용한 후 그녀는 이렇게 말했다고 한다. "나는 암으로 죽어가고 있어요. 그런데 이 우주의 아름다움을 좀 보세요." 그녀는 분명 죽음의 한가운데에 있었지만, 그 순간만큼은 죽음을 초월해 완전히 다른 차원으로 들어설 수 있던 것이다.

몇 년 전, 데보라 매티슨Deborah Matthiessen이 뉴욕의 마운트 시나이 병원 Mount Sinai Hospital에서 세상을 떠났다. 데비는 뉴욕의 선불교 센터와 인연이 있었고, 그녀가 죽음을 앞두고 있을 때 같은 도반 스님들과 제자들은 명상홀에서 명상을 하는 대신 매일 밤 그녀의 병실을 찾아가 명상하기로 결정했다.

병실 명상을 시작한 첫날 밤, 의사들이 회진을 돌며 그녀의 병실 문을 열고 들어와 "오늘 밤은 기분이 좀 어때요?" 하고 명랑한 어조로 물었다. 하지만 병실에는 검은 옷을 입은 사람들이 모두 깊은 명상에 잠겨 있었고, 그 광경을 본 의사들은 놀라지 않을 수 없었다. 의사들은 병실에 들어오는 것이 마치 성전에 들어오는 것처럼 조심스러워졌다. 그리고 그곳은 정말로 성전 같기도 했다. 마운트 시나이 병원 한복판에 차려진, 삶의 성소이자, 삶과 죽음을 넘어선 어떤 것을 향한 성전. 그것이 자리하고 있던 것이다.

일본에서는 사람이 죽을 때, 침대 발치에 부처님의 정토를 비추는 화면을 설치한다. 임종을 맞이하는 사람은 그 화면 속 정토에 마음을 집중하며 죽어가는 것이다. 그것은 마치 우리를 저편으로 데려다주는 철도 승차권과 같다. 우리는 원한다면 그 승차권을 가지고 떠날 수 있다.

이러한 다양한 경험들은 나로 하여금 임종 센터에 대한 생각을 점점 더 깊이 품게 만들었다. 이 아이디어를 처음 생각해낸 사람은 올더스 헉슬리였다. 그곳은 사람들이 죽음을 두려워하지 않는 존재들에 둘러싸여 의식적으로 죽음을 맞이할 수 있는 장소가 될 것이다. 나는 그 센터가 산이나 바다처럼 영원성과 연결될 수 있는 장소에 있어야 한다고 생각했다. 아마도 그곳에는 방갈로들이 준비될 것이고, 그곳에서 사람들은 자신이 원하는 방식으로 죽음을 맞이할 수 있을 것이다. 기독교인은 기독교의 방식으로, 유대교인은 유대교의 방식으로, 힌두교인은 힌두교의 방식으로, 무신론자라면 또 그 나름의 방식으로 의식적으로 죽음을 준비하기 위해 오는 사람들은 원하는 만큼, 혹은 원하지 않는 만큼 의학적인 도움을 받을 수 있다. 선택은 전적으로 자기 자신에게 달려 있다. 물론 의사에게 생명을 끊어 달라고 요청할 수는 없지만, 그렇다고 생명을 억지로 연장할 필요도 없는 것이다. 또 그곳에는, 종교인과 의료진뿐 아니라, 죽음을 앞둔 이가 마지막 순간까지 현재에 머물 수 있도록 돕는 안내자도 함께할 것이다.

그런데 이 '안내자'라는 용어에 대해 곰곰이 생각하다가, 직업적 임종 안내자는 사실상 없다는 것을 깨달았다. 내가 임종을 함께했던 모든 사람들은, 내가 그들을 도왔던 것보다 훨씬 더 많은 깨달음을 내게 줌으로써, 오히려 나를 도왔다. 요즘 많은 사람들이 내게 연락해 이렇게 묻는다. "임종을 앞둔 사람들을 제가 어떻게 도울 수 있을까요?" 각 개인이 저마다 가지고 있는 성장에 관한 관점에서 볼 때, 죽음과 함께하는 과정은 가장 심오한 경험 중 하나가 된다. 자기 자신의 죽음이든, 타인의 죽음이든, 죽음에 대한 작업은 우리가 반드시 직면해야 할 여러 이슈들에 직면하게 만든다. 그것은 영적 성장과 깨어남에 있어 매우 중요하다. 그래서 나는 '안내자'의 역할이 단순히 도움을 주는 것이 아니라 훈련의 자리라고 생각한다. 사실, 안내자와 임종을 앞둔 사람은 서로를 통해 각자 자기 내면의 과제를 수행한다고 볼 수 있다. 진정한 의미에서 두 사람이 함께 협력의 춤을 추는 것이다.

이 이야기의 본질은, 사실 우리는 타인에게 그 무엇도 해줄 수가 없다는 데 있다. 사람들은 스스로에게 필요한 일을 하는 것이고, 우리는 단지 그들이 준비되었을 때 변화가 일어나도록 돕는 환경에 불과하다. 따라서 '안내자'는 죽음을 통한 깨어남의 환경이 조성될 수 있을 만큼 자신의 삶에 있어서도 어느 정도 진화된 상태여야 한다. 그들은 시간과 공간을 넘어서는 의식의 차원들과 연결되어 있어야 하고, 죽음에 직면했을 때 흔들림 없이 균형을 잡을 수 있는 철학적 기반을 갖추고 있어야 한다. 그리고 무엇보다, 죽음을 하나의 끝이 아니라, 변형과 변화의 과정으로 바라볼 수 있어야 한다.

우리가 모두 하나임을 깨닫는 단계에 이르면, 개별적 존재로서의 내가 사라지는 것에 직면하게 되기 때문에 두려움이 일어날 수 있다. 명상과 같은 영적 수행들은 우리가 개별성, 즉 '나'라는 환상에서 완전히 자유로워지도록 천천히 돕는다. 나에 대한 집착에서 완전히 벗어나게 될 때까지, 두려움 없이 존재의 바다 속으로 완전히 스며들 수 있을 때까지, 그때까지 우리가 하는 모든 일은 결국 분리의 환상을 미묘하게 강화하는 방식으로 흘러간다. 우리가 '분리된 나'에 집착하고 있는 한, 자신을 잃을지도 모른다는 은밀한 두려움이 우리 안에 남아 있으며, 그것은 어쩔 수 없이 끊임없이 공포를 재생산한다. 우리들 대부분은 아직 우주와의 일체감을 완전히 느끼지 못했기 때문에, 스스로를 끊임없이 단련하는 동시에, 감각과 의식을 가진 다른 존재들의 고통을 덜어주기 위한 작업도 계속해야 한다. 그런데, 우리조차도 두려움에서 해방되지 않았다면 어떻게 타인의 고통을 덜어줄 수 있겠는가? 이것은 결국 정도의 문제이다. 우리는 타인을 위해 할 수 있는 것을 하면서도 우리 자신을 위한 작업 역시 멈추지 말아야 한다. 왜냐하면 우리가 해방시켜야 할 또 다른 존재는 결국 우리의 의식을 통해서만 자유로워질 수 있기 때문이다.

나는 임종 센터를 세우기 위한 모금 운동을 벌이려고 한 적이 있다. 그때, 「전 지구 소프트웨어 카탈로그 Whole Earth Software Catalog」와 계간지인 「공진화 CoEvolution Quarterly」를 만든 스튜어트 브랜드 Stewart Brand가 이 분야에 관심을 가지고 있다면서 이런 질문을 해왔다. "꼭 센터가 있어야 하나요? 그냥 전화로 시작하는 건 어때요? 일종의 '죽음을 준비하는 전화 서비스 Dial-a-Death' 같은 거요!" 그러니까, 사람들이 직접 전화를 걸어 자신의 죽음을 잘 다룰 수 있도록 도움을 요청하도록 하자는 것이었다. 안내자를 포함해 다른 도우미들은 각자 자신의 집이나 병원, 그 외 어떠한 장소에서든 도움을 제공할 수 있었다. 우리는 출산이 병원 밖에서 가능해진 것처럼, 의식적으로 죽는 것이 가능한 환경을 병원 밖에 만들 수 있기를 바랐다.

바로 이 시점에, 1960년대 중반 헤이트-애슈버리에서 「오라클

Oracle』의 편집자이자 시인으로 활동했던 스티븐 레빈 Stephen Levine 이 다시 내 삶에 나타났다. 우리는 둘 다 명상에 열심이었고, 죽음에 대한 작업에 흥미를 느끼고 있다는 것을 알게 되었다. 스티븐과 나는 함께 가르치기 시작했고, 머지않아 스티븐을 축으로 죽음 프로젝트 Dying Project를 시작하게 되었다. 스티븐은 아내 온드레아 Ondrea와 함께 임종 지원을 위한 상담 전화를 개설하고, 의식적이고 명상적인 죽음에 초점을 맞춘 수련 프로그램을 운영했다. 이 작업 가운데 주목할 만한 의미가 넘치는 책 『누가 죽는가? Who Dies?』가 출간되었으며, 곧이어 『경계에서의 만남 Meetings at the Edge』도 세상에 나왔다.

1980년대 초, 데일 보글럼 Dale Borglum이 이 프로젝트에 합류하며 뉴멕시코주의 산타페에 임종 센터를 세웠다. 소규모이긴 했지만, 죽음을 중심으로 의식적으로 함께 살아보려는 꿈을 드디어 실험해 볼 수 있는 기회가 마련된 것이다. 이 특별한 실험은 약 5년 동안 이어졌다. 데일은 보다 확장된 형태의 프로그램인 '삶과 죽음 프로젝트 the Living/Dying Project'를 마린 카운티에서 지금도 진행하고 있다.

우리는, 출산에 대해 그랬던 것처럼, 비밀스러운 영역에 감춰두었던 죽음을 수면 위로 끌어내는 과정을 통해 자연의 진실과 함께 살아갈 수 있는 더 강한 존재로 성장하게 된다. 하지만 진실을 자비롭게 사용하는 데는 신중함이 필요하다. 죽음을 다루는 데 있어서 누군가가 진실을 요청할 때는 기꺼이 진실을 말할 준비가 되어 있어야 한다. 같은 이유로, 누군가가 자신에게 다가오는 죽음을 부정하려고 할 때면 조용히 침묵할 줄도 알아야 한다.

 아버지는 돌아가시기 전 오랫동안 죽음에 대해 걱정하며 시간을 보냈다. 아버지는 여전히 건강했지만, 보험 통계치들이 말하는 기대수명을 넘긴 후부터는 더 크게 불안을 느끼는 것 같았다. 1970년대 초반, 나는 아버지의 집 앞마당에서 수백 명의 사람들이 모인 가운데 죽음에 관한 세미나를 열었는데, 그때마다 아버지는 잠깐 와서 몇 분 정도 듣다가 야구 경기를 보러 집으로 돌아가시곤 했다. 세미나를 끝내고 집으로 가면, 아버지는 이렇게 말씀하셨다. "오늘 사람들이 참 많이 왔더라." 아버지는 그 이야기를 끝내 들으려 하지 않았다. 그때 내가 "아버지, 아버지의 불안을 덜어드릴 수 있는 이야기를 해드리고 싶어요. 아버지는 제 아버지이고, 저는 아버지를 사랑하니까요."라고 말했더라면 얼마나 좋았을까? 하지만, 또 다른 한편으로는, 우리는 그저 이번 생에 아버지와 아들로 관계를 맺은 두 존재에 불과했고, 삶을 바라보는 방식 또한 매우 달랐다. 한때 나는 서로 다른 이 방식을 문제 삼아 아버지를 괴롭히기도 했지만, 결국에는 멈췄다. 나의 연민이 조금씩 익어가면서, 나는 아버지를 있는 그대로 —그분만의 완전함 속에서—사랑할 수 있게 되었다.

 나중에 아버지는 여러 차례 죽음과 명상에 대해 질문하기 시작했다. 그리고 한 번은 저녁 식사 자리에서 이렇게 말씀하셨다. "너와의 대화 때문인지, 예전만큼 죽음이 두렵지는 않구나. 심지어 어떤 때는 그것이 기다려지기도 한단다." 나는 아버지가 죽음에 다가가는 방식에 따라 그를 돌봤다. 그것은 우리가 함께 보낸 가장 부드럽고 가장 사랑이 깊은 시간이었다.

레이먼드 무디Raymond Moody의 『삶 이후의 삶 Life After Life』은 임상적으로는 사망 판정을 받았다가 소생한 150명의 사례를 다루고 있다. 어떤 이들은 사고 현장에서, 어떤 이들은 병원 수술실에서 죽었다 살아났다. 그들 중 많은 사람들이 죽은 것으로 여겨진 시간 동안 몸이 공중에 떠오르거나, 자신의 삶을 되돌아보거나, 이미 세상을 떠난 친구나 친척을 만나거나, 빛의 존재를 만나는 경험을 했다고 보고한다. 이 자료들의 힘은 각기 다른 여러 사람들의 경험 속에 놀랍게도 유사한 패턴이 반복된다는 점에 있다. 또한, 죽음 이후의 삶이라는 주제를 서구사회가 이해하는 방식 안으로 가져온 점, 그로 인해 서양 사람들이 죽음에 대한 불안을 조금씩 해소하는 데에도 기여를 했다는 점은, 특히 주목할 만하다.

의식적이 된다는 것은 세상이 돌아가는 방식에 대해 제한적인 이성적 모델을 억지로 적용하는 것이 아니라, 이성적 모델이 유한한 하위 체계에 불과하며, 우주의 법칙은 무한하다는 사실을 깨닫는 것이다. 죽어가는 사람과 함께 일한다는 것은, 죽음 그 자체가 지니는 완전함을 보는 동시에, 그의 고통을 덜어주기 위해 최선을 다하고, 죽음의 순간을 준비하도록 돕는 것이다.

동양의 전통에서는, 삶의 가장 마지막 순간의 의식 상태가 매우 중요하다고 강조한다. 그래서 그 마지막 순간을 준비하며 평생을 살아간다. 우리 문화에서는 수많은 암살 사건을 경험했기 때문에, 바비 케네디 Bobby Kennedy나 잭 케네디 Jack Kennedy와 같은 인물들이 마지막 순간에 어떤 생각을 했을지 의문을 갖게 된다. '아, 총에 맞았구나!', 혹은 '그놈 짓이야!', 혹은 '안녕', 혹은 '저놈을 잡아!', 혹은 '그를 용서해.'… 마하트마 간디는 기자회견을 위해 정원으로 나가다 총격범에게 세 번인가 네 번의 총을 맞았다. 그런데 그가 쓰러지면서 입밖에 낸 유일한 말은 "람…"이었다. 신의 이름이라니! 그는 준비가 되었던 것이다!

죽음의 순간, 만약 우리가 가볍게 놓아버릴 수 있다면, 우리는 빛을 향해, 하나됨을 향해, 그리고 신을 향해 나아가게 된다. 결국 죽는 것은, 이번 생에서 우리가 '나'라고 믿었던 생각들의 집합일 뿐이다.

마음의 해방

이제 우리는 명상 수행의 전체적인 의미를 조금씩 이해하기 시작했다. 우리는 생각과 감정을 포함해 우주에 존재하는 모든 형상들의 흐름에 가슴을 열게 된다. 이 흐름은 결국 형상 안에 존재하는 모든 것을 받아들여 그것을 다시 에너지로 전환시킨다. 우리가 어떤 것을 제거하기 위해서는 바로 그것을 그 흐름에 바쳐야 한다.

바치는 이 행위를 우리는 정화라고 부른다. 정화는 모든 종교에 존재하는 개념이다. 라자 요가 Raja Yoga에서는 이것이 야마 yamas (행동 규범)로 나타나고, 불교에서는 다양한 서약의 형태로, 기독교와 유대교에서는 금욕이나 계명으로 나타난다. 이러한 실천은 '분별 있는 자각'에 기반하여 행해진다. 즉, 우리는 자각 없이 그저 살아지는 대로 사는 단순한 존재가 아니라, 삶 전체의 드라마가 우리의 깨어남을 위한 커리큘럼이라는 것을 이해하며 사는 존재이다. 우리는 삶의 경험이 신께 다가가고, 의식을 깨우며, 해방에 이르기 위한 수단이라는 것을 알게 된다. 그리고 우리가 지금 여기에서 하고 있는 것이 바로 이것임을 결국 깨닫게 된다.

우리가 정말로 신을 원할 때, 온 마음으로 간절히 원할 때, 그때 우리는 자신이 지금 여기에서 하고 있는 모든 것이 신을 향한 일임을 이해하게 된다. 반면, 자신이 그저 신을 원하는 삶을 살기를 바라는 상태일 때는 이렇게 말하게 된다. "할 일도 많고 챙길 것도 많지만, 그래도 언젠가는 신에게 돌아가기 위한 삶을 살고 싶어." 만약 우리가 부처의 사성제四聖諦를 공부해 왔다면, 집착과 애착으로부터의 해방이 곧 고통으로부터의 해방이라는 것, 그리고 그 해방이 모든 존재들을 고통으로부터 자유롭게 한다는 것을 이해할 것이다. 아니면, 우리는 이렇게 생각할 수도 있다. '음, 신을 향해 나아가는 것만으로는 부족해. 다른 사람들을 도와야 해.' 그리고 우리는 신을 향해 나아가는 것과 다른 사람들을 돕는 것이 서로 대립되는 것이 아니라 아주 깊이 통합되어 있다는 것을 알게 된다. 왜냐하면 우리가 다른 사람들을 위해서 하는 모든 행위는 우리 자신이 해방되어 있는 만큼 그들에게도 해방을 가져다주기 때문이다. 만약 우리가 누군가에게 강한 애착을 품고 음식을 준다면, 그의 배를 채워줄 수는 있겠지만, 동시에 그의 집착을 강화하고 만다. 결국 이것은 그에게 장기적인 고통을 초래한다. 따라서 우리는 삶에서 우리가 하는 모든 행위가 곧 우리 자신을 위한 수행이라는 것을 이해하게 된다. 왜냐하면 이것이야말로 우리가 감각과 지각을 가진 모든 존재에게 할 수 있는 지고한 행위이기 때문이다. 누군가에게 음식을 주든, 동굴 속에 앉아 명상을 하든, 사람들을 즐겁게 해주든, 봉사나 기부를 하든, 물건을 만들든, 우리는 항상 우리 자신을 위한 수행을 이어가는 것이다.

예를 들어, 음악가라고 하면 우리는 흔히 사람들을 즐겁게 해주는 연예인이나 예능인의 이미지를 떠올린다. 음악가가 음악을 연주할 때면 항상 듣는 사람들을 함께 떠올리기 때문이다. 하지만, 우리가 점점 더 명확하게 이 춤이 무엇인지를 듣기 시작하면, 우리는 우리 자신의 해방을 향해 나아가는 영혼들이며, 모든 것이—플루트나 그것을 연주하는 행위까지 모든 것을 포함해—'깨달음 방앗간의 곡식들'이었다는 것을 깨닫게 된다. 그러고 나면 우리는 『바가바드 기타』에서 말하는 것처럼, 플루트 연주를 신께 바치는 행위로서 행하게 된다. 이때 플루트 연주는 그저 세상으로 흘려보내지는 것이 아니라 신성한 순환 속으로 되돌아간다. 플루트 연주를 정화의 행위로 삼기 시작하면, 플루트는 더 이상 '나의' 플루트가 아니고, 플루트 연주는 더 이상 '에고'를 만족시키기 위한 것이 아니게 된다. 이 모든 과정이 수행의 일부이자, 신께 바치는 과정이 되는 것이다. 이제 플루트 연주는 점점 더 순수해지고, 점점 더 높은 차원의 공간에서 흘러나오게 된다.

예를 들어, 비스밀라 칸Bismillah Khan이 셰나이shehnai*를 연주하는 것을 들을 때, 우리는 신을 향해 연주하는 한 존재의 소리를 듣게 된다. 연주자와 악기와 소리가 너무 가깝게 순환하고 있어서, 마치 신이 자신에게 연주하고 있는 것처럼 느껴진다. 다른 인간 존재들은 그저 빠져서 들을 뿐이다. 이런 방식으로 연주되기 때문에 연주자의 섬세한 의식은 다른 사람을 그저 '즐기는 존재'에 머물도록 놔두지 않는다. 왜냐하면 즐거움을 주는 사람과 받는 사람은 주체와 객체의 분리를 의미하는데, 이것은 결국 인간 사이의 거리를 만드는 일이기 때문이다. 하지만 우리가 신의 음악을 위한 악기의 일부가 되어 신이 자신에게 연주하는 그 흐름에 참여하게 될 때는, 누구라도 신성한 순환의 흐름 속에 있을 수 있다. 그 순환 속에는 단 하나의 것만 존재한다. 어떠한 분리도 없다.

우리가 누군가를 즐겁게 해주고 있다고 생각하는 순간, 우리가 누군가에게 음식을 주고 있다고 생각하는 순간, 우리가 저기 밖에 '그들'이 있다고 생각하는 순간, 우리는 신성한 순환 속 흐름을 잃어버린다. 그 흐름이 멈춰버리는 것이다. 우리가 가진 어떤 개념이 그 흐름을 가로막는다. 왜냐하면 어떤 개념은 생각하는 마음에서 나오

---

* 인도의 전통 목관 악기.

고, 생각하는 마음은 주체와 객체를 구분하면서 작동하기 때문이다. 우리가 '저 사람은 어떤 존재다.'라고 생각하는 순간, 우리가 '저 사람은 음식이 필요한 사람이다.'라고 정의하는 순간, 그리고 그것을 유일한 현실이라고 믿어버리는 순간, 우리는 그 순간 그 사람을 하나의 객체로 만들어버린다. 우리가 그 사람에게 아무리 많은 음식을 준다고 하더라도, 그 사람은 여전히 우리와는 분리된 존재로 남는다. 미국에서 기부 행위는 대부분 불안과 두려움에서 비롯된다. 그것으로 자기 할 일을 했다고 생각하지만, 실제로는 사람들을 돌보는 마음은 없는 것이다.

포틀랜드의 시빅 커뮤니티 센터 Civic Community Center에서 강연을 했을 때의 일이다. 대개는 좀 더 허름한 공간에서 강의하곤 했는데, 이곳은 무대와 청중석 사이에 커다란 오케스트라 피트까지 있어 규모가 제법 컸다. 청중들이 '저 멀리' 있는 것처럼 느껴졌고, 조명을 충분히 밝힐 수 없어서 그들을 제대로 보기 힘들었다. 모든 세팅 자체가 주체와 객체로 서로를 나누게끔 설계되어 있던 것이다. 마치 대중으로부터 나를 지키기 위한 해자 같은 거대한 장벽이 존재하는 것 같았다. 놀라웠다. 거기다 보험 규정상 무대 위에 다른 사람을 세워 올릴 수도 없었다. 나는 오페라 극단 전체가 올라올 수 있을 정도로 큰 무대에 크리슈나 다스 Krishna Das와 단둘이 서 있었다. 그리고 저 멀리에는 '그들의' 바다가, 전통적인 쇼 방식처럼 그저 즐거움을 얻기 위해 모여든 '그들의' 바다가 펼쳐져 있었다. 철저하게 분리를 만들어내는 이런 식의 세팅은 분명 뚫고 나가야 하는 것이 분명했지만, 반드시 공간 자체를 바꿔야 가능한 것은 아니었다. 물론 사람들이 나를 둘러싸고 친근하게 가까이 앉았더라면 더 좋았을 것이다. 그러나 이것 또한 본질적인 문제는 아니다. 진짜 중요한 것은, 바로 내 마음이 어디에 있느냐는 것이다. 우리가 하는 모든 행위 속에서 우리의 마음이 어디에 있는가에 따라, 그 행위가 우리와 우리 주변의 모든 이들을 자유롭게 할 수도, 또 가두어 버릴 수도 있다.

이제 우리는 무심無心의 문제에 다가서고 있다. 어떻게 생각을 활용하고, 어떻게 생각을 초월할 수 있을까? 또, 어떻게 마음을 넘어설 수 있을까? 우리의 삶이 해방을 위한 수단이라는 것을 인정하게 되면, 삶 속에서 일어나는 모든 경험이 우리의 깨어남을 위한 최적의 경험이라는 것은 분명해진다. 그리고 그렇게 인식하는 순간, 모든 경험은 해방의 장 안에서 유용하게 작동한다. 반면, 삶이 해방을 위한 수단이라는 인식을 하지 못하는 상태에서는, 그 어떤 경험도 유용하게 작동하지 못한다.

심리학에 '기능적 고착 functional fixedness'이라는 용어가 있다. 우리는 망치를 못 박는 도구로만 인식하기 쉽다. 그런데 만약 펜듈럼으로 사용할 것이 필요한 상황이라면 어떨까? 만약 망치를 못 박는 도구로만 인식한다면 이런 상황에서도 망치에 끈을 매달아 펜듈럼으로 사용할 수 있다는 발상은 떠오르지 않을 것이다. 기능적 고착을 깨는 것은 어렵다. 망치는 이렇게 저렇게 사용해야 한다는 고정된 틀이 머릿속에 이미 잡혀 있기 때문이다.

삶의 경험에서도 똑같은 일이 일어난다. 하나의 문화는 각각의 경험이 어떤 의미를 가질 것인지에 대해 고정된 틀을 가진다. 예를 들어, 죽음이 무엇을 의미하는지, 정상에서 벗어난 일탈적 행동이 무엇을 의미하는지 같은 것 말이다. 그것은 광기일까? 아니면 신비로운 지혜일까? 이런 것들이 모두 우리가 고스란히 흡수한 문화 속의 기능적 고착이며, 우리는 이것을 토대로 저마다의 인생 경험에 비슷한 의미를 부여하고 살아간다. 만족스러운가? 즐거운가, 아니면 고통스러운가? 지금 우리가 사는 문화는 외부 요인을 통해 만족을 얻는다는 모델 안에서 움직인다. 더 많이 얻기 위해 환경을 이용하고, 인간이 자연을 지배하고, 통제와 장악을 통해 만족을 추구하며, 결국 자기만의 개인적인 천국을 만들고자 한다. 그 천국에서는 자아가 최고 권위를 갖고 신처럼 군림한다. 이 문화는 호피 인디언 Hopi Indians 같은 문화와는 매우 다르다. 호피 문화에서는 인간과 자연이 균형을 이루며 살아간다. 그들은 조화와 도, 자연 위에 있는 인간이 아니라 자연 안에 존재하는 인간에 대해 이야기한다. 장악하고 통제하는 것이 아니다. 우리가 그 흐름 안에서, 흐름의 일부로서 어떤 역할을 하는지 듣는 것이 중요하다. 그럴 때, 삶은 단순히 개인적인 만족을 위한 것이 아니라, 분리를 넘어서는 더 큰 흐름의 일부가 된다. 그것이야말로 신에 대해 말하는 또 하나의 방식이다. 그것이 형상 안에 신이 드러나는 방식이다.

우리가 마음에 품고 있는 경험에 대한 모델들이, 우리를 해방시킬 것인지, 아니면 계속 얽매이게 할 것인지를 결정한다. 이 부분이 바로 우리가 마음을 사용하기 시작하는 지점이다. 우리는 이것과 저것을 분리시켜 바라볼 수도 있고, 신과 자유에 한층 가까워지는 방식으로 바라볼 수도 있다. 우리 자신을 신과 자유에 더 가까이 끌어갈 것인지, 아니면 멀어지게 할 것인지를 결정하는 것이 바로 분별 있는 자각이다.

지금 내가 만나는 많은 사람들의 수행 단계는 이렇다. 그들은 자신의 수행이나 방법을 최선을 다해 '잘' 하려고 한다. 그러고 나서 잠깐 쉬는 시간이 되면 이런 말을 한다. "좋았어. 이제 피자에 맥주 한 잔 어때? 음악도 좀 틀까?" 물론, 피자와 맥주와 음악이 그들에게 도움이 될 수도 있다. 그런데 문제는, 무엇이 우리를 깨달음으로 이끌 것인가에 대한 모델을 머릿속에 가지고 있으며, 그 모델은 '쉬는 시간'이 수행과 아무런 관련이 없다고 믿게 만든다는 것이다. 한 예로, 명상은 깨달음의 도구가 될 것이라고 생각하지만, 피자는 그렇지 못할 거라고 단정 짓는다. 그러나 우리가 열린 마음을 갖고 있다면, 피자나 맥주나 록 음악 같은 것들도 모두 깨달음의 도구가 될 수 있다. 반대로, 명상은 옳은 길이라는 생각에 사로잡힌 채 명상을 한다면, 명상은 깨달음의 도구로서 충분한 역할을 할 수가 없다. 그것 자체로 진리이거나 진리가 아닌 행위는 없기 때문이다. 중요한 것은, 그 행위를 누가, 어떤 의도를 가지고 하느냐가 그것이 온전한 것인지 아닌지를 결정한다는 것이다. 누군가에게 칼을 꽂는 것은 그 사람을 신으로부터 멀어지게 만드는 행위일 수 있다. 하지만 그 사람이 외과의사라면 그것은 명백히 신을 향해 나아가는 행위이다. 즉, 칼로 찌르는 행위 그 자체가 아니라, 누가, 무엇을, 어떻게 하고 있느냐가 훨씬 더 중요한 문제라는 것이다. 두 명의 외과의사가 칼을 다르게 사용할 수 있다. 둘 다 똑같이 누군가를 살리려고 한다고 생각할 수도 있지만, 누구는 신을 향해 나아가고, 누구는 신으로부터 멀어지는 방향으로 나아갈 수도 있다. 신을 향해 나아가는 사람은 신의 뜻에 조율되어 있고, 신으로부터 멀어지는 사람은 에고의 여정 속에서 "내가 널 살려주겠다."는 착각에 빠져 있다. 신의 뜻에 조율된 사람은 "주께서 원하신다면" 하고 겸허히 말한다.

"주께서 원하신다면"이라는 말은 "만물의 본성에 부합한다면, 자연의 법칙에 따른다면, 형태의 완전한 흐름 속에 존재한다면"과 같은 말이다. 신, 자연의 법칙, 신성한 법칙은 우리 인간이 판단할 대상이 아니다. 우리는 그것을 이해하고, 듣고, 느끼고, 따라야 한다.

그래서 우리는 스스로에게 묻는다. "깨달음을 얻기 위해 매 순간을 어떻게 사용해야 할까?" 이 질문은 "조심해야 돼. 실수하면 안 돼."라고 자신에게 의무와 책임을 지우기 위한 것이 아니다. 오히려, 가볍게, 춤추듯, 신뢰에 찬, 고요한 상태로, 흐르듯이 던져야 한다. 이 모든 것은 사랑의 흐름과 마음의 고요함 속에서 이루어져야 한다. 마치 인도에서 물동이를 이고 우물에서 돌아오는 여성들과 같다. 그들은 머리에 물동이를 이고 걸으면서 수다를 떨고 잡담도 하지만 결코 머리 위에 놓인 물동이의 존재를 잊지 않는다. 그 물동이가 바로 우리의 여정이 의미하는 바다. 살아가는 동안 우리는 무언가를 계속해서 한다. 하지만 물동이를 잊지 않는다. 왜 이 길을 가고 있는지 잊지 않는다. 항상 목표를 바라본다. 처음에는 펌프질을 몇 번 해서 물을 끌어올려야 하는 것처럼, 물동이를 잊지 않기 위해서는 노력을 해야 할 수도 있다. 물동이를 잊었다가 다시 기억하고, 잊었다가 다시 기억하는 과정을 반복한다. 그것이 바로 환상이다. 환상은 우리로 하여금 끊임없이 물동이의 존재를 망각하게 만든다. 멜로드라마에 빠져 더 쉽게 자꾸만 잊는다. 사랑에 빠져 잊는다. 자녀에게 빠져 잊는다. 먹고사는 데 빠져 잊는다. 만족에 빠져 잊는다. "누가 내 오디오를 훔쳐갔어.", "입을 옷이 하나도 없어.", "내 성생활은 이대로 괜찮은 걸까?" …멜로드라마는 끝도 없이 이어진다. 그 속에서 우리는 계속해서 잊어버린다.

그래도 우리는 때때로 기억해낸다. 앉아서 명상을 하다가, 라마크리슈나 라마나 마하르시의 글을 읽다가, 불현듯 갑자기 "아, 맞아! 이거였어!" 하고 깨닫는다. 그렇게 다시 기억하고, 곧 다시 잊는다. 그러나 일어나는 모든 일들은 그 안에서 균형이 조금씩 이동한다. 하나의 거대한 바퀴를 상상해 보자. 바퀴의 테두리는 탄생과 죽음의 순환이고, 삶의 온갖 '것들'이며, 조건 지어진 현실이다. 바퀴의 중심은 완전한 흐름이고, 형태 없는 '마음 없음'이며, 근원이다. 지금 우리는 거의 온몸의 무게를 실어 한 발은 바퀴의 둘레에, 그리고 다른 한 발은 바퀴의 중심에 겨우 닿을까 말까 한 상태로 걸쳐놓았다. 그것이 바로 깨어남의 시작이다. 우리는 돌아와 앉아서 명상하고, 그러다 갑자기 어떤 순간 존재의 완전함과 연결감을 느낀다. 그리고 그 너머에서 그저 존재한다. 나무처럼, 강물처럼 존재한다. 그 순간에 우리는 중심에서 겨우 1초나 2초쯤 떨어져 있다. 그러다 다시 우리의 존재는 온몸의 무게를 실어 바퀴의 가장자리로 되돌아간다. 이 일이 계속해서 반복된다. 다시, 또 다시, 또 다시. 그러면서 천천히, 천천히 이동을 시작한다. 그러다 보면 어느 순간, 아주 미세하게 바퀴의 중심에 더 많은 무게가 실린다. 그냥 앉아서 고요히 있고 싶은 마음이 올라온다. 더 이상 "이제 명상해야 해.", "성경책을 읽어야 해.", "TV를 꺼야 해.", "뭔가를 해야 해…"라고 말하며 스스로에게 강요할 필요가 없어진다. 이런저런 것들을 해야 한다는 규율이 더 이상 존재하지 않는 것이다. 균형이 이동했다. 그리고 우리는, 삶이 점점 더 단순해지고, 점점 더 조화롭게 변해가는 것을 스스로 허용하게 된다. 이것을 붙잡으려 하거나, 저것을 밀어내려는 집착에서도 벗어나게 된다.

우리는 사물을 있는 그대로 들으려고 한다. 어떤 틀을 통해서 사물을 본다는 것은 결국 우리를 자유롭게 하지 못한다는 걸 알기 때문이다. 그러면서 우리는 스스로가 만들어낸 로맨틱한 이야기구조를 서서히 잊어가며 "나는 어떤 사람일까", "나는 커서 뭐가 될까"와 같은 질문을 멈추기 시작한다. 이런 종류의 모든 모델이 점차 힘을 잃어가는 것이다. 우리는 그저 앉아 있고, 그저 살아가며, 그저 존재한다. 누군가와 함께이면 함께인 대로 존재한다. 우리는 우리의 다르마를 듣는다. 그것이 신발을 만드는 일이라면, 신발을 만든다. 온전히 현재에 존재하며 깨어 있는 의식으로 신발을 만든다. 하와이에서 서핑을 하는 상상을 하며 신발을 만드는 것이 아니다. 단순하고 쉽게 그냥 신발을 만든다. 이때의 의식은 마음이 없는 상태에서 나오는 단순함이며, 그것은 그 순간 허용할 수 있는 최대치의 구두다움을 드러내는 완전함이다.

신발을 만들 수 있을 때, 신발을 만드는 바로 그 순간, 우리는 그 자체로 명상 상태가 된다. 따로 해야 할 일은 없다. 우리의 삶 전체가 명상이 되기 때문이다. 명상을 벗어나 명상이 아닌 시간도 없다. 방석 위에 그저 앉아 있기만 하는 그런 명상을 말하는 것이 아니다. 우리의 삶 전체가 '명상 방석'이기 때문에, 운전을 하든, 사랑을 나누든, 무엇을 하더라도 그것 모두가 명상이다. 우리는 어떤 행위가 '명상 방석' 위에서 행해지는지, 또 어떤 행위가 그렇지 않은지 삶을 되돌아보는 것에 점점 더 흥미를 느끼게 된다. 지금 여기, 이 고요하고 맑은 자리, '명상 방석'에서 사라질 행위에는 어떤 것들이 있을까? 이 사라짐은 억지로 끊어내는 것이 아니라, 우리 여정의 일부로서 자연스럽게 떨어져 나가는 과정이다.

이 이야기는 우리를 아주 흥미로운 지점으로 데려간다. 그것은 자유의지와 결정론의 문제에 관한 것인데, 솔직히 나는 이 주제를 완전히 명확하게 이해하지는 못했다. 그래도 지금까지 내가 이해한 바를 나누고자 한다. 이 신성한 계획의 완전함 속에는, 법과 조화를 이루며 살 것인지, 혹은 그것을 거스르며 살 것인지를 선택할 수 있는 개인의 자유가 포함되어 있다. 성경에서는 이것이 아담과 이브가 사과를 먹기로 선택한 것으로 묘사된다. 하나님이라는 단어는 신의 법칙을 상징적으로 나타낸다. 하나님은 말씀하신다. "이 완전한 흐름 안에서 살아라. 그러나 사과는 먹지 말아라." 그러나, 그 사과를 먹을지 말지 선택하는 것은, 에덴 동산 안에서나 밖에서나 우리에게 달려 있다. 사과는 우리의 의식 속에서 신과 분리됨을 상징한다. 주체와 객체를 나누는 이분법적 의식, 자기 자신을 분리된 존재로 바라보는 것을 나타낸다. 존재하는 것이 아닌, 분별하는 마음으로 아는 상태를 나타낸다. 아삭! 사과를 먹는 행위는, 곧 분리된 상태로의 진입이다.

사과를 먹음으로써 분리가 시작된 이후, 하나님은 아담과 이브가 무화과 잎으로 성기를 가리고 있는 것을 보고는 이렇게 말씀하신다. "너희가 벌거벗고 있다는 것을 누가 말해주었느냐?" 우리가 그 흐름 속에서 하나라면, 수치심이나 분리감 같은 것은 느낄 이유가 없다. 벌거벗음이 자연스러운 흐름이고 아름다움일 뿐인 그런 순수함의 상태를 우리 모두가 경험한 적이 있다. 우리는 또 수치심도 경험한 적이 있다. 아기와 함께 있을 때, 우리는 막힘 없는 흐름 속에서 자유를 본다. 그리고 다시 그 흐름으로 되돌아가고 싶은 열망을 갖고 살아간다. 그 흐름 속에 있는 것, 그것이 바로 순수함이다.

우리는 언제라도 순수한 삶을 선택할 수 있지만, 깨어나기 시작하는 생에 이르기 전까지는, 완전히 고정된 것이 아닌 그 어떤 것도 자기 자신과 동일시하지 않는다. 그때까지는, 생각이 곧 '나'라고 믿는다. 그러나 생각은 원인과 결과의 법칙 안에서 움직이고, 그 법칙에 따라 결정되었을 뿐이다. '진정한 나'라고 하는 것은 결코 생각과 동일시될 수 없다. 우리가 생각하는 '나'는 몸과 생각이 조건적이고 기계적으로 만들어낸 결과일 뿐이며, 진정한 '나'는 공, 흐름, 다르마 그 자체이다. 그 흐름을 사는 가장 최적의 전략은 자유의지를 가지고 살되, 사물의 이치, 진리의 흐름과 조화를 이루는 선택을 하며 사는 것이다.

자유의지와 결정론의 관계를 설명하는 한 가지 관점은, 우리가 깨어나기 전에는, 삶이 이미 결정된 흐름 속에 놓여 있다고 보는 것이다. 그 모든 것은 전적으로 신의 뜻이다. 그러나 깨어나고 나면, 우리는 인간의 의지와 신의 의지 사이에서 선택하는 것이 자유로울 수 있다. 올려다볼 것인지, 올려다보지 말 것인지, 자유롭게 선택할 수 있다. 이렇게 설명할 수도 있을 것이다. 예를 들어, 우리가 어떤 책을 집어 들었다고 하자. 우리는 마치 자유의지를 발휘하여 이 책을 선택한 것 같지만, 우리의 관심, 경제적 상황, 지적 능력 등은 모두 이전의 어떤 특정한 환경에서 형성되었다. 사실, 시간 밖의 어떤 존재들은 우리가 어떤 선택을 하게 될지 이미 알고 있다. 왜냐하면, 그들은 법칙이 작동하는 방식을 알고, 우리로 하여금 그 선택을 하게끔 만드는 '것들'을 볼 수 있기 때문이다. 이런 의미에서 보면, 어떤 책을 집어들었든 그 선택이 완전한 자유의지에서 비롯된 것이라고는 할 수 없다. 그렇다고 운명론적으로 이것을 받아들여야 한다는 것도 아니다.

자유의지와 결정론—운명론, 카르마, 연기 緣起—과 같은 모든 문제들은, 믿을 수 없을 만큼 복잡한 패턴으로 엮여 있다. 그리고 이것에 대해 파고드는 것은 이 글의 범위를 다소 벗어나는 것 같다.

그러니까 내가 말하고자 하는 것은, 우리 스스로가 자유의지를 가진 주체로서 행동하고, 깨어나기 위한 선택을 해야 한다는 것이다. 우리는 분별 있는 자각을 사용할 수 있는 존재이다. 지성을 능숙하게 사용하는 것을 사유라고 한다. 예를 들어, 우리는 매일 아침, 한 가지 생각으로 하루를 시작할 수 있다. 성경책을 읽되, 너무 많은 양을 읽지는 않는다. 이것저것 지식을 꿰어맞추려고 하지도 않는다. 그저 한 가지 생각을 선택해서 그것을 붙들고 10분에서 15분 정도 앉아 있는 것이다.

당신은 그리스도의 성품에 대해서도 사유할 수 있다. 그리스도의 자비에 대해서도, 고난에 대해서도 사유할 수 있다. 매일 당신이 되어가고 있는 것에 대해 사유하는 것이다. 스리 라마크리슈나 Sri Ramakrishna는 이렇게 말한다. "만약 당신이 이상적인 자기 모습에 대해 명상한다면, 당신은 그 성품을 얻게 될 것이다. 만약 당신이 밤낮으로 신을 생각한다면, 당신은 신의 성품을 얻게 될 것이다."

우리는 우리를 그곳으로 이끌 수 있는 것들로 마음을 채울 수 있다. 우리 자신이 좋은 시민이라는 것을 입증하기 원한다고 해서 마음을 그날의 뉴스로만 채울 필요는 없다. 끝없이 이어지는 미디어의 공격에 휘둘릴 필요도 없다. 우리는 우리를 해방시켜 줄 것들로 마음을 채울 수 있으며, 어떤 것이 우리를 신에게로 이끌 것인지 아닌지, 분별할 수 있다. 결국 우리에게 도움이 되지 않는 것들은 자연스럽게 흘려보낼 수 있게 된다.

우리는 집중, 곧 일점집중 one-pointedness을 통해 마음의 힘을 길러가기 시작한다. 호흡에 집중하든, 만트라를 외우든, 아니면 다른 마에 따르는 선택을 하든, 우리는 하나의 생각에 마음을 올려놓고 그 자리에 유지시키며, 그 외의 것들은 모두 흘려보내는 훈련을 통해 마음의 힘을 기를 수 있다. 이것은, 마음을 억지로 멈추지 않고 흐름대로 두되, 한 가지 생각을 끊임없이 수면 위로 올리는 것이다. 다시, 또 다시 그 생각으로 되돌아가는 것이다. 숨을 들이쉬고, 내쉬고. 들이쉬고 또 다시 내쉬고. 생각을 떠올리고 떨어뜨리고. 들이쉬고 내쉬는 호흡을 알아차린다. 만트라를 외운다. "람, 람, 람, 람, 람, 람, 람, 람, 람." 밥을 먹을 때도, 잠을 잘 때도, 사랑을 나눌 때도… "람, 람." 모든 행위를 '람화 Ram-ize' 한다. 삶 전체를 아우르는 준거 틀을 '람'으로 전환하는 것이다. 이것은 우리를 중심으로 돌려놓는 동시에 일점집중력을 향상시킨다. 하나로 초점이 모아진 마음은 지성을 초월하고, 유연하며, 비로소 쓰임 있는 마음이 된다.

우리는 지성을 이용해 우주를 판단하고, 지성을 이용해 우리 자신의 삶을 정화한다. 지성으로 우주를 판단하면, 지성을 신으로부터 멀어지도록 만드는 데 사용한 것이다. 만약 자신을 정화하는 데에 지성을 사용했다면, 그것은 신에게 다가가는 데, 도를 깨닫데, 신의 섭리나 물질의 법칙을 이해하는 데 지성을 사용한 것이다. 후자의 경우는 유대교, 기독교, 이슬람, 힌두교, 조로아스터교 등 수많은 전통에서 다양한 이름으로 불리는데, 우리는 그것을 신의 마음이나 자연의 법칙이라고 부를 수도, 형태를 가진 모든 것들이 서로 연결되는 방식이라고 부를 수도 있을 것이다. 그것은 곧 흐름이고, 그 흐름에서는 각 부분들이 조화를 이룬다. 심지어 불협화음처럼 보이는 부분조차도, 더 큰 전체 속에서는 조화롭게 맞물려 있다. 물론 그 흐름은 직선적이고, 분석적이고, 논리적인 방식으로는 작동하지 않을 것이다. 자연의 법칙은 역설을 품을 수 있지만, 논리 법칙은 역설을 받아들이지 못하기 때문이다. 즉, 자연의 법칙에서는 A가 A인 동시에 A가 아닐 수도 있다. 그러나, 우리의 지성은 이것을 이해하지 못한다. 이런 법칙이 존재할 수는 있어도, 우리가 논리적으로 이해할 수는 없다. 이것을 그나마 가장 잘 이해할 수 있는 것은, 흔히 서양에서 직관의 지혜라고 불리는 방식을 통해서이다. 구르지예프Gurdjieff는 그것을 '더 높은 기능'이라고 말했다. 이것은 우주와의 주관적 일체감 속에서 이루어지는 앎의 더 높은 길이며, 객관적인 앎과는 다르다. 우리는 그 법칙을 아는 것이 아니다. 우리가 바로 그 법칙이다. 마음이 고요해지면, 우리는 그 흐름을 느낄 수 있다.

    어떤 미국 원주민 부족들은 소년이 사춘기가 되면 며칠, 혹은 몇 주 동안 금식하게 하고 야생으로 보낸다. 그곳에서 소년들은 고요히 머물며 자연의 섭리와 조율한다. 이들은 새들의 짝짓기 노랫소리를 들을 수 있을 만큼 충분히 고요해져야 할 뿐만 아니라, 더욱더 고요해져 자신의 성적 욕망, 분노의 패턴, 마음의 움직임, 몸의 노화까지도 들을 수 있을 정도가 되어야 한다. 아무것도 판단하지 않고, 분석하지 않고, 그 어떤 집착이나 두려움도 없이, 있는 그대로를 들을 수 있을 만큼 고요해져야 한다.

여기서 듣는다는 것은 뒤로 물러나 관찰하는 객관적인 '목격'을 의미하지 않는다. 그보다는, 어느 곳에도 집착하지 않은 채로 그 속에 부분으로 함께 존재하는 주관적인 것이다. 지금 나는 지성을 넘어서 마음을 사용하는, 아주 미묘하고 섬세한 어떤 것에 대해 말하고 있다. 물론, 지성, 그러니까 분별 있는 자각은 출발점이 된다. 우리는 분별 있는 자각을 통해 주위를 둘러보고는 이렇게 말할 수 있다. "이 분노는 나를 신께로 이끌지 못해. 내려놓겠어." 이런 식으로 분노를 내려놓는 것은, 우리가 이번 생에서 어디를 향해 가고 있는지를 알기 때문이다. 이것은 뉴욕에 가기 위해 멕시코로 가는 길을 선택하지 않는 것과 마찬가지다. 아무리 멕시코가 아름답다 하더라도, 이번 여정의 목적지는 뉴욕이지 멕시코가 아니다.

분별 있는 자각은 목표 지향적인 행동을 바탕으로 한다. 그러나 여정의 끝에 가까워질수록 우리는 목표라는 개념까지도, 노력하고 애쓰는 마음까지도, 자신이 무언가를 찾고 있는 존재라는 것까지도 놓아버려야 한다. 왜냐하면 이러한 개념들은 결국 우리를 여정의 어느 지점으론가 되돌아가게 만들기 때문이다. 머릿속에서 비롯된 모든 개념, 모든 모델, 모든 틀, 모든 프로그램은 궁극적으로는 제한된 조건에 불과하다. 무심은 텅 빈 채로 존재하는 것, 그리고 어떤 상황이 발생하면 그 순간에 필요한 것이 자연스럽게 솟아날 것이라는 믿음 속에 머무는 것이다. 이 과정에서 적절한 방식으로 지성을 사용할 수도 있다. 그러나 내가 어디에 있는지를 재차 확인하기 위해, 통제력을 상실할 것에 대한 앞선 두려움 때문에 지성에만 매달릴 필요는 없다. 결국, 우리가 육체와 심리적 자아에 그토록 강하게 동일시하는 일을 멈추기 시작하면, 그 두려움은 서서히 사라지기 시작한다. 그리고 우리는 우리 자신을 우주의 흐름으로 인식하기 시작하고, 죽음이든, 삶이든, 기쁨이든, 슬픔이든, 그 어떤 것이 다가오더라도 '깨달음 방앗간'의 곡식으로 활용하기 시작한다. 이것 아니면 저것이 아니라, 무엇이든, 무엇이든 말이다.

 이런 조건에서는 구태여 이름을 붙일 필요가 없다. 그저 고요히 존재하며, 우주가 자기 할 일을 하도록 허용하면 된다. 그러나 이러한 신뢰는 우리가 스스로의 가치없음을 내려놓을 때 비로소 가능해진다. 만약 우리가 우리 자신을 통제하기 위해 계속해서 마음을 필요로 한다면—통제력을 잃게 되면 스스로가 난폭하고, 파괴적이며, 혼돈에 빠지고, 무신경하고, 둔감한 존재가 될 것이라고 믿기 때문에—우리는 프로이트가 말했던 것처럼, 우리 자신을 본질적으로 이기적인 존재로 정의하고 있는 것이다. 그런데 문제는, 이런 정의 방식이 우리 자신을 첫 번째와 두 번째 차크라 수준에만 머물도록 만든다는 것이다. 이에 반해, 아들러는 인간의 본질을 우월성을 추구하려는 노력, 곧 힘과 주도성에서 찾았는데, 이 역시 세 번째 차크라에 머물게 할 뿐이다. 그 너머에는 네 번째 차크라인 가슴 차크라가 있으며, 이것은 서로 모순되어 보이는 것들을 조화롭게 통합하고, 모든 것을 유연한 이해와 수용의 흐름으로 이끈다. 그리고 그 너머에는 다섯 번째, 여섯 번째, 일곱 번째 차크라 역시 존재한다.

우리가 깨어나 자기가 누구인지 진정으로 느끼기 시작하면, 점차 우리가 어떻게 진리 자체가 되어 가는지를 이해하게 된다. 우리는 점점 조율될수록, 문자 그대로 다른 존재를 해칠 수 없게 된다. 다른 존재에게 상처입힐 수 없게 된다. 왜냐하면 카르마가 어떻게 작용하는지에 대해 단순히 지성적으로만 이해하는 것이 아니라, 결국 다른 존재를 아프게 함으로써 우리가 스스로에게 해를 가하고 있음을 인식하게 되기 때문이다. 형제애라는 개념은 더 이상 지적인 자유주의적 개념이 아니라, 지각적 현실이 된다. 이 현실 속에서 살게 되면, 과거에는 했을지도 모르는 어떤 행동들은 더 이상 할 수 없게 된다. 그것이 바로 십계명의 본질이다. 십계명은 있는 그대로 바라보기를 시작할 때, 우리가 어떤 상태에 있는지에 대한 내용을 담고 있다. 그러나 대부분의 외적 종교들은 아직 깨어나지 않은 사람들을 위해 쓰였기 때문에, 십계명은 사람들을 천천히 어떤 방향으로 이끌기 위해, 행동을 통제하기 위해 죄책감을 이용하는 도덕적 규율로만 여겨진다.

우리는 삶 속에서 살아 있는 형태로 베다Vedas, 십계명, 율법을 구현해야 한다. 의식 있는 존재는 그 자체로 법이자 다르마이다. 다르마는 우리가 알아야 하거나 외워야 할 대상이 아니다. 우리가 곧 다르마이다. 모든 행위가 다 그렇다. 스승님이 그릇을 씻는 방식조차 다르마이다. 그릇을 씻는 행위는 우주 전체의 모든 힘과 완벽한 조화 속에서 행해진다. 거기엔 생각하는 마음도, 내가 지금 옳은 일을 하고 있는지에 대한 분석적인 사고도 없다. 분별 있는 자각을 가지면, 지성은 아주 초기 단계에만 잠시 활용될 뿐이다. 이후에는 무심의 상태가 된다. 지성은 도구로서는 유용하지만, 그것 자체가 주인이 되어서는 안 된다. 물론 필요에 따라 무언가를 분석해야 한다면 얼마든지 사용할 수 있다. 그것은 인간만이 유일하게 가지는 엄지와 검지를 이용해 물건을 집는 능력만큼이나 아름답고 강력한 도구이다. 우리에게 만약 그런 능력이 없었다면, 세상은 지금과 전혀 달랐을 것이다. 그러나 그 능력을 자랑하기 위해 하루 종일 무언가를 집으면서 돌아다니지는 않는다. 아무리 대단한 능력이라도 그 경이로움은 시간이 지남에 따라 줄어들기 마련이다. 우리가 가진 그 힘은 유인원에게 주어지는 힘, 싯디이다. 따라서 인간이 아닌 다른 유인원도 그 능력을 가지고 있다. 마찬가지로, 우리 뇌의 대뇌피질은 우리가 호모 사피엔스에 속하기 때문에 가진 특성이다. 우리는 원하는 곳 어디에서든 「뉴욕 타임스」를 읽으며 사람들의 환호 속에 지성을 마음껏 뽐낼 수 있다. 우리가 가진 그 능력에 스스로 열광하기도 한다. 달에 갈 수 있는 과학 기술을 개발한 것 역시 인간 지성이 투사된 결과이다. 인간은 자연을 지배한다. 그러나 아무리 인간 지성을 경배하더라도 자연의 위대한 설계 속에서 지성은 아주 미미한 것에 불과하다.

문제는 이것이다. 빅 리그에서 놀 것인가, 아니면 그냥 동네 야구나 할 것인가? 결국 이 질문이 핵심이다. 빅 리그에서는 지성을 사용할 수 있다. 나는 예전보다 더 멍청해지지도 않았고, 머리도 하버드대학교에서 교수로 재직할 당시만큼 충분히 잘 돌아간다. 하지만 지금 내 인생에서 지성이 차지하는 비중은 아주 작다. 나는 이 순간에도 이렇게 많은 말을 쏟아내고 있으며, 지금 당신이 즐기는 것만큼 나 또한 이 말을 즐기고 있다. 이 말들은 내 안의 공空으로부터 나온다. 그러나 지성을 이용해 말들을 고르느라 신경 쓰지는 않는다. 왜냐하면 지금 이 상황이 자연스레 이 말들을 끌어내고, 우리의 집단적 마음이 이 순간의 딜레마를 명료하게 표현해내기 때문이다. 다르마라고 표현하기에 참으로 적절한 상황이 아닐 수 없다. 이 작업에 나의 에고는 전혀 개입되어 있지 않다. 이건 내 것이 아니기 때문이다. 만약 우리가 흐름을 벗어나게 만들거나, 자기만의 생각으로 물들이지만 않는다면, 우리가 표현해야 할 다르마는 어떤 형태로든 순수하게 흘러나온다. 그렇게 될 때 우리의 마음은 비로소 해방된다.

내가 특별한 존재라는 환상

우리는 특별하지 않은 존재가 되기 위한 훈련을 하고 있다. 우리가 어느 누구라도 될 수 있는 것은, '누구도 특별하지 않음' 속에서이다. 피로, 신경증, 불안, 두려움—이 모든 것은 자기 자신을 특별한 누군가와 동일시하는 데서 비롯된다. 그 출발점은 언제 어디에서부터일까? 아무도 아닌 존재 nobody가 되기 위해서는 그 전에 누군가 somebody가 먼저 되어야 한다. 만약 이번 생을 처음부터 아무도 아닌 존재, 무아의 상태로 시작했다면, 우리는 아마도 여기까지 오지 않았을 것이다. 심장의 문제로 청색증을 갖고 태어난 아기들은 숨을 쉴 의지도, 먹고 살기 위한 의지도 없다. 사회적, 신체적 생존 매커니즘을 발달시키는 것은 바로 그 누군가가 되고자 하는 힘 somebodyness인데, 그 아기들에게는 그 힘이 애초에 없다. 우리는 이제야 비로소, 누군가가 된다는 것, 즉 생존을 위한 도구인 에고를 조망할 수 있을 만큼 진화하게 되었다.

하버드 교수로 재직했을 당시, 나는 하루 종일 생각 속에서 시간을 보냈다. 그것이 내 일이었기 때문이다. 생각을 수집하기 위해 클립보드와 녹음기를 들고 다니기도 했다. 그런데 지금의 나는 점점 더 고요해지고, 고요해지는 만큼 단순해지고 있다. 가끔은 내 안에 아무도 없는 것처럼 느껴지기도 한다. 나는 그냥 앉아 있을 뿐이다. 일은 일어나야 할 때가 되면 일어난다. 생각이든, 말이든, 일어날 때가 된 일은 일어나고, 나는 그걸 가만히 지켜볼 뿐이다.

생각하지 않기를 시작하거나, 아니면 생각하는 존재와 자신을 동일시하는 것에서 벗어나 생각은 생각대로 흘러가도록 두는 것은 아주 낯설고 새로운 경험이다. 처음에는 마치 무언가를 잃어버린 것처럼 '생각할' 수도 있다. 그러나 시간이 지남에 따라, 무심, 텅 빈 상태, 특별한 누군가가 되어야 한다는 부담이 없는 단순함에서 비롯된 평화를 진정으로 알게 된다. 우리는 충분히 오랫동안 '누군가'로 살았다. 우리는 인생의 전반부를 '누군가'가 되기 위해 살았다. 이제는 아무도 아닌 존재가 되는 연습을 할 시간이다. 그리고 그것이야말로 진짜 누군가가 되는 길이다.

우리가 아무도 아닌 존재가 될 때, 거기에는 긴장도, 가식도 없으며, 무엇이 되기 위해 애쓰는 이도 없다. 그리고 우리 마음의 본래 상태가 아무런 방해도 받지 않은 채 빛나기 시작한다. 마음의 본래 상태란, 순수한 사랑이며, 그 사랑은 다름 아닌 순수한 알아차림이다. 당신은 상상할 수 있는가? 우리가 명상을 통해 잠시 스쳤던 바로 그 완전함의 자리가 되는 순간을. 우리가 사랑 그 자체가 되는 순간을. 그리고 마침내 진정한 우리의 모습을 인정하게 되는 그 순간을. 우리는 우리 자신이라고 착각했던 모습을 계속 유지하게 만드는 마음의 환상을 걷어낸다. 이제 우리가 바라보는 모든 존재를 사랑하게 된다. 우리는 모두와 사랑에 빠져 있으면서도 무언가를 해야 할 필요가 없는 절묘함을 경험한다―왜냐하면 우리는 연민을 배웠기 때문이다. 연민은 사람들 각자가 그들답게 있을 수 있도록 내버려두는 것이다. 그들을 변화시키려고 하지 않는다. 다른 사람에게 개입할 수 있는 유일한 순간은, 그들의 행동이 다른 사람들의 자유로울 권리를 침해한다고 느껴질 때뿐이다. 하지만 그때조차도 마음 깊이 깨어 있는 상태에서 열린 마음으로 조심스럽게 다가가야 한다. 만약 누군가를 변화시키는 '누군가'가 되려고 하는 것은, 더 많은 분노를 만들어낼 뿐이다. 하지만 우리가 특별하지 않은 존재로서, 그저 자신의 다르마에 따라 불의에 저항한다면, 그것은 무언가를 억지로 변화시키는 것이 아니라 단지 다르마가 작용하는 것일 뿐이다. 이 순간에 우리는 상대를 향한 사랑을 조금도 잃지 않을 수 있다. 우리는 아무도 아닌 존재이므로, 내가 아닌 나 역시 없기 때문이다.

만약 우리가 충분한 훈련을 해왔다면, 우리는 자기 자신에 대한 집착을 벗어버리기 위해 아주 가파른 수행의 길도 걸어갈 수 있을 것이다. 우리는 선불교식으로 그저 앉아 있을 수 있다. 또 다른 현실을 만들어내는 생각이 떠오를 때마다, 그 생각을 흘려보낸다. 어떤 것도 붙잡지 않으면, 우리는 깨달음을 얻게 될 것이다. 혹은, 라마나 마하르시의 길인, "나는 누구인가?"를 따를 수도 있다. 그저 단순히 묻는다. "나는 누구인가? 나는 누구인가?" 그러고는 서서히 나와 동일시했던 온갖 정체성―몸, 몸을 이루는 기관과 장기, 감정, 사회적 역할―과 내가 다른 존재임을 바라보게 된다. 우리는 우리 자신을 정의해왔던 것들을 떼어낸다. '나'라는 생각만 남을 때까지 계속해서 떼어낸다. "나는 '나'라는 생각일 뿐이다." 이 길은 엄청난 훈련을 필요로 한다. 왜냐하면, 우리가 몸과 감정으로부터 자유로워졌다고 생각하게 되면, '나'라는 이 마지막 생각마저 놓으려고 하고, 그 순간 몸이 다시 우리를 붙잡기 때문이다. 그래서 우리는 우리의 몸과 정체성에 대해 늘 생각해 오던 방식으로 다시 돌아가게 된다.

마음을 지켜보는 대부분의 시간 동안, 우리는 무언가를 끊임없이 붙잡아 전경 前景으로 걸어둔다. 그 외 나머지는 자연스레 모두 배경이 된다. 예를 들어, 무언가를 읽을 땐 제대로 들을 수 없다. 무언가를 들을 땐, 제대로 볼 수가 없다. 또, 무언가를 떠올리고 기억하려고 애쓸 때면, 우리가 어디에 있는지를 종종 잊는다. 그렇다면, 세상이 전부 배경이 되고, 우리의 알아차림만이 전경으로 떠오른다면, 그때 우린 제대로 기능할 수 있을까?

알아차림과 생각이 동일시되면, 우리는 특정한 시간과 공간의 차원 안에만 존재한다. 하지만 알아차림이 생각의 이면으로 물러나면, 우리는 시간에서 자유로워질 수 있고, 떠오르고 사라지는 생각들을 그저 바라볼 수 있게 된다. 그 생각의 형상들이 찰나에 생겨나고, 존재하다가, 사라지는 것을 지켜보는 것이다. 그리고 집중의 밀도가 깊어져 우리가 두 생각 사이의 간격을 볼 수 있게 되면, 우리는 영원을 목격하게 된다. 그곳에는 어떤 생각도 없다. 우리는 모든 생각이 무념을 배경으로 존재한다는 것을 깨닫는다. 우리는 텅 비어 있음, 아무것도 없음을 배경으로 하여 존재한다. 그리고 그 지점에서 우리는 진짜 나가 누구인지를 알아차리기 직전의 경계에 서게 된다. 바로 그 순간, 우리는 지금껏 경험하지 못한 가장 큰 두려움 중 하나에 직면하게 되는데, 그것은 다름 아닌 자신이 사라지는 것에 대한 두려움이다. 존재하기를 중단하는 두려움—그것은 단지 몸으로서의 죽음이 아니라, 영혼으로서의 죽음을 의미한다. 이 두려움은 황벽黃檗 선사가 이 지점에 도달한 사람들에 대해 말한 것과 비슷하다. '공'이라고 여겨지는 지점에 다가서면, 그 안으로 들어가는 것이 두려워진다. 그 안으로 들어가는 순간 끝도 없이 떨어질 것이며, 그 추락을 멈출 수 있는 것은 아무것도 없다고 느껴져서 극심한 불안을 느낀다. 공이 바로 다르마라는 사실을 미처 알아차리지 못하는 것이다.

그러나 우리가 마침내 궁극의 신비로운 문, 일곱 번째 성전의 내면의 문 앞에 설 준비가 되면, "나는 이 생각이 아니다."라고 말하게 된다. 우리는 존재하지 않게 될지도 모른다는 큰 두려움조차 놓아버린다. 그때는 감각들이 그저 저절로 작동할 뿐이다. 듣는 사람이 없어도 듣고, 보는 사람이 없어도 본다. 감각들은 제 역할을 하고 있을 뿐, 그 안에는 아무도 없다. 만약 마음이 "나는 알아차리고 있어."라고 생각하면, 그것조차도 하나의 생각, 스쳐 지나가는 부분으로 인식된다. 그것은 알아차림 자체가 아니다. 생각들은 강물처럼 흘러가고, 알아차림만이 거기에 존재한다. 우리가 알아차림 자체가 될 때, 알아차리고 있는 '나'도 사라진다.

'나'라는 생각마저 내려놓으면 무엇이 남게 될까? 서 있을 곳도, 서 있는 주체도 없다. 분리라는 것은 어디에도 존재하지 않는다. 순수한 알아차림. 이것도, 저것도 아니다. 그저 맑음과 존재만이 남는다.

깨달음의 방아를 찧기 위한 재료들

1960년대 중반에는 의식이 고양된 '하이high' 상태가 되면 자유로워질 것이라는 기대감이 있었다. 인간이 얼마나 깊이 집착하고 끈질기게 매달리는 존재인지에 대해서는 그다지 현실적이지 못했다. 우리는 올바른 방식으로 '하이' 상태에 도달하는 법만 알게 되면 그 상태에서 다시는 내려오지 않아도 될 거라고 생각했던 것이다. 그래서 우리는 계속해서 의식을 끌어올려 '하이' 상태에 머물기 위한 시도를 반복했다. 그러다 1960년대 후반에는 '하이' 상태를 지속할 수 있는 삶의 방식을 하나의 모델로 하여, 그 모델을 살아내기 위한 운동을 벌이면 좋겠다는 생각이 들었다. 이런 이유로 1960년대 후반과 1970년대 초반까지는 대중 운동에 대한 관심이 크게 일었다.

이제 사람들은 이 여정이 꽤 긴 시간을 필요로 하는 작업이라는 것을 점점 깨닫고 있다. 사람들은 자기들 내면에서 일어나는 변화를 느끼고 있으며, '하이' 상태뿐만 아니라 '로우low' 상태 또한 다루는 법을 배워서, 자신들의 게임을 청산하려고 한다. 단순히 '하이' 상태만을 추구하지 않고, 무겁고 어두운 내면에 집중하여 우울함이나 부정성 같은 것들을 치워야 하는 이유는 분명하다. 그것들을 억누르고 덮어두기만 하면, 결국 언젠가는 카르마의 대가를 치르게 된다는 사실을 잘 알고 있기 때문이다.

샌 퀜틴San Quentin 교도소에 있는 사형수 수감소를 방문해 달라는 초대를 받았을 때의 일이다. 나는 교도소에 들어가기 전 렌터카 안에 앉아 샌 퀜틴을 바라보며 이런 생각을 했다. '내가 저기에 들어가는 것도 좋은 일이겠지만, 나올 때는 더 행복할 것 같군.' 왜냐하면, 내 안에는 교도소의 철저한 수색 절차와 권위적인 구조에 직면할 때면 필연적으로 마주하게 되는 편집증적 불안이 있었기 때문이다. 교도소 안으로 들어가자 그곳에서 요가를 가르치고 수행하는 요기들과 친절한 임시 소장이 나를 맞아주었다. 우리는 곧바로 복도를 따라 길게 이어진 사형수 수감소로 향했다. 그들은 두 줄의 긴 복도를 따라 벽으로 나뉜 독방에 분리되어 있었다.

나는 모든 방을 하나씩 방문했다. 34명의 사형수들 가운데 나를 드러내 놓고, 명확하게, 조용히, 의식적으로 받아들이지 않는 사람은 5명도 되지 않았다. 나는 마치 수도원을 방문하고 있는 듯한 느낌을 받았고, 그들은 자기만의 방에서 수행 중인 수도승처럼 느껴졌다. 죽음을 앞두고 있는 이들은 삶의 멜로드라마가 모두 걷힌 자리에 있는 그대로 존재할 뿐이었다. 우리는 10명씩 그룹을 지어 함께 앉았고, 명상의 일환으로 사랑과 평화의 에너지를 우주의 모든 존재들에게 보내는 시간을 가졌다. 그 공간을 메우는 진동이 나에게 너무나 깊이 스며들어, 다음 그룹으로 이동하는 것이 힘들 정도였다. 그들의 눈에서는 말 그대로 빛이 흘러나오고 있었다.

우리는 서로에게 마음이 열려 있었기 때문에, 또 어느 누구도 위축되거나 당황하지 않았기 때문에 나는 이런 말을 건넬 수 있었다. "나는 당신들에게 일어난 일이 축복인지 저주인지 판단할 수 없습니다. 하지만 한 가지 분명한 건, 여러분이 지금 이 자리에 있지 않았다면, 우리가 이렇게 깊이 서로를 나누는 일은, 아니 어쩌면 서로 만나게 되는 일조차 거의 불가능했을 거라는 겁니다." 이것이 매우 특별한 경험이었다는 것은 메인라인 감방 중 독방 구역에서 30분 정도 시간을 보냈던 일화가 뒷받침해 준다. 그곳에서 마음이 열린 사람의 비율은 우리 사회에서 기대할 수 있는 수준과 크게 다르지 않았다. 내가 그 자리에 있을 때 나와 함께 온전히 있어 준 사람은 100명 중 1명 정도였다. 나머지 99명에게서는 냉소, 의심, 비하, 그리고 빈정거림이 느껴졌다.

지금 이 모든 상황에서 기이하게도 웃긴 점은, 만약 대법원이 사형제도를 폐지한다면 사형수들은 모두 종신형을 선고받게 되고, 그렇게 되면 거의 대부분의 사형수가 지금의 깨어 있는 의식 상태를 잃게 될 것이라는 사실이다. 그러나 만약 사형이 집행된다면, 그들은 아마도 처형 직전의 순간까지도 이 의식 상태를 유지할 것이다. 하지만 그렇다고 해서 이들 대부분이 연루된, 타인의 생명을 죽인 카르마가 끝난다는 의미는 아니다. 어떤 사람은 '람'을 입에 담고, 그리스도를 가슴에 품은 채, 고양되고 순수한 의식의 상태로 죽음에 이르게 되겠지만, 카르마 청산은 또 다른 문제이다. 미처 정화되지 않은 것들은 죽음을 앞두고 고양된 의식 상태에 의해 일시적으로 덮여 있다가 죽음이 임박한 순간 에고가 통제력을 잃기 시작하면 다시 떠오르게 될 것이다. 그래서 우리는 다시 또 카르마를 마주하게 되고, 카르마의 여정을 반복하게 된다.

임종을 앞둔 어느 늙은 선승에 대한 이야기가 있다. 그는 모든 수행을 마치고 이제 막 윤회의 수레바퀴에서 벗어나려는 참이었다. 그는 순수한 붓다의 마음 속에서 자유롭게 유영하듯 소멸되고 있는 중이었다. 그런데 그때, 언젠가 한 번 들판에서 보았던 아름다운 사슴 한 마리가 문득 떠올랐다. 그는 그 아름다움에 한순간 사로잡혔고, 그 즉시 사슴으로 환생했다. 카르마는 이렇게 미묘하고 사소한 하나의 생각에도 그 방향을 바꾼다.

우리가 '하이' 상태에 도달함으로써 카르마의 게임을 속일 수 없다는 것—핵심은 바로 이것이다. 사형수들이 처한 상황은 그들에게 의식의 개방성과 알아차림이 일어나도록 이끌고 있지만, 그렇다고 그들의 카르마가 완전히 소멸되는 것은 아니다. 물론 도움이 되기는 한다. 예컨대, 자신이 죽였을지도 모를 누군가에게 단 한 순간이라도 연민을 느낀다면, 그것이 모든 카르마를 정화할 수 있는 것은 아닐지 몰라도, 분명 큰 영향을 미칠 것이다.

우리가 풀어야 할 내면의 작업을 보기 시작할 때, 우리는 아쉬람이나 수도원에 가거나, 사트상 Satsang 에 참여한다. 우리와 비슷한 방식으로 생각하는 사람들로 둘러싸인 공동체에 들어가는 것이다. 그런데 정작 우리가 가진 내면 깊은 곳의 까다롭고 복잡한 문제들은 그 안에서는 드러나지 않는다. 그것들은 모두 무의식으로 들어가 숨어 버린다. 그러나 우리가 종교적인 장소를 떠나게 되면, 다시 말해 우리의 강점은 북돋아주되, 약점과는 직면하지 않아도 되었던 그 지지적인 구조를 떠나게 되면, 예전의 낡은 습관들이 다시 고개를 들기 시작하고, 우리는 이제 다 끝났다고 믿었던 예전 게임 속으로 도로 들어가 같은 패턴을 반복하게 된다. 왜냐하면, 아직 그 안에 날것의 씨앗들, 자극이 주어지면 금세 움트게 될 욕망의 씨앗들이 남아 있기 때문이다. 우리는 아주 성스러운 장소에 머물 수 있으며, 그곳에는 아직 활동을 시작하지 않은 씨앗들이 잠자고 있을 수 있다. 같은 패턴의 게임을 여전히 반복해야 하는 사람들은, 자신들이 연약한 존재라는 것을 알기 때문에 마음에 두려움을 갖게 된다.

그 무엇도 카펫 아래에 감추어두고 있을 수만은 없다. 과거 무가치함 속에 숨어 있을 수 없었던 것처럼, 지금의 고양된 상태에서는 감추어둘 수 없다. 만약 신과 함께하는 여정을 하기로 결정했다면, 우리는 모든 것을 내려놓아야 한다. 그 여정에서는, 위로 올라가면서도 늘 땅에 발을 딛고 설 수 있어야 한다. 그래야 우리는 높은 상태와 낮은 상태에 동시에 존재할 수 있다. 이건 결코 쉬운 과제가 아니지만, 매우 중요한 배움인 것만은 틀림없다. 할 수만 있다면, 나는 우리 모두를 더 높은 자리로 이끌고 싶다. 하지만 동시에 이 게임의 목적이 높은 곳에 도달하는 것이 아니라는 것도 잘 알고 있다. 진짜 게임은 균형을 이루고 해방되는 것이다.

우리들 대부분은 환상의 장막, 집착의 장막이 매우 두텁다는 사실을 알게 된다. 그래서 우리는 이 장막들을 불태우고 스스로를 정화하며 다음 단계로 나아가기를 원한다. 물론, 여기에서 저기로 나아간다는 것 또한 그것 자체로 하나의 덫일 수 있으나, 그럼에도 불구하고 우리는 그 덫을 솜씨 좋게 활용하여 가로막고 있는 다른 장애물들을 지워낼 수 있다. 그리고 궁극적으로는, 그 방법 자체에 대한 집착마저도 내려놓을 수 있게 된다.

우리는 어떤 목표를 갖게 되면 그 목표를 달성하기 위해 가장 직접적이고 공격적인 길을 택하는 문화적 전통 속에서 자라왔다.

인내심 부족이나 조급함의 특성은 우리의 기질로 자리잡아 왔으며, 바로 이런 점 때문에 우리 국가가 위대한 발전을 이루어낸 것도 사실이다. 그러나 지금 우리가 직면한 딜레마는 그동안 집착하고 있던 모든 방식들을 내려놓을 준비가 미처 되기도 전에, 깨어남이 시작된다는 것이다. 이 때문에 어떤 수행 방법은 예전의 게임들을 한 단계 업그레이드하는, 다시 말해 무거운 에고의 덫을 그저 강화하는 수단이 되어버리기도 한다. 나는 수년간 명상을 해온 사람들 중에 자신의 수행 방식을 일종의 훈장처럼 여기는 사람들을 알고 있다. "나는 위빠사나 명상 코스에 여섯 번이나 참가했어. 세 번이나 가슴이 열리는 체험을 했고, 탁발도 나가 보았지. 나는 매일 새벽 4시에 일어나 몇 시간이고 꿈쩍도 하지 않고 앉아 있을 수 있어. 완전한 무념무상의 상태가 되는 거야." 그들은 명상 전문가로서 나름대로 수행법에 숙달되긴 했지만, 집착과 탐욕을 내려놓는 숙제에서는 여전히 해방되지 못했다고 할 수 있다. 그들에게 있어서 수행은 또 다른 형태의 세속적 집착이 되었을 뿐이다. 이런 경우, 정말로 달라지는 건 별로 없다. 결국 에고를 과시하기 위한 과정에 불과하기 때문이다. 예를 들어, 어떤 사람들은 사마디에 들어가 아주 긴 시간을 그 상태에 머무를 수 있다. 그러나 그들이 다시 돌아왔을 때 이전보다 항상 더 지혜로워지는 것은 아니다.

어느 왕이 한 요기에게 1년 동안 깊은 사마디 상태에 들어가

생매장되어 있을 수 있다면 왕국 최고의 말을 선물하겠다는 약속을 했다. 요기는 땅속에 묻혔지만, 그 해 내내 왕국은 전복되어 붕괴 위기에 있었고, 아무도 그 요기를 다시 파내는 것을 기억하지 못했다. 10년쯤 흘러 어떤 사람이 여전히 깊은 트랜스 상태에 있는 요기를 우연히 발견했다. 그는 요기의 귓속에 대고 "옴" 하고 속삭였다. 그 순간 깨어난 요기가 처음으로 한 말은 이것이었다. "내 말은 어디에 있소?"

영적인 수행은 룰렛 게임에 돈을 거는 것과 비슷하다. 돈을 걸면 공이 돌아가다가 당신이 건 슬롯에서 멈춘다. 그러면 사람들이 묻는다. "돈을 챙기고 게임을 끝내시겠습니까, 아니면 계속하시겠습니까?" 영적 여정에서도 우리는 게임을 중단하고 그동안 딴 돈을 회수하여 사용할 수 있다. 물론, 돈을 걸어둔 채로 이 여정을 이어나갈 수도 있다. 투자한 돈을 두 배로 불리고 게임을 끝내고 싶은가, 아니면 모든 걸 걸고 끝까지 가고 싶은가? 사회적으로 유리한 자리에 오르고 싶은가, 아니면 이 여행을 완전히 끝내고 해방되고 싶은가? 이것은 마치 부처가 보리수 아래에 앉아 있을 때 마구니가 다가와 시험하던 것과 같다. 왜냐하면, 내면의 자유와 깨달음, 해방의 문에 가까이 다가갈수록 더욱 은근한 집착들이 살아나 즉각적인 만족을 부채질하는 기회가 많아지기 때문이다. 명상을 통해 집중력이 깊어지면, 우리는 우리 자신의 의식의 한계를 뚫고 이 모든 것이 무엇인지 잠깐이나마 볼 수 있는 능력을 갖게 된다. 이때 만약 우리 안에 권력을 추구하는 욕구가 있다면, 우리는 우리가 본 모든 것을 다른 사람들 위에 군림하기 위해 사용할 것이다. 반면, 우리의 영적 작업이 지혜에서 비롯된 것이라면, 그러니까 권력욕이 아닌 신에 대한 열망에서부터 비롯된 것이라면, 그때는 어떤 능력이나 힘이 나타나더라도 그것을 단지 조용히 알아차리고, 그것으로 인해 우리가 곁길로 빠질 수도 있다는 것을 알며, 그 힘을 포용하여 소멸시킴으로써 여정을 계속할 것이다. 우리는 빛을 신뢰해야 하며, 그것에 계속해서 베팅해야 한다. '나는 특별한 사람'이라는 감각을 계속 붙잡고 있는 한, 우리는 아직 충분히 고요해지지 않은 것이다. 그렇기에 우리가 하는 모든 행위는 여전히 신으로부터 분리되었다고 생각하는 개인적 관점에서 비롯된 것일 수밖에 없다.

우리가 몸을 입고 사는 한, 행위는 계속된다. 형상이 존재하는 한, 변화는 이어진다. 하지만 어떤 행위가 우주의 흐름과 조화를 이루는지, 혹은 그 흐름에 어긋나는지를 결정짓는 것은, 행위를 하는 자가 자신이 그 행위를 하고 있다고 생각하는지, 아니면 그 행위가 저절로 이루어지고 있다고 여기는지에 따라 달라진다.

왕자와 정육업자에 관한 이야기가 있다. 어느 날, 왕자가 정육업자에게 19년 동안 같은 칼을 쓰면서 어째서 한 번도 칼을 갈지 않는지 물었다. 그러자 정육업자는 자신이 자르는 것에 조율되었기 때문이라고 대답했다. 칼이 저절로 관절 틈으로, 뼈를 피해 근육 사이로 길을 찾아 들어간다는 것이다. 정육업자는 완전히 조율된 상태에 있으므로, 그가 하는 일은 곧 그 자신이 된다. 그는 정육업자라는 역할에 스스로를 가두고 고기 자르는 일에 몰두하는 사람이 아니다—그는 순수한 알아차림이며, 그 알아차림은 고기와 정육업자 자신과 칼을 모두 포함한다. 행위는 일어나서 제 일을 했지만, 행위를 하는 자는 존재하지 않는다. 왜냐하면 자신을 정육업자라고 생각하는 자는 존재하지 않기 때문이다.

모든 것이 다른 모든 것과 함께 나아가는 조화의 상태에 있을 때, 우리는 잘못된 행위를 할 수 없다. 왜냐하면, 우리는 우리가 하고 있는 그 특정한 행위가 시간적인 맥락 속에서 조화를 이루고 있을 뿐 아니라, 그 행위가 우주 안의 만물과 어떻게 얽혀 있는지, 그 모든 연결성과도 조화를 이루기 때문이다. 그것은 어떤 행위도 집착 없이 일어나는—심지어 그 행위의 결과에 대해서도 집착하지 않는—깨어 있음의 수준이다. 우리는 어디에도 매이지 않는다. 우리는 지금 이곳, 항상 새로운 실존적 순간 안에 존재한다. 순간에서 순간으로. 순간마다 새로운 마음으로. 개인적인 과거 따위는 없다. 우리는 그저 우리 삶의 이야기들을 계속해서 내려놓을 뿐이다.

사람들은 자기만의 카르마 흐름에 따라 산다. 신을 향해 집중하면, 신께 이른다. 권력에 집중하면, 권력을 얻는다. 무언가를 더 원하면,

결국 그것을 얻는다. 그런데 끔찍한 것은, 우리가 원하는 모든 것을 결국엔 얻게 된다는 것이다—지금 당장이든, 나중이든. 아니면, 이번 생에서든, 다음 생에서든. 그리고 그토록 바라던 것을 마침내 얻게 되면, 더 이상 그것을 원하지 않게 된다. 카르마의 결실이 맺는 속도는 점차 빨라지게 되는데, 그것에 가까이 가면 갈수록 우리는 오래된 카르마, 오래된 욕구를 실현시키면서 살고 있는 자신을 보게 되기 때문이다. 삶이 집착으로부터 점점 더 자유로워질수록, 우리는 카르마를 점점 덜 만들어낸다. 카르마는 집착으로부터 비롯된 행위를 통해 만들어지기 때문이다. 우리가 감각이나 생각에 집착하지 않을 때, 우리는 더 이상 카르마를 만들지 않는다. 어떤 일이 이루어지도록 의도하는 자가 없고, 분리된 방식으로 행위하는 분리된 개별자도 존재하지 않는다. 생각과 감정에 대한 동일시나 집착이 존재하지 않을 때, 우리는 더 많은 행위, 더 많은 카르마를 만들어내는 반응적 충동에 떠밀려 행동하지 않는다. 동일시하지 않고, 분리되지 않을 때, 이들 씨앗들은 요리되고, 더 많은 것을 붙잡으려는 충동을 다 소모한다.

우리는 결국 우리의 행위가 더 이상 집착에서 비롯되지 않고, 그저 일어나야 하기 때문에 일어나는, 자연스럽게 행해질 뿐인 그런 순간에 이르게 된다. 그러면 더 이상 새로운 카르마는 만들어지지 않고, 이전에 만들어진 카르마는 자연스레 흘러간다. 어느 누구도

이 과정에 영향을 받지 않는데, 이 순간 우리 안에는 내가 누구이고, 누가 아닌지에 대해 집착하는 마음이 더 이상 존재하지 않기 때문이다. 이 모든 것은 그저 지나가는 하나의 쇼가 된다. 나를 '개성을 가진 개인'으로서 나타내기 위한 노력도 하지 않는다. 그것은 단지 과거에 쌓아온 경험이 만들어낸 결과일 뿐이며, 오래된 조건화가 자동적으로 작동하는 것이자, 깨달음의 방아를 찧기 위한 재료일 뿐이다.

방법, 그리고 그 너머

신께 이르는 수행법에는 다양한 체계와 방법이 있다. 특정한 방법이라는 것은 존재하지 않는다고 말하는 크리슈나무르티에서부터, '우리의 길만이 유일한 길'이라고 주장하는 크리슈나 의식 협회와 기독교 근본주의에 이르기까지 다양하다. 우리가 만나는 지점은 이 모든 체계들이 공통적으로 가리키는 자리에서이고, 이 자리는 결코 또 하나의 다른 체계가 아니다. 모든 체계에 공통적인 것은 선택의 여지가 없는 의식이고, 순수한 사랑이며, 우주의 흐름과 조화, 집착의 부재, 그리고 공성 空性이다. 우리는 이것을 '부처의 마음', '알라의 심장', '그리스도 의식', 혹은 '야훼'나 '하나님 G-d'이라고 부를 수 있다. 나는 영적 수행의 여러 형태에 몸담아 왔다. 마음을 고요히 하고 한 곳에 집중하기 위한, 그리고 더욱 깨어 있기 위한 위빠사나 명상, '하레 크리슈나'와 '스리 람 자이 람'을 부르며 구루의 발에 예배하는 헌신 수행, 공안을 마주하거나 그냥 앉아서 하는 선 명상, 그리고 『바가바드 기타』, 『티베트 대해탈의 서』, 장자와 노자, 주역과 도덕경, 신약과 구약에 대해서도 공부했다. 이 모든 것을 어떻게 하나로 모을 수 있겠는가. 이 모든 것의 결합을 대표하는 체제는 존재하지 않는다.

만약 우리가 이 모든 방법을 정점까지 따라간다면, 우리는 결국 체제를 넘어서는 자리로 밀려 들어가게 된다. 지금 이 순간으로. 신과의 합일이 바로 여기에 있다.

지금 여기에 있으라. 앉아 있다는 사실을 알아차리고, 마음속에서 만들어낸 '나'라고 하는 것을 알아차리라. 듣고 있는 당신의 귀를 알아차리고, 말하고 있는 당신을 알아차리라. 창밖의 지나가는 차들이 내는 소리를 알아차리고, 당신 몸 안의 감각을 알아차리라. 당신 마음이 어떻게 이것을, 그리고 저것을 움켜쥐는지 알아차리라. 그저 이 알아차림 속에서 '나'와 함께 앉아 있으라. 해야 할 건 아무것도 없다. 그저 이 순간에 존재하라. 마음을 살피고, 자신에게 귀 기울이라. 마음을 느끼라. 그 마음이 흐르고 있는가? 가슴 한가운데로 숨을 들이쉬고 내쉬라. 호흡마다 당신의 가슴으로 무언가가 드나들고 있는 것처럼. 흐름. 현재. 지금. 더 완벽한 지금. 더 지금인 지금. 이제 당신의 기대를 조금 내려놓으라. 당신이 누구인가에 대한 정의,

신이 무엇인가에 대한 개념, 당신이 어디로 가고 있는지, 또 어디에서 왔는지에 대한 이야기들. 이 모든 것을 내려놓는다. 슬픔이든 행복이든 당신의 감정도 내려놓는다. 사라지도록 지나치게 밀어내지 않으며, 단지 그것을 알아차리라. 그것을 인정하라. 그것에 틈을 주라. 이 모든 것이 하나의 흐름이다. 당신의 감각, 당신의 기억, 당신의 계획과 생각의 틀. 이 모든 것이 흐름이다. 모두가 흘러가는 하나의 장면이며, 형태가 만들어지고 존재하다가, 이윽고 다시 무형의 자리로 사라지는 과정이다. 지금 이 순간 속에서. 바로 여기에서. 당신과 내가 수년간 나누어 온 모든 것의 최종 목적지는 저기가 아니고, '언젠가'나 '만약에', '아마도 그랬다면'이나 '~하고 나면' 도달하는 곳이 아니다. 바로 이곳. 지금 여기에 존재하는 이 순간이다.

지금 이 순간, 여기에 머무는 것을 방해하고 있는 당신 안의 것들을 들여다보라. 판단하는 마음. 기대하는 마음. 경험하기 위한 노력. '난 못 하겠어.', '난 아직도 분리되어 있다고 느끼고 있어.' 이런 생각—바로 거기에 문제가 있다. 놓아버리라. 고요한 마음. 선택 없는 알아차림. 완전한 흐름과 조화. 당신은 없다. 자의식도 없다. "나는 깨달음을 얻기 위해 노력하고 있어."라는 생각도 없다. 명상 속에, 명상하는 자가 없다. 명상은 그저 '있음' 자체이다. 명상은 마음을 여는 행위이다. 광활하게 트인, 현재의 '있음', 그리고 존재 그 자체로의 '있음'이다.

그런데 우리는 왜 이렇게 많은 클럽에 가입하는가? 왜 그렇게 많은 회비를 내고 있는가? 이 모든 것은 도대체 무엇을 위한 것인가? 모든 수행 방법은 따를 필요가 없는 것인가? 꼭 그렇지는 않은 것 같다. 그러나 그 방법들에 거리를 두고 전체적인 시야로 바라보는 것은 매우 유용하다. 방법들은 존재의 바다를 건너가는 배이다. 바다 한가운데에 있을 때, 수영도 할 줄 모르면서 배 따위는 필요 없다고 말한다면, 그건 분명 어리석은 일이다. 하지만 저 너머의 먼 해안에 도착했을 때도 여전히 배를 등에 지고 가려고 한다면, 그건 정말 쓸모없는 일이 된다. 이 게임의 본질은 아주 단순하다: 방법은 그것 자체가 목적이 아니다. 방법이 목적보다 앞서면, 방법은 덫이 될 수도 있다. 우리는 자유로워지는 것을 방해하는 우리 안의 것들을 태워 없앤다는 목적으로 스스로 그 덫에 빠진다. 결국 그 모든 방법의 배는 자유의 자리에 우리를 데려다 놓고 나면 더 이상 필요하지 않게 된다. 다양한 방법들: 구루, 만트라, 공부, 명상, 수행, 모든 것이 마찬가지이다. 최종 결과는 "그 어떤 것도 특별하지 않다."는 것이기 때문이다.

만약 우리가 '신을 안다'는 것을 하루 종일 움직이고 행동하면서도 끊임없이 명상 가운데에 있는 상태, 선택 없는 알아차림의 상태, 집착이 없고 판단과 의견도 없는 맑고 고요한 상태, 밀어내지도 않고 끌어당기지도 않는, 이렇다 저렇다 하지 않는 상태로 받아들인다면, 우리는 신을 알고 신 안에 존재한다는 것이 의미하는 바를 실제로 경험하게 될 것이다.

그러나 경험하는 자와 경험 사이의 분리로부터 자유로운 상태를 갈망하는 것 외에 우리가 갈망하는 경험이 있다면, 우리가 집중해야 할 것은, 그러한 갈망 자체에 대한 두려움이 아니라, 그 갈망을 알아차리고, 고요한 진실 속에 깨어 있는 것이다. 스승이든, 삶의 경험이든, 우리가 우주 안에서 인식하는 모든 것은 결국 우리의 집착을 비추는 거울이다. 이것이 바로 세상이 작동하는 방식이다. 만약 더 이상 원하는 것이 없다면, 더 이상 집착할 것도 없다. 우리는 인생을 자유롭게, 아무것도 소유하지 않고 스쳐 지나가듯 살 수 있다. 우리가 어떤 장면을 붙잡거나, 그림을, 음악을, 관계를, 스승을, 방법을 소유하려고 하면, 그것은 결국 또 하나의 집착이 되고 만다. 물론 그것들을 충분히 활용하고, 함께 있으며, 즐기고, 삶을 온전히 살아가도 된다. 다만, 집착하지 않는 것, 그것이 중요하다. 그 흐름을 타고, 함께 하되, 흘려보내라.

마음을 고요히 하고, 모든 것이 어떤 방식으로 존재하고 있는지를 귀 기울여 듣기 시작하면, 우리는 세상 모든 것들과 조화로운 방식으로 관계를 맺게 된다. 그 조화는 어느 누구도 희생하거나 이용당하지 않는 방식이며, 그것은 우리가 앉아 있는 이 마룻바닥과의 관계에서도, 우리 옆에 있는 사람과의 관계에서도, 밤공기에서도, 그리고 우리가 살아가야 할 이 세상과의 관계 속에서도 자연스럽게 드러난다.

내가 어디에 있든, 그 자리에 머물며 그것을 들을 수 있다면, 그 순간, 집착이 없는 바로 그 순간, 비어 있음이나 형상에도 집착하지 않는 그 순간, 우리는 자유로워진다. 만약 내가 이 물리적 존재를 밀쳐내며 그저 '특별한 공간'에 들어가려고 애쓰고 있다면, 만약 내가 오직 크리슈나와 함께 있을 때만 편안하고 시어머니와 있을 때는 도저히 견딜 수 없다면, 나는 아직 덫에 갇혀 있는 것이다. 어디에도 집착하지 말라. 그러면 지금 이 순간은 놀라울 정도로 풍요로워지고, 모든 것이 바로 여기에 존재하게 된다. 모든 아스트랄 차원, 물질 차원, 모든 의식의 수준, 모든 마음의 상태, 모든 비어 있음—그 모든 것이 바로 여기에 있다. 그리고 고요한 마음만이 그 모든 것을 듣는다.

가르침을 불러오는 것은 우리의 순수함이며, 순수함은 우리가 누구인지를 인정하는 것이다. 고요함. 그것은 우리가 존재하고 있는 공간에 자기 자신을 여는 것이다. 판단하고 밀어내고 끌어당기는 대신, 그 자리에 마음을 열고, 모든 것을 받아들이고, 무엇이 우리 안에 들어왔다 나가며 흐르도록 내버려두는 것—그저 통과하도록 허용하는 것이다.

만약 우리의 수행 방법이 위빠사나 명상이라면, 그건 그냥 우주에 존재하는 모든 것을 있는 그대로 주의 깊게 알아차리는 일이다. 위빠사나 명상은 콧구멍을 통해 들어오고 나가는 것을 통해, 혹은 위아래로 움직이는 명치 부근의 움직임을 통해 호흡을 알아차리는 것처럼, 아주 단순한 것에서부터 시작할 수 있다. 우리가 내려놓아야 할 것들은 자기연민, 무가치한 느낌, 부족하다는 느낌, 판단하는 마음에 매달리는 것, 사물을 단지 대상으로만 바라보는 욕망에 대한 집착이다. 그런 것들은 우주를 밀어내는 짓이나 마찬가지이다. 그러나 이 모든 것들 너머에는 단순한 알아차림이 존재한다. 마음-몸의 각 요소들이 나타났다가 사라지는 것을 알아차림만이 존재하고, 그것을 지켜보는 '누군가'는 존재하지 않는다.

만약 우리의 수행 방법이 구루를 통한 것이라면, 우리는 눈앞에서 끊임없이 변해가는 구루를 바라본다. 처음엔 하나의 형상이 보이고, 그 형상이 사라지면 또 다른 형상이 나타나고, 그것마저도 다시 사라진다. 마치 중국식 퍼즐 상자처럼 겹겹이 숨겨진 것들이 하나씩 드러난다. 상자를 열고, 그 안에 또 다른 상자를 발견하고, 열고, 또 열다 마침내 우리가 바라보고 있는 것이 하나의 거울이라는 것을 깨닫는다. 우리가 하고 있는 일은 마치 자신을 양파 껍질처럼 한 겹 한 겹 벗겨내어 닦는 일이다. 그렇게 점점 더 순수해질수록, 우리는 구루의 본모습을 더욱 뚜렷이 본다. 마침내 거울 하나가 또 다른 거울을 비추는 순간까지, 먼지 하나 없이 완전히 맑아질 때까지. 그러다 어느 순간, 거울조차 사라진다. 아무것도 없다. 구루는 우리 자신의 깨달음 속으로 사라졌다. 우리와 구루는 신 안에서 하나가 된다. 이것이 바로 게임이 작동하는 방식, 구루를 통한 수행법이 작동하는 방식이다.

우리는 모든 스승과 가르침에 마음을 열고 가슴으로 들어야 한다. 어떤 스승이나 가르침은 나와는 상관없는 것으로 여겨질 수도 있다. 또 어떤 스승이나 가르침에는 끌림이 있을 수도 있다. 우리는 스스로를 믿어야 한다. 우리 안에는 부처가 가진 모든 것이 있으며, 그리스도가 지닌 모든 것이 있다―우리는 이미 모든 것을 갖추고 있다. 하지만 그것을 인정하기 시작할 때에야 비로소 흥미로운 변화가 시작된다. 문제는, 우리가 자신의 아름다움을 인정하는 것을 두려워한다는 것이다. 우리는 늘 스스로를 무가치하다고 여기는 감정을 붙잡고 있느라 바쁘다. 스스로 위대한 자 앞에 앉아 있는 보잘것없는 사람을 자처한다. 그러는 것이 우리가 스스로를 정의해 온 방식과 더 잘 들어맞기 때문이다. 하지만, 이제 그만하면 충분하지 않을까? 우리는 아름다운 존재이다.

당신은 이런 종류의 대화가 역사적으로 얼마나 드물게 존재하는지 알고 있는가?

우리가 따르고 싶은 전통이나 계보를 찾게 되면―물론 그것은 찾아 나선다고 해서 찾아지는 것도 아니고, 자연스레 그쪽으로 끌리는 것이며, 반드시 한 사람의 스승의 형태로 나타나지 않을 수도 있다―그것은 우리가 세상을 바라보는 방식 그 자체가 될지도 모른다. 그리고 우리가 그 전통과 계보에 나를 완전히 맡기는 내려놓음을 통해 우리가 하는 모든 행위는 더 큰 명료함의 공간에서 비롯되기 시작한다. 그 행위는 개인의 욕망에 의한 것이 아닌, 다르마의 순간이 이끄는 대로 이루어지기 때문이다. 그 모든 것은, 마치 지금 이 책의 말들이 내 안에서 흘러나오듯, 우리로부터 자연스레 흘러나올 것이다. 나는 이 말들과 나 자신을 동일시하지 않는다. 이 책은 단지 말이 되기를 바라는 말들이 들려오는 대로 받아적은 것뿐이다. 그렇다면 이건 누구의 책인가? 아름다운 음악이 바이올린의 선율을 타고 흘러나올 때, 당신은 바이올린에게 가서 고맙다는 인사를 건네는가? 나는 단지 이 모든 과정의 입이 되었을 뿐이다. 우리가 이 책을 통해 하고자 하는 것은, 우리가 우리 자신을 진실로 만나는 일이다. 나에 대해서는 잊어버리라. 나는 그냥 흘러가는 한 장면일 뿐이다. 우리는 우리 자신을 만나고 있다. 언젠가 우리는 결국 우리 자신의 아름다움을 인정하게 될 것이다. 그러나 그 인정도 결코 최종 목적지는 아니다. 그것은 단지 우리가 지금껏 매달려왔던 추함에 대한 인식을 잠시 넘어서는 것뿐이다. 더 나중에는 아름다움과 추함에 대한 모든 인정까지도 흘려보내야 한다. 왜냐하면 마지막 깨달음의 자리에는 나르시소스가 "내가 얼마나 아름다운지 보라."고 말했던 자의식이라는 것이 존재하지 않게 되기 때문이다. 마지막 그 자리는, 그저 이 순간에 존재한 것이다.

우리가 저마다의 전통을 따라가는 여정을 마치고, 여정의 끝에서 밖으로 내던져지듯 나오게 되면, 주위를 둘러보게 된다. 그리고 그제야 모든 방법이 결국 같은 산의 정상에 이르는 길이었음을 깨닫는다. 모든 사람 안에서 신을 발견할 수 있다는 것을 깨닫는다. 그때 우리는 더 이상 불교도나 힌두교도, 기독교인이나 유대교인, 이슬람교도가 아니다. 우리는 사랑이다. 우리는 진리이다. 사랑과 진리는 어떤 형상도 갖지 않으며, 형상 속으로 흘러들 뿐이다. 그러나 말은 그 자체로 말이 아니다. 신이라는 말은 신이 아니고, 어머니라는 말은 어머니가 아니다. 자아라는 말도 자아가 아니며, 순간이라는 말도 순간이 아니다. 말들은 모두 공허하다. 우리는 지금 지성의 수준에서 놀이를 하는 중이다. 무언가를 끝없이 이해하고 싶어 하는 우리 안의 열망에 계속 먹이를 던져주면서. 그리고 우리는 여기에 있다―우리가 한 모든 말들은 이미 사라지고 없다. 그 말들은 어디로 갔는가? 당신은 우리가 나눈 모든 말들을 다 기억하는가? 없다. 비어 있다. 그 말들을 들었다고 할지라도, 우리는 이 순간 비어 있다. 우리는 다음 말을 받아들일 준비가 되어 있다. 그 말은 우리를 통해 흘러 들어갈 것이다. 우리는 아무것도 알 필요가 없다. 이것은 정말 우스꽝스러운 일이기도 하다. 우리는 그렇게 단순해진다. 우리는 비어 있다. 우리는 아무것도 모른다. 우리는 단지 지혜 자체이다. 이제 우리는 다른 그 누구도 되려고 하지 않는다. 이미 모든 것이 되어 있다.

14

신, 그리고 그 너머

　마하라지와 함께 지내는 동안, 그는 내게 단 한 차례도 명상을 강요한 적이 없다. 그는 먹을 것을 주고, 사랑을 주고, 토닥여 주었다. 소리치기도 하고, 달래기도 하고, 지루하게 만들기도 하고, 마음을 완전히 사로잡기도 하고, 당황하게 만들기도 했다. 나를 멀리 보냈다가, 다시 오라고 한 적도 있다. 그런 그가, 내가 불교 명상 수련에 참여하겠다고 하자, "마음을 일심一心으로 모아. 그러면 신을 알게 될 거야."라고 말했다. 누군가가 그에게 칼루 린포체Kalu Rinpoche의 사진과 마하라지 자신의 사진이 나란히 실린 책을 보여준 적이 있다. 마하라지는 한 사진을 가리키며 '붓다'라고 하고는 다른 사진을 가리키며 또 '붓다'라고 말했다.

　내가 그와 함께 알라하바드에 있는 한 가정에 머물고 있을 때,

열다섯 명에서 스무 명쯤 되는 인도인 헌신자들이 방문했다. 서른 명 정도 되는 서양 사람들이 그들을 에워싸듯 둥글게 원을 그리며 가장자리에 함께 앉았다. 인도인들 중 한 명은 누가 봐도 아주 중요한 인사였다. 대법원 판사였는지, 법원의 행정 책임자였는지는 확실치 않다. 어쨌든 그가 들어왔을 때부터 나는 서양인들 뒤쪽에 조용히 앉아서 모든 과정을 흡족한 표정으로 지켜보고 있었다.

그때 갑자기 마하라지가 그들 앞에서 나를 추켜세우기 시작했다. "이분은 미국에서 온 앨퍼트 박사입니다. 하버드대학교 교수이지요… 위대한 성자입니다."

그 대법원 판사라는 사람이 나를 향해 돌아보며 말했다. "법원에 한번 오실래요?"

나는 변호사 집안에서 자랐기에 법원은 이미 익숙한 장소였고, 그러니 새삼 가볼 필요가 없었다. 더구나 내가 인도에 온 이유는 마하라지와 함께 하기 위해서이지 법원이나 방문하자고 온 건 아니지 않은가. 그럼에도 나는 사회적 예의라는 것에 갇혀 "아, 네, 그러면 정말 좋을 것 같네요." 하고 대답해 버렸다.

그러자 그가 "그러면 내일 10시, 어떠세요?"라고 말했다.

그 순간 나는 추상적인 세계 속에 있다가 구체적인 현실로 끌려 내려온 느낌을 받았다. 나는 마하라지가 나를 구해주기를 바라며

"아, 그런데 그건 제 구루에게 물어봐야 할 겁니다."라고 대답했다.

그러자 마하라지가 말했다. "람 다스가 좋다고 했다면, 분명 좋을 겁니다. 그는 10시에 갈 거예요." 그러고는 나를 가리키며 마치 이렇게 말하는 듯했다. '잘 봐, 람 다스 거짓말을 하면 대가를 치르게 될 거야. 카르마 대장이 널 가만두지 않을 테니까.' 결국 나는 법원에 갔다. 살인 사건 재판을 지켜봤고, 법원 도서관에도 들렀다. 도서관 사서는 『라마야나』에 깊이 심취한 학자였다. 우리는 라마와 하누만에 대해 한참 동안 얘기를 나눴다. 그 다음엔 변호사 휴게실로 갔다. 그곳에 있던 변호사들의 눈이 일제히 나에게 쏠렸다. 그들이 평소 아부하곤 했던 높은 사람이 데리고 온 서양인이라니! 그들은 내게 닉슨의 중국 정책에 대해 말하기 시작했다. 해당 주제는 당시 인도에서 매우 큰 관심사였고, 마침 나는 「타임지」를 막 읽은 참이라 전문가처럼 보이기에 더없이 완벽한 상태였다. 그래서 나는 세력 구도며, 러시아와 외교적 동맹과 같은 것에 대해 열심히 떠들었다. 완벽한 허세 쇼를 펼친 셈이다.

집으로 돌아오자, 마하라지가 질문하기 시작했다. "그래, 법원에서 무슨 일이 있었지?" 그러나 정작 내가 답을 하기도 전에 그가 먼저 말을 시작했는데, 분명 나와는 다른 차원에서 일련의 과정을 지켜본 것 같았다. 나는 이쯤이면 됐다고, 그로부터 충분한 배움이 있었다고 생각했다. 그러던 어느 날 저녁, 변호사 협회의 대표가 마하라지에게 다르샨을 받으러 왔다가 내게 이렇게 말했다. "당신이 로터리 클럽 Rotary Club과 명예 법조인 협회 Honorary Legal Society에서 연설을 해주시면 좋겠다는 생각을 했습니다."

나는 속으로 '오, 이런! 이런 식으로 가다가는 지루하고 의미 없는 연설이나 하고 다니게 생겼네.' 하고 생각했다. 그래서 단도직입적으로 대답했다. "연설은 정말 하고 싶지 않아요. 그렇지만 당신이 직접 마하라지에게 물어봐야 합니다." 나는 애써 좋은 사람인 척하지도 않았고, 최대한 솔직하게 말했다. 그러면서도, 마음속으로는 이렇게 생각했다. '만약 마하라지가 하라고 한다면, 하긴 해야겠지.'

그 사람은 마하라지에게 가서 "마하라지, 앨퍼트 박사님께서 명예 법조인 협회와 로터리 클럽에서 연설해 주시면 정말 영광일 것 같습니다."라고 말했다.

마하라지는 무척 기뻐하는 것 같았다. 마하라지를 아는 사람이라면 알겠지만, 그는 담요를 두르고 물뿌리개 하나를 옆에 두고 앉아서는 세상 어떤 일에도 관심이 없다. 그가 보기에는 세상 모든 일이 난센스에 지나지 않는다. 그런데도 그는 완전히 매료된 듯했고, 모든 사람들에게 "람 다스가 로터리 클럽에서 연설할 거야!"라고 말하고 다녔다. 마치 "이제 됐네, 됐어! 우리가 마침내 해냈어! 진짜 기회가 온 거야!"라고 말하는 것 같았다.

나는 가슴이 철렁 내려앉았다. 순식간에 마하라지가 나를 이용하는 건 아닐까 하는 생각이 스쳤다. 나를 이용해서 인도에서 유명해지고 싶은 걸지도 모른다는 생각이 든 것이다. '아, 젠장, 또 당했어. 당하고 말았어!'

그때 마하라지가 말했다. "그래, 무슨 얘기를 할 거야?" 그는 진심으로 관심을 보였다.

내가 대답했다. "글쎄요. 잘 모르겠어요, 마하라지. 다르마의 법칙에 대해 이야기하면 어떨까 해요." 뭔가 그럴듯하게 보이기 위해 나는 급조해 낸 답을 내놓았다.

그러자 그는 "그래? 하누만에 대해서도 얘기할 거지?" 하고 물었다.

나는 곧바로 대답했다. "물론이죠, 마하라지."

마하라지가 "그거 참 좋네."라고 대꾸했다.

나는 그때 법조인의 얼굴이 뭔가 묘하게 달라지는 것을 느꼈다. 마하라지가 "람 다스, 나에 대해서도 이야기할 거야?" 하고 물었다.

"물론이죠, 마하라지." 내가 대답했다. "당신은 제 구루니까요."

"그거 좋네. 그럼 예수 그리스도에 대해서도 이야기할 거야?"

"당연하죠."

그러자 그 법조인이 말했다. "음, 우리는 닉슨 대통령의 중국 정책에 대해 이야기해 주실 줄로 알았는데요."

마하라지가 법조인을 향해 고개를 돌리며 말했다. "오, 그건 안 돼요. 세상적인 일에 관해서라면 람 다스는 그리 신뢰할 만한 사람이 아니에요. 그는 오직 신에 대해서만 이야기할 수 있습니다. 람 다스는 오직, 오직 신에 대해서만 말해요."

나도 맞장구를 쳤다. "맞아요. 전 신에 대해서만 이야기합니다."

그러자 법조인이 말했다. "음, 그런 거라면 그 모임에서 연설하는 건 좀 아니겠어요. 대신 영적인 것에 관심이 있는 법조인들 몇 명을 나의 집으로 오라고 할게요." 세상적인 사람들은 이런 일 전체에 금세 흥미를 잃었다.

나는 속으로 생각했다. '완벽해! 이제 내 사명이 분명해졌어. 남은 인생 동안 내가 할 일은 신에 대해서 이야기하는 거야. 그러면 나는 나를 지킬 수 있어. 더 이상 세상적인 일에 휘말릴 필요도 없을 거라고.' 그러나 정작 미국으로 돌아왔을 때는, 어쩐지 신에 대해 이야기하는 게 낯설게 느껴졌다. 신에 대해 이야기하는 것이 쉽지 않았고, 그렇다고 신이 죽었다는 건 아니지만, 신이 이곳 미국 땅에서는 유효한 개념이 아닌 것 같았다.

나는 여전히 신에 대해 많은 이야기를 한다. 그러나 그것은 결코 간단치 않다. 불교에서 꽤나 훈련을 받은 셈이지만, 불교 철학에서는 본질적으로 신의 개념을 다루지 않는다. 나는 초기불교와 선불교의 단순명료함에 깊이 끌렸는데, 그것으로 인해 내 안에는 우주 그 자체에 신의 개념을 덧붙이는 것을 불필요하게 여기는 선불교적인 경향이 다분했다. 하지만 나의 한편에는 언제나, "오직 신에 대해서만 말하라."라고 하는 구루가 있었다.

우리의 의식이 이동함에 따라 세상과 우주가 전혀 달리 보인다. 대부분의 사람들은 자신을 심리적 경험의 축적물로 여기며 살아가는 심리적 존재에서 출발한다. 우리는 감정을 느끼고, 생각하고, 또 감각하는 존재이다. 불교를 통해 우리는 아니짜(無常), 둑카(苦), 아낫타(無我)에 대해 배움으로써, 모든 것이 덧없다는 것을 알게 된다. 생각도, 존재도, 감정도, 그리고 개념도 모두 고정된 것이 아니며, 결코 영원하지 않다. 고통은 이런저런 개념들에 집착하기 때문에 생긴다. 마지막으로 우리는, 아낫타의 가르침을 통해 '자아'의 개념까지도―육체적 자아든, 심리적 자아든, 아스트랄 차원의 자아든, 영혼 혹은 불멸의 자아든―다 내려놓아야 한다는 것을 알게 된다. 개념은 개념일 뿐이며, 그것 역시 변한다. 심지어 깨달음이나 열반, 혹은 자아를 넘어서는 일이라 할지라도, 그것 역시 하나의 개념일 뿐이다. 그렇다면 우리는 도대체 무엇 때문에 온갖 문제와 멜로드라마에 빠져 허우적거리고, 끊임없이 시도하고 노력하며, 깨어남을 반복하면서까지 감정에 휘둘리는 존재로 살아야 하는 걸까? 이 게임의 핵심은 개념을 없애고, 개념을 넘어서야 하는 것인데, 계속해서 더 많은 개념 속으로 들어가면서 그렇게 한다. 신은 개념이다. 영혼도 개념이다. 그리고 '나는 카르마를 소멸하기 위해 육체를 가진 영적 존재로 태어났다.'고 말할 때에도, 사실 그 카르마를 겪어야 할 '나'라고 하는 것은 실체가 없지 않은가. 결국 명확하게 드러나는 것은 일련의 사건들일 뿐이고, 그중 하나가 '나'라고 여기는 자아의 개념이다. 그리고 그 모든 것은 점점 더 깊어지는 명상과, 점점 더 많이 비워내는 과정을 통해, 사라져 간다. 우리는 결국 우주와 함께 공 속으로 사라진다.

나는 이 여정이 가슴에서 비롯되어 자연스러운 흐름을 따른다는 것을 점점 더 분명히 알아가고 있다. 이 흐름은 일이 다 끝난 뒤에 오는 것이 아니라, 이 여정을 처음부터 이끈다. 헌신의 길에서 우리는 스스로 붙잡고 있던 자아를 변화시키기 위해 수행 체제를 통한 연습을 반복한다. 그 과정에서 우리는 지금껏 현실이라고 믿었던 습관들을 깨부수고, 자신에 대한 정의도 하나씩 깨뜨린다. 새로운 현실에서 새롭게 받아들인 개념은 의식적으로 받아들여졌기 때문에 우리도 모르게 받아들였던 이전의 개념과는 차이가 있다. 그것은 우리 자신을 지배하거나 얽매지 않으며, 낡은 것을 벗어 던지기 위한 지혜로운 수단이 된다. 물론 그 수단도 언젠가는 내려놓게 된다. 라마나 마하르시는 '나 I'와 '진아 Self'라는 개념을 화장터에서 불을 지피기 위해 사용하는 막대기에 비유했다. 인도 베나레스에 가면, 불에 타고 있는 시신들이 더 골고루 타도록 남자들이 커다란 막대기를 들고 휘젓는 장면을 볼 수 있다. 그들은 한 장작더미의 시신이 거의 다 타갈 때쯤 되면, 휘젓던 막대기를 불 속에 던져 함께 불타 없어지게 한다.

구루, 스승, 수행법, 그리고 신도 모두 마찬가지이다. 왜냐하면, 신은 신이라는 개념조차 넘어선 존재이기 때문이다. '가라, 가라, 저 너머로 가라, 저 너머 진리의 세계로 가라 깨달음에 뿌리를 내려라 Gate Gate Paragate Parasamgate Bodhi Svaha'라고 하는 만트라가 가리켜 보이는 지점이 바로 이것이다. 저 너머의 개념조차 넘어서는 것. 유대교에서, 하시디즘 전통은 예외로 두더라도, 신께 가장 가까이 다가가는 것은 그의 현존 속으로 들어가는 것이지만, 그럼에도 불구하고 이원성은 끝까지 남는다. 나와 신의 관계로 이루어진 이원적 구조는 계속 유지되는 것이다. 전통적인 유대교에서 신과 하나가 된다는 발상은 그 자체로 신성 모독이다. 신은 알 수 없는 존재이며— 그 이름조차 함부로 부를 수 없어 God이라는 단어 대신 G-d를 사용해 직접 발음을 피하기까지 한다. 신은 언어로 표현될 수 없는 존재이다.

가슴의 길, 헌신의 길을 걷는 존재로서 보면, 나에게는 구루가 있고, 하누만이 있으며, 두르가가 있다. 크리슈나가 있고, 라마와 예수가 있다. 붓다가 있고, 라마크리슈나가 있고, 라마나 마하르시가 있다. 나의 우주는 이 존재들로 가득 차 있다. 그들은 우리와 마찬가지로 실재한다. 그들과 우리 사이의 유일한 차이점은, 그들은 자신들이 실재하지 않는다는 것을 알고 있으며, 그래서 자유롭다는 것이다. 우리는 여전히 생각한다. 그리고 생각하고 있다고 생각하는 그 생각에 집착한다. 그러나 그들은 그렇지 않다. 그들은 불교에서 말하는 상가sangha, 힌두교에서 말하는 사트상satsang, 즉 함께 어울리는 도반 공동체이다. 그들로부터 나오는 것은 어떤 것도 나를 얽매지 않는다. 왜냐하면 그들은 결국 모든 것이 릴라, 우주의 춤에 불과하다는 것을 알고 있기 때문이다.

나는 마하라지 앞에—담요를 두른 남자 앞에—그를 사랑하는 마음을 품고 앉아 있었다. 그의 발을 살며시 어루만지고 싶었다. 정말 그러고 싶었다. 누군가를 그렇게까지 사랑할 수 있다는 건 결코 흔한 일이 아니다. 나는 단지 그를 바라보는 것만으로도 황홀감을 느꼈고, 몇 달이고 바라보는 일을 계속 했다. 그러다 문득 이런 생각이 들었다. '어쩌면 이것도 하나의 베일일지도 몰라. 그렇다면 이 베일 너머로 나아가야 할 거야.' 내가 마당 건너편에 앉아 있던 어느 날, 사람들이 모두 마하라지 곁에 모여들기 시작했다. 나는 속으로 생각했다. '굳이 마하라지 옆에 있을 필요는 없어. 이것도 단지 형상일 뿐이야. 봐, 저 사람들 모두 형상을 숭배하고 있어.

형상이 본질은 아니잖아. 나는 여기에 있을 필요가 없다고.' 바로 그 순간, 마하라지가 나를 돌아보더니, 한 노인을 내 쪽으로 보내 내 발을 어루만지게 시켰다. 그 노인에게 도대체 왜 그러는 거냐고 묻자, 그가 대답하기를, 마하라지가 "가서 람 다스의 발을 만져라. 우리 둘은 서로 완벽히 통했다."라고 말했다는 것이다. 그 순간 나는 내가 사용하는 방법을 꿰뚫어 보고 있었다. 나는 그를 향한 사랑을 멈추지도 않았고, 동시에 그 사랑에 더 이상 얽매이지도 않았다.

나는 지금 당장이라도 다르마의 법칙에 대해 이야기할 수 있지만, 다르마의 법칙과 사랑에 빠진다는 것은 대다수 사람들에게 참 어려운 일이다. 나 또한 신을 사랑하는 일이 훨씬 더 쉽다. 물론 신의 개념은 다르마의 법칙과 아주 닮아 있다. 그것은 사물들의 관계 속에 흐르는 법칙이며, 본래 의식이다. 하나의 마음이자, 고대부터 존재하는 근원적 의식이다. 그리고 그것은 본래부터 텅 빈 존재이다. 나는 마하라지 앞에 앉아 이렇게 생각하곤 했다. '나는 이 형상에 휘말리지 않을 거야.' 마하라지가 사람들에게 무언가를 나눠주는 동안, 나는 눈을 감은 채 제3의 눈에 집중하며 명상을 했다. 어느 순간 몸의 변화가 시작되는 것이 느껴졌고, 이윽고 점점 더 강한 에너지가 흐르는 것을 체감했다. 그러다 갑자기, 여전히 눈을 감은 채로, 나는 다른 아스트랄 차원에서 그와 만나게 되었다. 이런 일들에는 쉽게 매혹된다. 그것이 바로 오컬트의 세계이며, 그 세계에는 온갖 힘과 존재들이 등장해 함께 놀이를 즐긴다. "하지만 마하라지, 이것도 당신의 진짜 모습은 아니잖아요." 그렇게 말하고 나는 그 차원을 통과해 버렸다. 끝도 없이 문을 통과하는 것처럼 차원이 이어졌다. 어떤 문에 다다르면, 이제 여기가 최종 성전이겠구나 하고 생각하지만, 그때 또 다른 문을 지나게 되면서 이것 역시 그저 하나의 문일 뿐이라는 걸 알게 된다. 그렇게 우리는 또 다른 문을 통과하고, 또 다른 문을 또 통과한다. 그리고 마침내 정말 끝까지 통과하고 나면, 결국 다시 우리 자신에게로 돌아오게 되는데, 그 '나'조차도 진짜는 아니다. 결국 이 모든 것이, 방법을 포함해 모든 것이, 눈앞에서 산산이 흩어져 버린다.

마하라지와 함께 앉아 있을 때, 내 가슴은 흐른다. 나는 형상들의 우주 속으로 흘러가고, 우주는 다시 내게로 흘러온다. 그 흐름은 점점 더 커지고 커져 마침내 마하라지와 나 사이의 경계마저 사라지게 만든다. 나에게 마하라지는 곧 우주이기에, 나와 우주 사이의 구분은 하나의 에너지 흐름 속으로 사라진다. 가슴을 활짝 열면 열수록, 나는 점점 더 에너지 형태로 우주의 흐름과 하나가 되어 간다. 그리고 상승하기 시작한다. 마치 그것이 연료처럼 느껴진다. 나는 삼매라고 불리는 의식 상태로 올라간다. 각각의 경험은 또 다른 형상의 마하라지이거나 어머니 여신의 모습이며, 이 경험들을 나는 완전히 받아들여 내 안으로 흡수해야 한다. 왜냐하면, 그것이 곧 마하라지를 내 안으로 받아들여 나 자신과 하나가 되는 길이기 때문이다. 마하라지와 나 사이의 경계가 완전히 사라질 때까지, 나는 나 자신을 온전히 그에게 맡겨야 한다. 그는 내가 육체적 눈으로 볼 수 있는 모든 형상이자, 동시에 영적인 눈으로 지각할 수 있는 모든 형상이다. 내 의식이 더 높은 상태로 고양될수록, 더 적은 형상들만이 남는다. 그중 대다수는 반쯤 형상을 갖춘 것으로 보이는데, 많은 것들이 형상과 형상 없음의 경계에 있기 때문이다.

이 의식의 차원들을 통과하는 길 위에서, 우리는 공허함, 차가움, 비인격성의 경험과 맞닥뜨린다. 그 경험들은 공에 대한 '경험들'이기에 비어 있지만, 진짜로 텅 비어 있는 것은 아니다. 어떤 차원이나 상태에서는 믿을 수 없을 만큼의 축복과 황홀을 경험하기도 한다. 그 상태에서 당신의 몸 전체는 기쁨으로 뒤틀린다. 몸의 모든 세포가 마치 오르가슴을 느끼는 것과 같다. 또 다른 어떤 차원에서는 다이아몬드처럼 투명하고 명료하여 모든 것들이 서로 어떻게 연결되어 있는지 보고 이해할 수 있다. 신의 비밀을 들여다보는 것 같은 느낌이다. 어떤 차원에서는 모든 것이 미적으로 완벽하여, 우리의 입을 통해 흘러나오는 말은 시처럼 아름답고, 세상은 온통 빛과 색채로 충만하다. 올더스 헉슬리는 이렇게 말한 적이 있다. "우리가 보석을 좋아하는 이유는, 그것들이 우리가 살아본 어떤 의식의 차원—보석이 마치 길가의 조약돌처럼 굴러다니는 차원—을 떠올리게 하기 때문이다." 형태에서 형태로, 차원에서 차원으로, 상태에서 상태로, 경험에서 경험으로—이 모든 것이 마하라지 안에 있고, 나의 사랑 안에 있으며, 타인을 향해 흘러가는 나의 흐름 속에 있다. 그리고 마침내, 이 흐름이 완전히 열리고 경계가 사라지는 지점이 오면, 당신과 마하라지, 당신과 어머니 신, 혹은 당신과 온갖 형상은 모든 차원에서 하나가 되며, 이로써 순수무구의 에너지에 다다르게 된다.

만약 그것이 끝이라면, 우리 마음은 그것을 아주 쉽게 이해할 수 있을 것이다. 과학으로도 쉽게 통제할 수 있을 것이다. 그러나 이 모든 것은 단지 하나의 문에 불과하다. 그저 우리를 호수 가장자리로 데려간 것뿐이다. 우리는 그 호수 가장자리에서 형상 너머에 있는 존재를 경험한다. 그러나 형상 너머에 존재하는 '무엇'은 없다. '너머'라는 것 자체가 없기 때문이다. '그것'은 모든 것을 포함하기 때문이다. 우리는 그 순간, 호수의 가장자리에 앉아 우리 자신이 역설 그 자체임을 마주하게 된다. 모든 형상은 공의 호수 속으로 사라지지만, 그러면서 동시에 결코 사라지지 않는다. 호수 가장자리에서 마음의 길을 따르는 누군가가 말한다. "나는 신의 현존을 경험하고 있어." 그리고 호수로 한 걸음 더 내딛는 순간, 경험하는 나와 경험 그 자체가 하나로 합쳐지고, 우리는 신이 되며, 신이라는 개념도 사라지고 만다. 우리가 신으로 녹아들어 갈 때, 우리는 불교에서 열반이라고 말하는 바로 그곳으로 들어간다. 이 여정의 목적은 신을 아는 것이 아니다. 이 여정의 진짜 목적은 신이 되는 것이다. 신이 되는 것은 아무도 아닌 존재가 되는 것이자, 동시에 우리가 아닌 것은 아무것도 없다는 것을 깨닫는 것이다.

만약 우리가 신과 합일된 상태에서 다시 형상으로 돌아온다면, 우리는 세상 안에 있으면서도 동시에 세상에 속하지 않은 존재가 된다. 우리는 우주의 놀이를 즐긴다. 우리는 형상들을 채우지만, 그것이 우리의 본향은 아니다. 이것은 단지 또 하나의 릴라, 신의 춤일 뿐이다.

이 지구와 또 다른 의식의 차원들을 떠돌아다녔던, 그리고 지금도 떠돌아다니는 존재들이 있다. 이들 존재는 의식의 바다 속으로 들어갔다가 돌아왔다. 이런 존재들은 그들을 알아보는 모든 이들을 해방시킨다. 어쩌면 우리 곁에도 그런 존재가 있을 것이다. 그러나 우리는 그들의 존재를 전혀 알지 못한다. 왜? 우리가 형상에 집착하기 때문이다. 이것은 마치 마하라지가 던진 사과를 받고, 그러면서 동시에 사과를 던진 이가 없다는 것을 알아차리지 못하는 것과 같다. 그는 저 너머에서 손짓하는 신인데, 우리는 신에게 향하는 그 길을 걷다 길을 잃고 만다. 신은 시간 속에 존재하지 않으므로, 우리를 다그치지도 않는다—머지않아 우리는, 이번 생이든 다음 생이든, 언젠가는 반드시 본향으로 돌아가게 되어 있기 때문이다. 마침내 우리가 그 집에 돌아갔을 때, 그제서야 우리는 우리 자신이 항상 신이었음을,

한바탕 놀이를 위해 우리 스스로 신으로부터의 분리를 창조했음을 알게 될 것이다. 우리와 구루, 혹은 완성된 존재와의 차이는 아주 간단하다. 우리는 아직도 '내가 있다'고 믿고 있는데 반해, 그들에게는 '자기'가 없는 것이다.

그리스도는 말했다. "나는 너희를 아버지께로 데려가기 위해 왔다. 나는 아버지 안에 있고, 아버지는 내 안에 있다. 너희는 내가 누구인지 알지 못한다. 들을 귀 있는 자는 들으라." 마음을 고요히 하라. 틀에 박힌 생각과 고정된 형식, 사고에 집착하지 말라. 가슴을 열라. 감정을 흐름 속으로, 모든 생명의 형태가 가지는 흐름 속으로 흘려보내라. 그 흐름 안으로 또 밖으로 자유롭게 유영할 수 있을 때까지 계속해서 흘려보내라.

우리가 점점 더 훈련될수록, 우리의 에너지는 형상과 무형이 만나는 지점을 향해 계속해서 나아간다. 만약 우리가 무형의 상태에 머문다면, 우리의 육체―우리가 두고 온 육체―는 그것을 유지시킬 의식이 더 이상 없기 때문에 결국 산산조각나게 될 것이다. 존재에는 수많은 단계가 있으며, 어떤 존재들은 99%가 무형의 바다에 잠긴 채로 한 가닥의 실만큼만 형상의 세계에 남겨둔다. 또 스스로를 동굴에 가둔 채로 20년의 세월을 보낸 존재들도 있었다. 그의 몸은 이미 죽은 자의 해골 같았지만, 손톱과 머리카락만은 계속해서 자라고 있었다. 신자들은 매년 다르샨을 위해 그 동굴을 찾았고, 그의 손톱과 머리카락은 마치 헌신자들을 위해 세상에 남겨둔 한 가닥의 실 같았다.

크리슈나, 그리스도, 하누만—그들은 본질적으로 모두 같다. 바다가 서로 다른 형상으로 드러나듯이. 사람마다 필요로 하는 형상은 모두 다르다. 누군가는 이런 형상, 다른 누군가는 저런 형상으로 나타날 뿐이다.

Q & A

나는 정말로 좋은 요기가 되고 싶고, 그래서 나 자신을 정화하려고 많이 애쓰고 있습니다. 하지만 너무 어렵습니다. 뭐가 잘못된 것일까요?

정화란 놓아버리는 행위입니다. 마태복음에는 이런 구절이 있어요. "금식할 때에는, 위선자들같이 슬픈 기색을 하지 말라. 금식하는 것을 남에게 보이려고, 얼굴이 안 되어 보이게 하는 이들이 많다"(6:16-18 참조). 영적 수행을 하기로 결심하는 순간, 우리 안에는 어떤 종류의 의로움과 진지함이 스며들게 마련이지요. 갑자기 진지해져서, 자신이 어떤 특정한 모습이어야 한다는 강박을 갖기 시작하는 겁니다. 그러다가 겉보기에는 그럴싸해 보이지만 내면에서는 자신이 엉터리라는 생각이 점점 더 커지는 것을 발견하게 됩니다. 자신을 너무 통제하려고 하다 보면, 결국 영적 에너지가 흐르는 길을 스스로 막아버리게 되지요. 완벽한 자세로 앉아서 마음을 아주 고요하게 할 줄 아는 훌륭한 명상가들은 많습니다. 그렇다고 그들이 자유로워진 것은 아니에요. 왜냐하면 그들은 형상을 밀어냈고, 세상을 밀어냈고, 가슴을 밀어냈고, 흐름을 밀어냈기 때문입니다.

내가 이해하는 한, 이것은 아주 정교한 균형의 게임입니다. 그리고 균형은 다양한 체계 안에서 설명될 수 있습니다. 예를 들어, 남방 불교 명상, 즉 테라와다 불교 명상에서는 세 가지 요소가 강조됩니다. 실라sila, 사마디samadhi, 그리고 판냐panna입니다. 실라는 도덕적 정화로, 살생하지 않는 것, 도둑질하지 않는 것, 거짓말하지 않는 것, 바른 말을 사용하고, 바른 직업을 갖는 것 등이지요. 사마디는 집중과 마음챙김, 그리고 판냐는 바른 이해와 바른 생각, 즉 지혜와 관련된 것입니다.

이 세 가지 요소―정화, 집중, 지혜―가 어떻게 작동하는지 살펴보면, 약간의 지혜 없이는 이 영적 수행의 춤을 시작조차 할 수 없다는 것을 알게 됩니다. 이 게임이 무엇을 위한 것인지 조금이라도 이해가 되어야만 앉아서 명상을 하고 싶은 마음이 생기기 때문입니다. 먼저 약간의 판냐, 즉 지혜를 갖게 되고 나서야 하나의 상태에 집중하는 사마디를 시도할 수 있게 되는 것이지요. 그러나 우리가 집중하려고 노력할 때마다 세상에 대한 온갖 욕망, 집착, 유혹들이 계속해서 우리를 끌어당깁니다. 그래서 우리는 이 게임을 조금 정리할 필요가 있는데, 그것이 바로 실라라고 부르는 정화의 과정입니다. 자기 삶을 조금 정리하고 나면, 명상도 조금 더 깊어집니다. 명상이 조금 더 깊어지면, 우리는 더 고요해지고 우주를 더 잘 볼 수 있게 됩니다. 지혜는 점차 더 깊어지고, 더 많은 걸 이해할 수 있게 됩니다. 더 깊은 판냐는 더 쉽게 집착을 내려놓게 해주고, 그것은 실라를 더 강화하는 방향으로 작동하지요. 강화된 실라는 다시 더 깊은 사마디로 이어지고, 그래서 우리는 이 세 가지가 서로 얽히고설켜 맞물려 돌아가는 것을 보기 시작합니다. 아름다운 균형의 행위인 거지요.

물론, 다른 수행 전통에도 균형의 개념이 존재합니다. 그것들은 실라, 사마디, 판냐와는 다른 방식으로 이해될 수 있습니다. 예를 들어, 어떤 전통에서 균형은 가슴과 마음의 조화—다시 말해, 흐름과 고요함 사이의 균형으로 이야기됩니다. 형상과 형상 없음 사이의 균형으로 이야기되기도 하고, '어머니'와 '아버지'라는 상징으로 말해지기도 합니다. 또한, 샥티와 사랑, 혹은 힘과 흐름의 균형으로 말해지기도 합니다. 몇몇 사람들은 샥티의 징후—머리의 압박감, 몸의 떨림, 저절로 나오는 동작, 경련, 메스꺼움, 허리의 통증 등, 다양한 증상—를 경험하기도 합니다. 이러한 현상은 균형이 깨진 것으로, 흐름에 따르지 않고 샥티에 너무 깊이 빠져 있는 상태가 지속되었기 때문입니다. 그러다 우리는 자신의 몸 안에서, 자신의 존재 안에서, 자신이 처한 특수한 상태를 스스로 진단할 수 있게 됩니다. 무슨 균형을 잃었는지 알아차리고, 다시 흐름으로 돌아가는 길을 찾는 것이지요. 왜냐하면, 사랑, 흐름, 그리고 자비 없이 얻은 요가적인 힘, 즉 싯디(초능력)는 결국 힘에 집착하는 존재로 만들 뿐이기 때문입니다. 지금 우리 사회에는 싯디, 그러니까 특정한 능력과 힘을 지닌 사람들이 많습니다. 그들은 지적 능력과 타인을 통제할 수 있는 정신적인 힘을 가지고 있습니다. 그러나 그들에게는 자비심이 없으며, 가슴이 열려 있지 않습니다.

반면, 가슴이 열려 있고 사랑은 많지만, 통제력과 절제력, 집중력이 부족한 사람들은 지나치게 감성적인 경향이 있습니다. 그들은 마치 부드러운 흙처럼 단단한 무언가가 없습니다. 버티는 힘이 없기 때문에, 그들은 나아가더라도 결국은 한계 앞에서 다시 주저앉고 말지요. 받쳐주는 중심이 없기 때문입니다.

수행, 즉 사다나에 임할 때의 바람직한 태도는 단단함과 가벼움을 동시에 지니는 것입니다. 가볍고 밝게, 그러나 하, 하, 하, 하고 과장된 웃음소리를 내는 것이 아니라, 가벼움 속의 기쁨, 빛으로서의 즐거움으로 만드는 것이지요. 이런 문장을 본 적이 있습니다. "천사들이 날 수 있는 이유는, 그들이 자신을 가볍게 여기기 때문이다." 사람들은 자신만의 멜로드라마에 빠져서, 자신의 영적 여정을 낭만화하기 일쑤입니다. "나는 지금 깨달아가고 있어." 이런 식으로 자신을 너무 심각하게 받아들입니다. 그러고는 자기만의 서사를 만듭니다. 겉모습을 요기처럼 보이게 꾸미고, 요기 같은 분위기를 풍기며, 말투와 태도까지 요기처럼 되어, 요기로서의 이미지를 연출합니다. 그러나 이 모든 건 결국 우리가 지나가야 할 과정에 지나지 않습니다. 우리는 다시 현재의 순간으로 돌아옵니다. 있는 그대로의 나를 받아들이고, 지금껏 만들어낸 우리 자신의 곤경 속 낭만적 서사를 놓아버리게 됩니다. 왜냐하면 그 이야기가 우리를 지금 이 순간, 진짜 우리가 있는 자리에 머무르지 못하도록 만들기 때문이지요.

한 가지 더 짚고 넘어가고 싶은 것이 있습니다. 의로움이라는 것, 즉 '좋은 사람'이 되는 것이 우리를 진리로 데려다주지는 않는다는 것입니다. 우리가 진리와 완전히 하나가 되고, 그 안에, 형상이 없는 본질에 온전히 몰입하게 되면, 우리는 자연스럽게 의로워집니다. 이것은 마치 십계명과도 같습니다. 마음속에 화를 품고 있으면서도, 죄의식이나 처벌에 대한 두려움 때문에 겉으로는 '성인군자인 척'하면서 십계명을 실천할 수도 있습니다. 혹은, 신과의 관계 안에 살면서 우리가 온전히 존재하는 공간 속으로 들어가 십계명을 저절로 따르게 될 수도 있습니다. 그 안에서는 모든 것이 왜 그런지를 바라보게 되고, 그로부터 어떤 자연스러운 흐름이 일어나 더 이상 카르마를 쌓거나 타인에게 짐을 지우는 방식으로는 살 수 없게 됩니다. 이때 우리는 십계명을 다른 각도에서 이해하게 됩니다. 올바름에서 나온 진리(진실)가 아니라, 진실에서 비롯된 올바름을 살게 되는 것입니다.

우리 부부는 신경증적 습관을 가진 아들 때문에 걱정이 많습니다. 부모로서 무엇을 어떻게 하면 될까요?

당신이 아들과의 관계가 어떻게 되어야만 한다는 집착에서 어느 정도 자유로워질 수 있을 때, 그리고 아버지로서의 정체성, 즉 아버지 역할을 완벽히 해내야 한다는 기대에서 한 발 물러설 수 있을 때—이는 안전과 생존에 대한 책임을 포기하라는 말이 아니라, 그저 아버지됨의 역할에 자신을 잃지 말라는 말입니다—당신은 그 아이를 신경증적 패턴을 가지고 이번 생을 살고 있는 한 존재로 바라볼 수 있게 됩니다. 당신은 신경증적인 패턴 이면에 있는 아이의 존재 자체와 접촉함으로써, 아이가 그 패턴을 놓아버릴 준비가 되었을 때 아이를 도울 수 있습니다.

아이의 성장에 대해 내가 이해하고 있는 바는, 정원을 만들 수는 있지만 꽃을 자라게 할 수는 없다는 것입니다. 우리가 할 수 있는 것이라고는 기껏해야 땅을 비옥하게 하고 부드럽고 촉촉하게 유지하는 일뿐입니다. 그렇게 하면 꽃은 나름대로 최선을 다해 자라납니다. 당신의 의식 상태가 만들어내는 심리적 공간은, 그 신경증적 습관이 아이에게 더 깊어질 것인지, 아니면 때가 되면 벗어날 수 있는 것으로 인식할 것인지를 결정합니다. 만약 당신이 아이를 '신경증적인 아들'이라고 규정한다면, 그리고 그 규정이 당신과 아이 사이의 관계에서 가장 중요한 현실이 되어버린다면, 당신은 그 틀 안에 아이를 가두는 것이나 마찬가지입니다. 하지만 아이를 이런 삶의 과정을 통해 무언가를 통과하고 있는 한 영혼으로 보기 시작하면, 아이는 때가 되면 그것을 자유롭게 놓을 수 있게 됩니다. 왜냐하면, 아이가 신경증적 습관을 가지고 있는지, 가지고 있지 않은지, 당신이 더 이상 그것에 집착하지 않기 때문입니다.

많은 부모들이 자녀에게 충분히 해주지 못하고 있다는 죄책감을 느끼고, 그 죄책감 속에 스스로를 가둔다는 점에서, 이것은 매우 흥미로운 주제입니다. 당신은 아내를 바꿀 수 없고, 아이를 바꿀 수 없습니다. 당신이 할 수 있는 건, 오직 당신 자신을 계속해서 닦는 것, 그래서 당신 자신이 아주 투명하고 맑은 거울이자, 모든 존재들을 위한 사랑의 반석처럼 되어가는 것뿐입니다. 그렇게 되면, 당신 주변의 모든 사람들은 저마다 지고 있는 짐을 자유롭게 내려놓을 것입니다. 아내라면 불안을, 아들이라면 신경증적인 습관을 말입니다. 당신은 그저 사람들이 준비가 되었을 때 성장할 수 있는 공간을 계속해서 만들어주면 됩니다.

이 상황이 어려운 이유는, 부모와 아이가 서로 다른 영적 진화의 단계에 머물고 있기 때문입니다. 어떤 아이는 부모보다 훨씬 더 오래된 성숙한 존재일 수 있고, 어떤 아이는 그 반대일 수도 있습니다. 지금 이 시대, 이 문화 안에는 실로 많은 오래된 존재들이 태어나고 있습니다. 그들은 깨어 있는 환경에서 태어나기를 오랫동안 기다려왔고, 그 결과 당신들 중 몇몇은 이미 깨달음의 경지에 도달한, 그래서 다시 태어나기를 원치 않은 아이를 키우고 있을지도 모릅니다. 그 아이들은 그저 아주 작은 정리 작업을 하기 위해 이 세상에 온 것입니다.

우리가 어떤 존재를 성격이나 육체가 아니라 영혼으로 바라보는 관점을 '취하는' 순간, 우리는 그 존재가 몸을 입고 살아가는 이번 생의 모습에 그다지 집착하지 않게 됩니다. 윤회적 삶의 기능을 이해하게 되고, 그래서 삶이 지금과는 다른 모습이기를 더 이상 바라거나 요구하지 않게 됩니다. 오히려 지금 이 삶이 구체적인 카르마의 필요에 의해 의식적으로 선택된 것임을 이해하게 되고, 이 현실 차원에서 벌어지는 멜로드라마에 그렇게 깊이 빠져들지 않게 되지요.

현실의 어떤 층위에서 살 것인가는 매우 까다로운 문제입니다. 의식적으로 깨어 있는 존재들은 하나의 층위를 다른 층위에 맞서는 개념으로 생각하지 않으며, 모든 의식의 층위를 동시에 유지할 수 있고, 바로 여기에 깨달음의 힘이 있다고 할 수 있습니다. 예를 들어, 여러 해째 고통에 시달리고 있는 한 여자가 들것에 실려 나에게로 보내진다고 합시다. 나는 그녀가 이번 생에 엄청난 일을 해내고 있다고 보지만, 동시에 다른 층위에서는 '신이여, 지금 이 사람은 너무도 극심한 고통을 겪고 있습니다. 내가 그 고통을 조금이라도 덜어줄 수 있을까요?' 하는 생각을 합니다. 이 두 가지 생각은 동시에 의식적으로 일어납니다. 그리고 만약 그 사람이 나에게 "저는 이번 생에 꼭 깨달음을 얻고 싶어요. 람 다스, 도와주세요."라고 말한다면, 나는 이렇게 답할 것입니다. "지금 당신은 스스로를 많이 불쌍하게 여기고 있어요. 그런데 내가 보기엔 아주 좋은 조건을 지니고 태어난 거예요. 당신은 아주 많은 것들을 정화하고 있는 중이거든요. 자, 이제 이 고통을 어떻게 변환할 수 있을지 함께 해봅시다." 그러나 그 사람이 그런 말을 하지 않고, 누군가의 이모라든가 하는 소개로 우연히 만난 것이라면, 나는 "세상에, 정말 큰 고통을 겪고 계시네요. 베개를 좀 더 편하게 해드릴게요." 혹은, "치료는 적절히 받고 계신가요?", "제가 도와드릴 수 있는 게 있을까요?"라고 말할 것입니다.

우리가 문제와 고통을 다루는 방식이, 그 순간 우리가 어떤 의식의 층위에 의지하느냐에 따라 달라진다는 것은 매우 흥미로운 일입니다. 물론 그렇다고 해서 그 순간 다른 층위가 사라지는 것은 아닙니다. 의식이 충분히 강해지면, 우리는 여러 층위를 동시에 작동시키며 살아갈 수 있습니다. 당신은 당신 아들이 더 많은 사랑을 받고, 더 평온하며, 더 깊은 지지를 느끼고, 신경증적 습관을 내려놓게 하기 위해 할 수 있는 모든 것을 합니다. 그러면서 동시에, 아이에게 집착하지 않으며, 그가 겪고 있는 이 삶이 그 존재가 살아내야 할 카르마의 일부라는 것을 이해합니다. 당신은 그 존재가 자신의 길을 온전히 걸어갈 수 있도록, 당신 자신이 그를 위한 완전한 환경이 될 수 있도록, 그저 계속해서 자기 자신을 닦아가면 됩니다.

당신은 꿈을 어떻게 해석합니까?

우리의 마음은 너무 많은 착각을 일으키기 때문에, 나는 보통 꿈을 분석하는 것을 그다지 추천하지 않는 편입니다. 당신이 꾼 꿈이 즉각적인 감정적 반응을 불러일으킨다면, 그것은 분명 자신에 대한 통찰의 열쇠가 되기도 합니다. 그럴 때는 꿈의 내용을 가지고 작업하는 것도 좋습니다. 그러나 막연히 '이 꿈이 나한테 무슨 의미일지 궁금해.' 하는 정도라면 그냥 잊어버리는 것이 낫습니다. 꿈은 당신이 알 준비가 되었을 때 자연스레 알게 되는 범주의 것이기 때문이지요. 괜히 앉아서 꿈을 분석한다거나, 궁금해한다거나, 집착할 필요는 없습니다. 모든 건 의미가 있습니다. 꿈을 분석하는 일은 이미 당신이 다른 차원에서 하고 있을지도 모릅니다. 영적으로 어떤 의미가 분명 있을 수는 있지만, 그렇다고 그것을 항상 분석해서 이해해야 하는 것은 아니지요.

지금 이 순간, 당신은 동시에 여러 차원에서 존재합니다. 다른 차원에 존재하는 다른 정체성을 인식하지 못하는 이유는, 지금 이 차원에서의 정체성에 너무 집착하고 있기 때문입니다. 이것이든, 저것이든, 길을 잃지 말아야 합니다. 어디에도 집착하지 마십시오. 모든 것은 하나의 덧없는 이야기일 뿐입니다. 전부를 걸고, 완전히 깨어 있으십시오.

당신은 삶의 모든 상황이 완벽한 배움의 기회라고 말합니다. 그런 것이 어떻게 가능한지요?

우주는 우리의 반응, 즉 고통, 쾌락, 두려움 등에 대한 애착과 집착을 태워 없애기 위해 정교하게 설계된 경험의 장입니다. 우리가 취약한 부분을 가지고 있는 한, 우주는 정확히 그 부분을 우리에게 직면시키기 위한 방식으로 작동할 것입니다. 그것이 바로 이 영적 수행의 춤을 추는 방법입니다. 사실은, 우리가 알아차리지도 못할 만큼 엄청나게 많은 수의 자극이, 매 순간, 모든 존재의 차원에서 지나가고 있습니다. 우리가 그것을 인식하지도 못하고 반응하지도 못하는 이유는, 단지 그것에 대한 집착이 없기 때문이지요. 집착하지 않으면, 욕망 체계가 요동치지 않습니다. 우리의 욕망이 우리의 인식을 좌우합니다.

우리는 각자가 투사한 집착들로 창조된, 각자의 우주 안에 살고 있습니다. 이것이 바로 사람들이 "당신은 당신 자신의 우주를 만든다."라고 말하는 것입니다. 오늘도 우리는 저마다의 집착으로 자신의 우주를 만들고 있지요. 집착은 때로 회피와 두려움의 모습으로 나타납니다. 하지만 우리가 영적으로 성장하고, 세상이 어떻게 돌아가는지를 볼 수 있게 되면, 점점 더 자신의 반응성을 소화하고 중화시켜 갈 수 있습니다. 그럴 때마다 우리는 "맞아, 이것도 맞고, 저것도 맞아. 그래, 그래."라고 말하는 우리 자신을 보게 됩니다. 집착은 점차 끌어당기는 힘을 잃고 느슨해져서 결국에는 멀리 나가떨어지게 되지요.

그러다 마침내 우리는 지금 하는 일에 완전히 몰입하면서도 전혀 집착하지 않는 상태가 됩니다. 감옥에 갇힌 마하트마 간디가 벼룩 투성이 수감복을 입고 변소 청소를 하는 상황에 빗댈 수도 있겠지요. 간디는 책임 교도관에게 다가가 진심으로 말합니다. "감사합니다." 그의 말에는 교도관들을 깔본다거나 우쭐하게 만들려는 어떤 의도도 없습니다. 단지 그는 "여기에도 배움이 있고, 나는 그것을 받아들입니다. 감사합니다."라고 진정으로 말하는 것뿐입니다. 조금 이상하게 들릴 수도 있어서 정작 "감사합니다"라고는 하지 않을지도 모르지만, 우리는 진심으로 그런 고마움을 느낄 수 있습니다. 신기하고 이상한 것은, 누군가 우리에게 정신적인 충격을 주어도, 거기에 사로잡히는 때가 있을지도 모르지만, 결국은 그렇게 사로잡혀 있는 자기 자신을 꿰뚫어보게 된다는 것입니다. 그럴 때에도 우리는 "감사합니다."라고 말할 수 있게 됩니다. 물론 지나치게 나간 것 같아서 입 밖으로 소리를 내어 말하지는 않을 수 있습니다. 하지만 마음 깊은 곳에서 분명 느끼고 있습니다. "고맙습니다." 사람들이 다가와서 폭력을 휘두르고, 화를 내고, 모욕적인 편지를 쓰고, 그 외 어떤 방식으로든 그들의 좌절과 분노, 경쟁심을 표현할 때에도, 내가 할 수 있는 말은 고맙다는 말 하나뿐입니다.

억압적인 사람이나 억압적인 경제 체계가 사람들에게 고통이 될 때, 나는 단순히 억압당하는 사람들과 억압하는 사람들 모두를 사랑으로 껴안는 것만으로는 충분하지 않다고 느낍니다. 정말로 그들을 사랑한다면, 그 억압에 대해 목소리를 내야 한다고 생각합니다. 그런데 나와 같은 수행자들 중 많은 이들이 이제는 그런 식으로 비판하는 일조차 불필요하다고 느끼는 것 같아 두렵습니다.

당신은 지금 정치적, 사회적 불평등에 대한 우리의 책임을 묻고 있습니다. 우리의 책임은 어디까지일까? 명상만으로 충분할까? 사랑이 많은 사람이 되는 것으로 충분할까? 이렇게 묻고 있습니다.

우리의 처지는 이렇습니다. 인간의 몸을 입고 지금의 인생을 살고 있다는 것. 이건 외면할 수 없는 사실입니다. 우리는 이 삶에 따라오는 책임―부모로서의 책임, 정치적·사회적 정체성, 일―을 존중하고, 우리가 마주하는 모든 층위에서의 고통을 덜어주는 방식으로 살아가야 합니다. 그런데 세상의 불의를 목격할 때면 기묘한 곤경에 빠지고 맙니다. 그것에 대해 분노에 사로잡히게 되거나, 세상이 정의로워야 한다는 집착에 사로잡히면, 우리는 그 고통을 없애려고 노력하는 동시에 오히려 양극화를 지속시키는 일에 가담하게 되고 맙니다.

파탄잘리 Patanjali 의 아쉬탕가 요가 경전에는, '주는 자도 없고 받는 자도 없다'는 말이 있습니다. 이 말은 정말로 아무도 주지 않고 아무도 받지 않는다는 의미일까요? 그렇지 않습니다. 줄 때는, 내가 주는 사람이라는 자기 역할에 집착하지 말아야 한다는 뜻입니다. 그러면 우리는 상대방에게 받는 사람의 자리를 강요하지 않게 됩니다. 그들의 정치적 불평등은 우리의 정치적 불평등입니다. 우주 안에 '그들'이란 없습니다. 순도가 다소 다른 '우리'만 있을 뿐입니다. 따라서 우리는 한 집단으로서 우리 자신을 정화해야 합니다. 각 개인은 자신의 다르마―그러니까, 고통을 덜기 위해 이 세상에서 자신에게 주어진 삶의 방식에 귀 기울여야 합니다. 완전히 깨어나기 전까지의 모든 행위는 우리의 의식을 위한 수련입니다. 형태는 사람마다 다르지요. 예를 들어, 나의 친구 웨이비 그레이비가 하루에 10센트면 제3세계 아이 한 명을 살릴 수 있다고 말했을 때, 그 말은 내 삶에 새로운 상황을 만들어냅니다. 그 순간 내가 할 수 있는 것들을 행동으로 옮겨야 한다는 자각이 일었고, 모금 콘서트를 열어 수익금을 아이들에게 보냈지요. 만약 웨이비가 그 말을 하지 않았다면 결코 하지 않았을 일입니다.

우리는 이 삶에서 도망칠 수 없습니다. 예를 들어, 나는 정치에 참여하는 것이 나의 다르마에 따라 사는 일 중 하나라고 생각합니다. 그래서 투표를 하고, 국회의원들에게 의견을 전달하고, 때로는 직접 정치적인 행동을 하기도 합니다.

사람들은 사람들에게 수없이 많은 방식으로 불의를 저지릅니다. 우리는 그 중 어떤 것을 변화시켜야 할까요? 어떤 것이 우리 각자에게 주어진 다르마의 길일까요? 우리가 고통을 덜어내기 위해 어떤 일을 할 때면, 그 방식이 또 다른 고통을 만들어내는 것은 아닌지 신경 써야 할까요? 깨어 있으십시오. 우리가 완전히 깨어나기 전까지는, 우리가 하는 모든 일은 결국 자기 수련의 일부입니다. 동시에, 우리는 지금 이 순간 고통을 덜기 위해 어떤 형태의 노력을 해야 하는지 귀 기울여야 합니다.

당신은 어린이집을 운영할 수도 있고, 길을 건너는 노인을 도울 수도 있으며, 평화봉사단에 들어가거나 지역 공동체 봉사활동에 참여할 수도 있습니다. 정치 활동을 위해 워싱턴으로 가거나, 무료 진료소에서 일할 수도 있습니다. 기타 연주자가 되어 콘서트를 활발히 열 수도 있고, 큰 사랑과 깨어 있는 마음으로 자녀를 양육할 수도 있습니다. 우리는 서로를 판단할 자리에 있지 않습니다. 각자 자기 안에서 자기만의 다르마를 들어야 합니다. 당신이 가장 중요하다고 느끼는 것이 다른 사람에게는 그렇지 않을 수도 있습니다. 우리가 일원이 되어 가는 사회라는 것이 이렇게 복잡합니다. 세상 안에 머무십시오. 그리고 당신의 역할을 하십시오. 자녀를 기르고, 생계를 꾸려가며, 모든 책임을 감당하십시오. 그 모든 행위를 신께 이르는 수행으로 여기십시오. 신과 완전히 하나가 되기 전까지 우리가 하는 모든 행위는 해방인 동시에 속박이기 때문입니다. 만약 당신이 정말로 이 고통을 끝내고자 한다면, 당신은 고통의 끝이 완전한 깨어 있음이라는 것을 알아차리게 될 것입니다. 오직 깨어 있는 사람만이 다른 사람이 깨어나도록 도울 수 있습니다.

우리가 지금 이런 문제들을 겪고 있는 것은, 무엇보다도 우리가 가장 첫 번째 계명을 잊은 까닭입니다. 그래서 지금 우리는 그걸 다시 기억해내는 중입니다. 너무나 간단한 일입니다.

판단하는 마음이 늘 문제입니다. 어떻게 다루어야 할까요?

판단하고 있는 자기 자신을 지켜보십시오. 판단하는 마음이 어떻게 움직이는지 그저 지켜보십시오. 당신은 판단하는 자신을 다시 판단하고 있을 것입니다. 그것을 그냥 알아차리면 됩니다. 만약 당신이 기독교적인 방식으로 수행을 하고 있다면, 그 판단을 그리스도에게 바치도록 하십시오. 만약 위빠사나 명상을 선택했다면, 주된 명상 대상을 하나 정해놓고 그것에 집중하십시오. 호흡에 집중하는 것도 좋습니다. 판단하는 마음이 올라올 때마다 그것에 '판단하는 생각'이라고 이름 붙이고, 곧바로 다시 호흡으로 돌아가십시오. 그것은 단지 또 하나의 생각일 뿐입니다.

생각들은 저 스스로를 비단과 반짝이로 치장하면서 "나는 그냥 그렇고 그런 생각이 아니야. …내가 바로 너야."라고 말을 걸어올 것입니다. 당신도 "그래, 이건 진짜야. 이 판단만은 진짜야."라고 생각합니다. 하지만 결국 그것도 그냥 또 하나의 생각일 뿐입니다. 이 게임 전체가 그저 생각의 작용일 뿐입니다.

명상이 잘 된 후엔 내가 내 몸 안에 있는 것 같지 않습니다.

그래요, 그럴 수 있어요. 당신이 자신의 몸 안에 있는 것 같지 않다는 느낌을 충분히 받아들일 수 있습니다. 솔직히 말하면, 나는 고생깨나 하면서 배웠다고 할 수 있습니다. 어떠한 형태의 집착이든 우리는 결국 그것과 직면하지 않으면 안 됩니다. 명상 후에 자기 몸 안에 자기가 존재하지 않는 것 같은 느낌은, 어쩌면 우리가 육체로 되돌아오는 것을 원하지 않기 때문일지도 모릅니다. 그러니까, 고양된 상태에 집착하는 것이지요. 뭐 그래도 괜찮습니다. 그저 그 마음을 피하지 않고 직면하면 됩니다. 명상 후에 다시 돌아오고 싶지 않은 마음이 불편하고, 그걸 말할 수 있을 정도로 자각하고 있다면, 그것은 이미 자기 안의 모순을 보기 시작한 것이지요. 나는 우리가 숟가락으로 떠먹여 주는 방식으로는 이 길을 갈 수 없다고 생각합니다. 마하라지는 몸이 떨리고 숨이 거의 멈춘 것과 같은 몰입 상태에 들어가는 나를 지켜보다가 통역에게 이렇게 말하곤 했지요. "람 다스에게 물어봐 줘. 스티븐이 돈을 얼마나 버는지 말이야." 나는 마하라지의 질문을 무시하려고 애썼지만, 그럴 때마다 그는 즉시 산통을 깨버리는 말을 하여 주의집중을 방해하곤 했습니다. 우리는 시간이 지나면서 스스로 조절할 수 있다는 것을, 그래서 어떤 상황에서 중심을 유지하는 법을 배울 수 있게 됩니다. 우리를 우리 자신으로부터 보호할 필요는 없어요. 우리 자신의 집착을 알아차리기만 하면 됩니다.

　　이 모든 것은 왜 시작되었을까요? 우리는 애초에 왜 신을 떠난 것일까요?

이 궁극의 질문에 대해 부처는 이렇게 대답했습니다. "그건 우리의 일이 아니다." 이 대답은 그냥 우스갯소리로 한 것이 아닙니다. 부처의 대답은, 주체와 객체로 나누어진 우리 마음으로는 이 질문에 대한 답을 알 수 없다는 것을 보여줍니다. 그것은 '이해하여 알 수 있는 답'이 아니라, 우리가 '되어야 하는 답'이기 때문입니다. 다시 말해, 그 답을 안다는 것은 우리 자신이 그 답이 시작된 바로 그 자리에 있어야 된다는 뜻이며, 우리가 그 질문을 하고 있는 한, 우리는 그 자리에 있지 않다는 뜻이기 때문입니다.

이것은 우리가 사로잡히게 되는 부조리 가운데 하나입니다. 수십 가지 다른 대답이 가능하고, 그 모든 답은 똑같이 진짜 같기도, 똑같이 진짜가 아닌 것 같기도 합니다. 우리는 신이 자신을 알기 위해 어떤 형태를 취했고, 자기 자신을 보기 위해서는 분리될 수밖에 없었다고 말할 수 있겠지요. 혹은, 또 다른 층위에서는 시간 개념 자체가 없기 때문에 아무 일도 일어나지 않았다고 말할 수도 있을 것입니다. 이것도 저것도 모두 진짜 답입니다. 모두가 각기 다른 층위에서 유효한 진실입니다. 각각의 층위는 지금 이 질문에 대해 그 층위에 적합한 답을 가지고 있으나, 어떤 답이라 하더라도 우리가 그 층위를 초월하기 전에는 그것이 진짜 정답인지 알 수 없습니다. 왜냐하면 그 모든 답은 우리의 마음을 특정한 층위 안에서만 만족시킬 뿐이며, 그 안에서는 상대적인 진리만이 존재하기 때문입니다.

이 모든 것이 말장난처럼 들릴지도 모릅니다. 그렇다면 질문 자체가 적절하지 않다는 말도 됩니다. 우리는 계속 같은 질문을 반복하지만, 그 답은 절대 얻을 수 없습니다. 나에게서뿐만 아니라, 그 어느 누구에게서도 마찬가지입니다. 그 답은 절대 말로는 얻을 수 없습니다.

샥티shakti, 혹은 프라나prana란 무엇인가요?

샥티, 혹은 프라나는 이 세계 모든 것의 근원인 보편적 에너지입니다. 여기에 존재하는 모든 것이 샥티요, 샥티에 불과하며, 샥티의 패턴일 뿐입니다. 샥티는 우주의 본질이자, 물리학에서 말하는 에너지의 양자보다 훨씬 더 미세한 차원의 것입니다. 만약 우리의 영적 수행 방식이 에너지에 초점을 두지 않는다면 샥티를 무시할 수도 있습니다. 그러나 우리는 샥티와 함께 작업하고, 그것을 우리 안으로 끌어들이며, 움직이게 만들고, 이끌고, 하나의 힘으로 활용합니다. 마치 전기를 다루는 것처럼 샥티를 사용할 수도 있고, 같은 방식으로 모을 수도 있습니다. 그 둘은 아주 비슷한 느낌이지만, 샥티는 전기보다 훨씬 더 미세하고 섬세한 방식으로 다루어집니다. 우리는 이 에너지를 계속 끌어들일 수 있고, 이 과정을 계속하다 보면 지각의 새로운 영역과 새로운 힘을 경험하게 됩니다.

여정이 끝나기 전에, 우리는 결국 엄청난 강도의 에너지에 노출되거나, 그것에 항복해야만 합니다. 그 에너지는 점점 더 강해지고, 마침내 우주 전체의 에너지와 다름없는 수준에 이르게 됩니다. 만약 더 높은 에너지에 접속하기 시작하는 순간, 우리 안에 불순물이 남아 있거나 불안이 자리하고 있다면, 혹은 우리의 몸이 제대로 준비가 되어 있지 않다면, 우리의 몸과 에너지 시스템은 완전히 망가지거나 심하게 요동치는 경험을 하게 될 수도 있습니다. 우리는 종종 명상 중에 누군가 심하게 몸을 떠는 걸 봅니다. 그가 꼭 그래야만 해서 그러는 것은 아닙니다. 단지 220볼트짜리를 110볼트 시스템에 넣으려고 했기 때문입니다. 정화의 과정이란 더 많은 에너지와 더 많은 사랑을 담을 수 있는 그릇으로 우리를 준비시키는 일입니다. 그리고 그것을 위해 우리의 마음은 점점 더 고요해지고, 신체는 점점 더 강해지며, 점점 더 마음을 열어야 합니다.

영적 수행에는 매우 다양한 전통이 있으며, 그중 몇몇은 샥티를 추구하는 방향으로 나아갑니다. 대표적인 예로는 쿤달리니 요가를 들 수 있습니다. 다른 전통에서는 샥티와 같은 에너지를 또 다른 방식으로 인식하고 활용합니다. 샥티를 가지고 작업을 하면, 강력한 힘을 얻을 수 있습니다. 그러나 그 샥티가 지혜, 빈 마음, 그리고 사랑과 완벽하게 균형을 이루지 않는다면, 오히려 그 힘은 매우 파괴적일 수 있습니다. 이와 비슷하게, 어떤 요가 전통에서 그러는 것처럼 지성에만 초점을 맞춘다면, 혹은 마음을 비우는 것에만 초점을 맞춘다면, 우리의 여정은 매우 건조하고 메마르며 부서지기 쉽습니다. 결국 어떤 방식을 따르든, 에너지(몸), 마음(사랑), 그리고 지성(의식) 사이의 균형 잡힌 조화를 이루는 것이 필요합니다.

LSD는 영적 여정에 어떤 영향을 주는지요.

LSD가 영적 여정에 어떤 영향을 주는가에 대해 처음으로 고민하게 된 것은, 1965년 메허 바바 Meher Baba 와 주고받은 편지에서 시작되었습니다. 그는 LSD를 긍정적으로 사용할 수 있는 사람은 극소수에 지나지 않으며, 대부분의 사람들에게는 정신이상을 일으킬 수 있다고 했습니다. 나는 그에게 이렇게 썼습니다. '메허 바바, 이상한 일입니다만, 제가 당신의 책을 읽게 된 유일한 계기는 내가 LSD를 복용했기 때문이에요. 그리고 당신을 따르는 미국의 다른 추종자들도 마찬가지일 겁니다.' 그는 이렇게 답장을 보내왔어요. '나는 당신이 좋은 사람이라는 걸 알고 있어요. 그리고 극히 소수의 사람들에게는 LSD가 도움이 될 수도 있지만 대부분은 그렇지 않지요. 당신은 세 번 더 복용해도 됩니다.'

그러나 나는 메허 바바의 말을 따르지 않았습니다. 어디 세 번 뿐이겠습니까. 그보다 훨씬, 훨씬 더 많이 복용했지요. 그러고 나서 1967년인가 1968년쯤, 마하라지가 나에게 미국에서 사용했던 그

'약'을 가지고 있느냐고 물어 왔습니다. 『지금 사랑하라』를 읽은 독자라면 알겠지만, 그는 900마이크로그램을 복용했어요. 그러나 그에게는 아무 일도 일어나지 않았고, 그건 정말 놀라운 일이었지요. 아무 일도 일어나지 않은 것을 보고 나는 속으로 그를 약간 의심하기도 했습니다. 솔직히 그랬어요. 어깨 너머로 던져버렸거나, 입에 넣지 않았거나, 뭐 그랬을 수도 있을 거라고 생각했지요. 너무 순식간에 일어난 일이기도 했지만, 마하라지 같은 사람 곁에 있으면 취한 것처럼 현실감이 사라지기도 합니다. 누가 알겠습니까! 마음 한켠에 작은 의심이 일었지만, 어쨌든 나는 미국에 돌아온 후 마하라지가 LSD 900마이크로그램을 복용했다고 말하고 다녔습니다.

1970년, 다시 인도로 갔을 때, 마하라지가 물었습니다. "람 다스, 지난번에 인도에 왔을 때 나한테 줬던 약 있잖아?"

"그런데요." 내가 대답했어요.

"내가 그걸 먹었었나?" 그는 반짝이는 눈으로 내게 물었어요.

"음, 그랬던 것 같습니다만."

"무슨 일이 일어났었지?"

"아무 일도 일어나지 않았어요, 마하라지."

그러자 그는 "자오! 자오! (가버려!)"라고 말했어요.

다음 날 아침, 그가 말했습니다. "약이 아직 좀 남아 있어?"

나는 남겨둔 약을 가지고 왔고, 이번에 그는 1,200 마이크로그램을 복용했습니다. 그는 내가 보고 있다는 것을 확인하고는 약을 한 알, 한 알 입에 넣었고, 우적우적 씹어 삼켰어요. 그러고 나서 내게 "물 좀 줄래?" 하고 말했습니다.

나는 "네." 하고 대답했지요.

그리고 그가 다시 물었어요. "이 약이 나를 미치게 만들까?"

나는 아마도 그럴 것이라고 대답했습니다.

그가 "그렇게 되는 데에 얼마나 걸리지?" 하고 물었고, 나는 아무리 오래 걸려도 한 시간이라고 대답했어요.

그러자 그는 시계를 차고 다니는 한 노인을 불러왔고, 그 노인은 시계를 들고 시간이 가는 것을 확인했습니다. 마하라지는 물을 아주 많이 마셨어요. 30분쯤 흐르자, 마하라지는 정말로 이상해지기 시작했습니다. 담요 밑으로 들어갔다가 다시 나왔을 땐 완전히 미친 사람처럼 보이기도 했습니다. '오, 세상에!' 나는 생각했어요. '내가 이 다정한 노인에게 대체 무슨 짓을 한 거지? 지난번에는 약을 어깨 너머로 던져버리더니, 이번에는 자기가 얼마나 대단한 존재인지 보여주고 싶은 건가?'

한 시간이 지나자 마하라지가 나를 보며 말했습니다. "더 강한 거 없어?" 아무 일도 일어나지 않은 겁니다. 정말이지, 그에게는 LSD가 아무런 반응도 일으키지 않았어요. 마하라지가 말했습니다. "이건 쿨루 계곡에서 오래전에 알려져 있던 거야. 대부분의 요기들이 그걸 잊어버렸지만."

나중에 LSD 복용에 대해 다시 물었을 때, 그는 이렇게 말했어요. "그건 아주 평화로운 장소에서, 마음이 신을 향해 있고, 혼자 있는 상황이라면, 쓸모가 있을 수도 있지." 그는 그 약이 나로 하여금 내면의 깊은 곳으로 들어가 그리스도에게 프라남(경배)을 드릴 수 있게 해줄 수도 있다는 말도 덧붙였지요. 그러나 고작해야 약효가 두 시간 남짓이며, 결국 다시 현실로 돌아와야 한다고 했어요. 그러면서 "있잖아, 그리스도를 잠깐 만나는 것보다는 그리스도가 되는 것이 훨씬 나아. 그런데 그 약으로는 안 돼. 그걸로는 거짓된 삼매에 빠질 뿐이야."—이건 정확히 메허 바바가 내게 했던 말과 일치했습니다. 그러면서 그는 이렇게 말했어요. "물론 성인을 잠깐이라도 만나는 건 유익한 일이야. 믿음을 강하게 해주거든. 하지만 사랑은 그보다 더 강력한 약이지."

그 후로 나는 1-2년에 한 번 정도 아주 평화로운 상태에서 혼자 있을 때, 그리고 마음이 신을 향해 있을 때, LSD를 복용하곤 했지요. 나는 LSD를 통해 지금 이 순간 내게 일어나는 일을 들여다보기를 원했고, 그럴 때마다 매번 뭔가 깊은 체험을 했습니다. 그러나 시간이 흐르면서 사이키델릭이 내 삶에서 차지하는 의미는 점점 줄어들었고, 굳이 더 실험해 보고 싶은 마음도 들지 않게 되었습니다. 하지만 아주 가끔씩, 뭔가 잊어버리고 있는 것 같은 느낌이 들 때는 그게 뭔지를 확인하기 위해 복용하기는 합니다.

영적 차원의 다른 현실을 모르는 사람들에게는 적절한 조건—안전하다고 느끼고, 마음이 영적인 삶을 향해 열려 있을 때—이 주어지면 LSD가 그 가능성을 보여줄 수 있습니다. 나는 그것을 경험했지요. 일단 그 가능성을 한 번 경험하면, 그리고 정말로 그 길을 향해 가고자 한다면, 우리의 목적은 단순히 다시 환각 상태를 경험하는 것이 아니라 "그냥 존재하는 것"이 됩니다. 그리고 "존재하는 것"은 우리의 의식이 고조된 상태와 가라앉은 상태 모두를 포함하지요. 지금은 문화 자체가 변했고, 우리 일상에서 다양한 차원의 현실이 더 자연스럽게 받아들여지고 있습니다. 한 번도 LSD를 복용해 본 적이 없거나, 마리화나를 피워본 적이 없는 젊은 사람들도, 자연스럽게 이런저런 경지를 맛보곤 합니다. 이건 음악의 영향일 수도 있고, 그들의 부모 세대가 LSD를 사용했던 1960년대의 문화적 흐름 덕분일 수도 있습니다. 사이키델릭이 만들어낸 사회적 변화를 절대 과소평가 하지 말아야 합니다.

나는 이제 더 이상 LSD 체험이 영적인 길을 가는 사람들에게 반드시 필요한 과정이라고는 생각하지 않습니다. 그것은 완전한 사다나의 상태도 아니고, 우리를 해탈로 이끌어주지도 않습니다. 왜냐하면 그 안에는 아주 미묘한 집착이 스며 있어서 우리로 하여금 무가치한 존재라는 생각을 계속해서 키우기 때문입니다. 그래서 자신은 LSD 없이는 안 되는 존재라고 느끼고, 깨달음의 의식 상태를 붙잡기 위해서는 끊임없이 바깥에서 무언가를 끌어와야 한다는 마음을 갖게 되지요. LSD를 그저 수단으로서만 활용하는 것도, 우리가 직접 다루는 편이 나을 것들을 일시적으로 덮어버린다는 한계가 있습니다. 고양된 상태에 계속해서 머무르기 위해 환각 체험을 좇고, 또 익숙한 습관의 패턴을 억누르거나 밀어내는 것은, 결국 정화해야 할 습관과 패턴에 직면하는 과정을 늦추는 것에 불과합니다.

깨달음의 가능성을 한 번 알게 되면, 그다음부터는 그 길을 따라 나아가게 됩니다. 그러다 어느 순간 갑자기 또 다른 체험만을 좇게 된다면, 우리는 점점 더 체험에 중독되어 가게 되지요. 모든 체험은 결국 덫이라고 할 수 있어요. 이 영적 게임의 요점은, 하나의 수단을 쓰되, 그것을 다 쓰고 나면 미련 없이 버리는 것입니다. 이것은 선과 악의 문제가 아니라, 깨어나기 위해 우리에게 주어진 기회를 최대한 효과적으로 잘 활용하고 있는지에 대한 정직성의 문제입니다.

아편 계열 약물, 코카인, 암페타민, 그리고 진통제의 무분별한 사용으로 인해, 우리 사회는 의식을 변화시키는 모든 화학물질에 대해 공포 반응을 보이고 있습니다. (의식을 확장시켜 있는 그대로의 마음을 드러내는) 환각제가 아편 및 쾌락이나 도피를 위해 사용되는 다른 약물들과 같은 범주로 취급되는 것은 매우 안타까운 일입니다. 실로시빈, 페요트, 메스칼린, LSD-25, DMT, MDA, 기타 트립타민류와 같은 환각제들을 두고, 불법이니까 무조건 나쁘다는 식으로 규정하는 대신, 교육을 통해 충분한 안목을 갖추고 사용할 수 있게 한다면, 우리는 치료적이고 영적인 효과를 볼 수 있을 것입니다. 그러나 이들 물질을 불법으로 규정하는 바람에, 그런 것들을 사용할 때에는 편집증적인 불안이 따라붙기 마련입니다. 만약 누군가 그것을 실험해 보고자 한다면, 환각제에 대한 부정적 사회 분위기가 마음가짐에 영향을 줄 수 있다는 점을 반드시 인식해야 할 것입니다.

영적 수행으로서 환각제 사용을 고려할 수 있는 적절한 단계가 있습니다. 아직 자아가 형성되고 있는, 그러니까 '누군가'가 되어가는 중인 젊음의 시기에는 환각제를 사용하는 것이 큰 혼란을 줄 수 있습니다. 반면, 심리적, 경제적, 사회적 기반이 충분히 다져진 사람들에게는, 마하라지가 제시한 방식처럼, 안정적인 환경에서라면, 이 방법이 잠재적 영적 가치가 있을 것 같습니다.

가슴은 어떻게 열리게 됩니까?

심장에 콧구멍이 있어 심장을 통해 호흡하는 것처럼 숨을 깊이 들이쉬고 내쉬는 연습을 해보십시오. 이 호흡법을 통해 우리는 깊은 슬픔이나 우리의 성장을 더디게 만드는 집요한 집착이 자리한 곳들을 찾아낼 수 있습니다. 그런 감정들이 떠오르면 떠오르는 대로, 흘러가면 흘러가는 대로, 놓아버리십시오. 그리고 그것들을 그리스도든, 구루든, 신에게든, 내맡기십시오. 당신으로 하여금 마음을 열지 못하게 하는 뿌리 깊은 슬픔들을 계속해서 밖으로 끌어내고, 그것을 마주하십시오. 척추 깊숙한 곳까지 닿도록 깊은 숨을 쉬면서 계속 안으로 들어가십시오. 아랫배 깊숙한 곳까지 숨을 들이쉬고 내쉬십시오.

숲이나 바다로 나가 마음을 한데 모아 가슴의 공간을 활짝 여는 몸짓을 하는 것도 좋은 방법입니다. 하누만이 자신의 가슴을 찢어 그 안에 라마와 시타가 깃들어 있음을 보여주었던 것처럼 가슴을 열어젖혀 보십시오. 호흡이나 생각을 통해 가슴을 열고, 자신과 깊이 연결되어 있는 그리스도와 같은 영적 인도자를 불러내십시오. 그리고 이렇게 말하세요. "그리스도여, 당신의 사랑을 느끼게 해주세요." 나를 사랑해 달라고 요청하는 것이 아니라, 나를 향해 그가 품고 있는 사랑을 느낄 수 있게 해달라고 요청하는 것입니다. 진정으로 가슴을 열고 그렇게 청하면, 나를 감싸안고 있는 따스함이 느껴지기 시작하고, 그렇게 따스함으로 깨어남의 과정을 시작할 수 있습니다. 또는, 그리스도와 같은 존재의 사진을 앞에 두고 앉아, 사진이 나타내는 존재로부터 흘러나오는 사랑의 에너지를 경험할 수도 있습니다.

　이것은 사랑 그 자체인 존재와 사랑의 대화를 시작하는, 믿을 수 없을 만큼 부드럽고 아름다운 일이지요.. 우리 중 어떤 이들은 위대한 사랑인 메허 바바, 혹은 그 자체로서 사랑인 예수 그리스도의 존재를 이미 알고 있습니다. 우리는 그저 우리 자신을 열면 됩니다. 명상의 공간에 들어가, 신의 빛 안에 있는 순수한 사랑의 존재의 사진을 앞에 두고 앉습니다. 그 사랑은 인격적인 사랑도, 로맨틱한 사랑도 아닙니다. "당신이 필요해." 같은 결핍에서 오는 사랑도 아닙니다. 로맨틱한 사랑은 관계의 대상이 우리를 우리 안의 사랑의 자리로 연결해 주는 유일한 통로처럼 느껴지는 까닭에, 질투와 소유욕을 동반하게 마련이지요. 그러나 그리스도가 주는 사랑은 의식적이고, 무조건적이며, 그 존재 자체가 사랑입니다. 궁극적으로는 우리도 그러한 사랑이 됩니다. 우리가 곧 사랑이기 때문에, 우리는 사랑의 공간에 살게 되고, 사랑을 일깨워 줄 누군가를 필요로 하지도 않게 되며, 우리에게 다가오는 사람마다 그 사랑을 마시게 됩니다.

　우리가 점점 더 사랑 자체를 드러내는 존재가 되어갈수록, 우리는 모든 존재를 사랑하게 됩니다. 서로 함께 있을 때 사랑이 느껴지면,

그 순간 우리 안에 있는 사랑의 자리가 열립니다. 때로 우리는 그 사랑의 감각에 사로잡혀 사랑을 느낀 상대를 붙잡아 두고 싶어집니다. 그러나 곧 깨닫게 되지요. 붙잡고 싶은 관계를 쌓아두는 것으로는 사랑의 자리에 계속 머물 수 없다는 것을, 그 자리에 머물기 위해서는 우리가 사랑 자체가 되어야 한다는 것을 말입니다. 그렇지 않으면 우리는 언제나 사랑의 연결을 찾아 헤맬 뿐일 것입니다. 대부분의 사람들이 구루를 찾는 이유도 비슷합니다. 연인, 혹은 아버지를 원하기 때문이지요. 하지만 구루는 우리를 그 너머로 이끄는 안내자가 될 수 있습니다. 다른 사람들이 구루에 대해 말하는 것, 심지어 구루 자신이 스스로에 대해 말하는 것조차 그리 중요하지 않습니다. 가장 중요한 것은, 우리의 마음이 구루에 대해 뭐라고 말하는가이지요.

가슴을 따르는 사람에게는 두려울 것이 없습니다. 우리가 하는 모든 행동이 신을 구하는 순수한 탐구에서 비롯되었다면, 우리는 언제나 안전합니다. 자신이 처한 상황에 대해 두려움을 느끼거나 확신이 서지 않는다면, 아름답고 강력한 만트라 하나를 반복해 보십시오—"신의 힘이 내 안에 있다. 신의 은총이 나를 감싸고 있다." 이 말을 반복하는 것만으로도, 보호받는 것을 느낄 수 있습니다. 은총이 부드러운 보호막처럼 감싸줄 것입니다. 열린 가슴을 통해, 우주의 소리를 듣게 될 것입니다.

예수는 "나를 통하지 않고서는 아무도 아버지께로 갈 수 없다."고 했습니다. 이 문장을 어떻게 해석해야 할까요?

대부분의 경전들, 특히 거룩한 존재들의 말에는, 서로 다른 수준의 제자들과 헌신자들이 각기 다른 방식으로 들을 수 있는 영적 가르침이 담겨 있습니다. 예수는 누구를 향해 말했을까요? 이 말은 예수의 말인가요, 아니면 그리스도의 말인가요? 하나의 존재 안에는 최소한 두 존재가 함께 있습니다. 그중 하나는 예수로서, 아버지의 형상이 지상에 현현한 존재입니다. "나는 아버지 안에 있고, 아버지는 내 안에 있다."는 말은 그것을 나타냅니다.

또 하나는 그리스도로서, 모습으로 드러난 근원 의식이자, '살아 계시는 성령'을 아는 의식입니다. 그리스도는 반드시 인간 예수를 가리키지는 않습니다. 문제는, 우리의 준비 정도에 따라 예수라는 인간과 헌신적인 관계에 빠지기도 하고, 그리스도라는 의식, 즉 무조건적인 사랑과 관계를 맺기도 한다는 것이지요. 나는 성경을 읽으면서 어떤 구절은 예수가 아닌 그리스도가 말하는 것이라고 느낍니다. 예수는 완전함이 형상화된 하나의 역사적 진술이었으며, 바로 그 역사적 순간에 그리스도는 누군가에게 이렇게 말합니다. "그대는 나를 통해서만 아버지께 올 수 있나니." 예수였던 그 몸을 통해서 나온 것으로 해석될 수 있지만, 어쨌든 그렇게 말합니다. 다른 맥락에서 또 다른 누군가에게는 예수의 몸이 속한 더 큰 몸,

즉 그리스도의 몸에서 비롯된 말로 받아들여질 수도 있겠지요. 그리고 그리스도의 의식은 '살아 계시는 성령'이라고 불릴 수도 있습니다. "내 살을 먹고, 내 피를 마시라."라는 구절 또한 마찬가지입니다. 사람들이 그의 팔을 뜯어 먹거나 핏줄에서 피를 마실 것을 그가 기대했을 리는 없습니다. "우주를 네 자신 안에 받아들이고, 우주를 마셔라. 그래야 아버지를 알 수 있다."는 뜻일 것입니다. 이 말은 예수가 아닌, 그리스도로부터 나왔다고 할 수 있습니다.

문제는, 그 최초의 발언을, 그리스도의 말이 아닌 예수 개인의 말로만 해석했다는 것입니다. 그로 인해 강압적인 전도와, 예수라는 형태를 통하지 않고서도 그리스도를 만날 수 있는 다른 방식들을 인정하지 않는 태도가 생겨나게 된 것이지요.

영적 수행뿐 아니라 모든 형태의 종교에 대해 흔히 제기되는 비판은, 그것이 대중의 아편이라는 것입니다. 즉, 종교는 현실 도피의 수단이자, 지배 계급이 민중들로 하여금 하늘이 문제를 해결해 줄 것으로 믿게 만듦으로써 그들로 하여금 사회적 투쟁을 하지 못하게 만들고, 공허한 약속에 의식을 쏟게 만든다는 것입니다. 결국 현실 문제는 전혀 해결되지 않고 남게 되는데, 이 문제는 어떻게 받아들여야 할까요?

매우 복잡한 문제입니다. 어떤 의미에서는 그들의 말이 절대적으로 옳다고 할 수도 있는데, 다른 차원의 현실에 들어가게 되면 기존의 사회적/심리적/경제적 집착과 고난을 전혀 다른 각도에서 보게 되기 때문입니다. 인간 이하라고 여겨질 만한 환경에 살면서도 빛나고 충만하며 행복한 존재들을 만난 적이 있어요. 그들은 결코 착취당한 것이 아니며, 그저 그렇게 존재할 뿐이었습니다. 원한다면 다른 삶을 선택할 수도 있었겠지요. 그러나 그것이 그들에게는 전혀 중요하지 않았습니다. 나는 '대중의 아편'이라는 말을 떠올리며 그들을 보았지만, 그들은 전혀 마취된 사람처럼 보이지 않았고, 그렇다고 자유를 잃은 것처럼 보이지도 않았습니다. 오히려 그들은 세속적인 근심을 덜 중요하게 만드는 무언가를 발견한 존재들이었지요. 그로 인해 그들이 선하게 되거나 악하게 된 것도, 강하게 되거나 약하게 된 것도 아닙니다.

그럼에도, 영적 추구가 어느 한 집단에 의해 다른 집단을 통제하는 수단으로 쓰인다면 이야기는 달라집니다. 누구도 다른 인간의 의식을 통제할 권리는 없어요. 기득권층뿐 아니라, 혁명가라 하더라도 마찬가지입니다. 만약 내가 가구 하나 없는 방에 고요히 앉아 빵과 물만으로 사는 길을 선택한다면, 정녕 그것이 생활수준 이하의 삶이라 할지라도 나 스스로를 불우하거나 고통받는 존재로 규정할 필요는 없겠지요. 만약 누군가 내 의지와 무관하게 그런 삶을 강요한다면 그것은 억압임이 분명하지만, 깊이 뿌리 박힌 조건화에서 벗어나기 위해 스스로 선택한 것이라면, 그것은 그저 나의 방식일 뿐입니다. 그러므로 누가 누구에게 무엇을 하고 있는지에 대해 편집증적인 생각들이 판을 지배하게 두어서는 안 됩니다.

나는 외적 자유와 내적 자유를 모두 믿지만, 외적 자유를 얻기 위해 내적 자유를 포기하지는 않습니다. 대부분의 활동가들은 눈으로 보고 측정할 수 있는 외적 자유를 원합니다. 그러나 분명히 볼 수 있는 사람이라면, 실제로 많은 사람들이 사회 속에서 누릴 수 있는 외적 자유를 모두 얻었다 할지라도 여전히 자유롭지 않다는 것을 알게 됩니다. 그리고 바로 그 지점에서 영성이 개입됩니다. 영성은 내적인 문제, 혹은 내적인 자유의 문제입니다. 내적 자유를 얻고 나면 정치적 활동가로 남을 수도 있고 아닐 수도 있고, 여전히 예술가일 수도 있고 아닐 수도 있으며, 어떤 존재일 수도 있고 아닐 수도 있습니다. 그렇다고 무기력하게 앉아 있기만 하는 것은 아닐 가능성이 크지만, 설령 그렇게 한다 해도 안 된다는 규칙은 없지요. 그것은 외적 자유입니다. 의식이 더 깨인 사람이라면 정치적 행동을 해야 한다고 말하는 것은, 나로서는 순진한 생각으로 여겨집니다. 사회는 극도로 복잡하고 정교한 유기체이기 때문에 그것을 아름답게 만들기 위해서는 정치뿐 아니라 여러 부분들이 필요하기 때문입니다.

정치적 진화는 총을 들고 서로를 향해 쏘는 방식이 아니라, 그보다는 화성인의 침공처럼 흥미로운 전환으로 이루어집니다. 그것은 '우리' 대 '그들'의 싸움이 아닙니다. 그것은 우리가 그들이 되고, '그들'이 우리가 되는 것입니다. 두려운 점은, 그 과정에는 숨어들 상징이 없다는 것입니다. 내 곁에 오는 사람들 중에는 변호사도, 의사도, 대학 교수도 있습니다. 나는 그들에게 의사를 그만두라거나, 활동가에게 활동을 멈추라거나, 정치인에게 정치를 그만두라거나, 가수에게 노래를 그만두라고 하지 않습니다. 우리는 그저 인류의 연결감을 높이고, 모든 존재의 상호연관성에 대한 자각을 확장하는 방식으로 각자 하고 있는 일을 계속할 뿐입니다. 거기에는 생태학적 성숙, 경제적·정치적 인식도 포함됩니다. 그러니 지금 하고 있는 일을 그대로 하십시오. 왜냐하면 이 삶의 게임을 규정하는 단일한 역할은 없기 때문입니다. 시청 앞에서 행진한다고 해서 반드시 효과적인 정치 활동가가 되는 것도 아닙니다. 그리스도와 부처 또한 각자의 방식으로 효과적인 정치 활동가였다고 할 수 있습니다. 삶이라는 게임 속에는 다양한 전략이 존재함을 인정해야 합니다. 선과 악의 대립이 아니라, 단지 개개인의 차이일 뿐입니다.

억압과 불평등에 맞서 정치적 투쟁을 해야 하는 상황과 시기에 놓인 사람들에게도 영적 수행이 도움이 될까요?

그렇습니다. 왜냐하면 어떤 행동을 효율성의 관점에서 보았을 때, 일은 우리가 완전히 몰입하면서, 동시에 집착하지 않을 때 더 효과적으로 진행되기 때문이지요. '무집착'이라는 말이 그 행동을 하게 만든 동기, 즉 최초의 관심과는 다소 상반되는 것으로 들릴 수도 있습니다. 약간의 설명을 덧붙이자면, 스트레스 상황에서 필요한 일종의 '냉정함'의 일부는 전체 상황에 대한 연민에서 나온다는 것입니다. 즉, 판 전체를 조망하는 안목에서 비롯되는 것이지요. 비유하자면, 지상에서 전투를 치르면서 동시에 헬리콥터에서 내려다보듯 전체 전략을 파악하는 것과 같습니다. 그러한 조망 능력은 감정에 휩쓸려 상대방을 계속 적대적으로 대하는 오류에 빠지지 않도록 해줍니다. 다시 말해, 상대가 어떤 곤경에 빠지게 되었는지를 바라봄으로써, 그가 성장할 수 있는 공간을 내어주는 것이지요.

예컨대, 나는 국방부장관의 입장을 이해할 수는 있지만, 결코 동의하지는 않습니다. 나는 그의 행동에 항의할 수 있고, 그가 어떤 특정한 일을 하지 말았어야 한다고 비판할 수 있으며, 실제로 그렇게 합니다. 그러나 동시에 나는 그의 곤경에도 귀를 기울입니다. 그의 처지에 귀를 기울일 수 있는 이 능력이 그에게는 성장의 기회를 제공합니다. 왜냐하면, 모든 인간은 자기를 가둔 자기만의 틀에서 벗어날 권리를 가지고 있기 때문입니다. 우리가 누군가의 성장 가능성을 빼앗는 순간, 설령 그 사람이 아주 나쁜 사람이라고 하더라도, 우리는 우리가 바로잡고자 했던 그 잘못을 그에게 똑같이 하는 것이 됩니다. 나쁜 사람들을 무력화시키려는 열정이 결국 양극화를 조장하고, 오히려 더 큰 분열을 낳는 것입니다.

『지금 여기에 있으라』에서 말했듯이, 히피들은 경찰을 만들어내고, 경찰은 다시 히피들을 만들어냅니다. 헤이트-애슈버리에서는 그 사실이 더욱 분명했습니다. 시민들은 벌어진 광경에 겁을 먹었고, 그래서 경찰이 더 강압적으로 행동하기를 요구했습니다. 결국 경찰들은 더 강하게 나왔고, 히피들은 이들과 맞서 싸우기 위해 더욱 결집했습니다. 히피들이 결집할수록 경찰은 더욱 강압적으로 변하여 서로가 서로를 부추긴 셈이 되었지요. 그러나 그 공간에는 그 분열을 뚫고 나갈 만큼 의식이 깨어 있는 사람이 아무도 없었습니다. 만약 누군가 있었다면, 그 과정은 온전히 협력적인 춤으로 바뀌었을 수도 있습니다. 나는 영적 자각과 연민, 그리고 의식이 정치에 효과적으로 기여할 수 있다고 생각합니다.

1968년 시카고에서 열린 민주당 전당대회에서 앨런 긴즈버그 Allen Ginsberg는 놀라운 모습을 보여주었습니다. 바로 현장 한가운데서 '옴' 만트라를 시작한 것입니다. 참으로 흥미로운, 묘한 장면이 아닐 수 없었습니다. 그때 나는 인도의 한 사원에 앉아 있었지요. 시카고에서 앨런이 벌인 일에 대한 신문기사를 읽었을 때, 여러 생각이 오갔습니다. "나는 여기에서 회피하고 있는 걸까? 저기 내 친구는 최루탄을 맞고 구타를 당하고 있는데, 나는 여기에서 도대체 뭘 하고 있는 거지? 히말라야에 있는 사원에서 담요나 두르고 앉아 차나 끓여 마시고 있다니! 이건 도피일까, 아니면 모두를 대신해 보다 미묘한 내면의 악마들과 싸우고 있는 걸까? 어쩌면 이건 실제 물리적 세계인 사회의 나쁜 사람들과 싸우는 것만큼이나 어려운 일일지도 몰라. 그렇다면 나는 저 동료들에게 무엇을 가져다줄 수 있지?"

　나는 정치적 행동가들에게, 혹은 이 말을 나눌 수 있는 누구에게라도, 내가 건네줄 수 있는 것이 있음을 알게 되었습니다. 미국의 많은 혁명적 전술들은, 전투에서는 승리했지만 전쟁에서는 패배한 듯합니다. 만약 우리가 어떤 차원에서는 인간의 고통을 덜어주더라도 그 행위가 다른 차원에서의 고통에까지 영향을 미치지 못한다면, 결국 고통을 종식한다는 목표는 달성하지 못한 것이 됩니다. 예를 들어, 사람들에게 경제적 혜택을 제공하면서, 그들로 하여금 경제적 혜택이 완전한 평화, 또는 완전한 행복을 가져다줄 것이라는 또 다른 집착을 갖게 만든다면, 결국 고통을 낳는 환상만 지속시키는 셈입니다. 바로 이런 이유에서 혁명가 의식의 본질은, 그 혁명이 궁극적으로 돕고자 했던 사람들을 해방시키는지, 아니면 도리어 얽매는지를 결정합니다. 참으로 근원적인 문제이지요. 처음으로 미국에 온 유럽인들을 생각해 보십시오. 그들은 정치적, 종교적 자유만 얻으면 모든 것이 해결될 거라 생각했습니다. 그러나 실제로는, 그것을 얻었지만 모든 것이 해결되지는 않았습니다.

어떻게 하면 성적 욕망을 없애기로 결심할 수 있을까요? 그것들을 내려놓고 싶지만, 어떻게 해야 할지 모르겠습니다.

이제 미국에서도 성에는 아무런 잘못이 없다는 사실을 점차 인정하는 분위기입니다. 더 이상 빅토리아 시대처럼 엄격하게 다룰 필요가 없는 것이지요. 우리는 신경증적인 성에서 비교적 건강한 성의 방향으로 나아왔으며, 이것은 분명 좋은 변화의 방향임이 틀림없습니다. 세상 속에서 살아가는 한, 성은 존재의 아름다운 한 부분입니다. 그러나 만일 우리가 진실로 이 생에서 신을 깨닫고자 한다면, 우리는 모든 에너지를 그곳에 이르는 방향으로 집중시키게 됩니다. 성 문제는, 우리가 아무리 좋은 의도를 가지고 있어도 행위 자체가 너무 강력한 나머지 우리를 결국 분리된 존재로서의 쾌락, 즉 감각적 쾌락의 극치로 내몰아 버립니다. 이런 맥락에서 성은 우리의 분리감을 더욱 강화합니다. 우리가 성을 내려놓는 것은, 그것이 나쁘거나 잘못되었기 때문이 아닙니다. 죄책감 같은 것도 가질 필요가 없습니다. 우리가 하는 일은 단순히 성을 억누르는 것이 아닙니다. 우리가 하는 일은 얼마나 신을 간절히 원하는지를 인정하고, 마음과 정신을 그 방향으로 돌리는 것입니다. 그렇다고 해서 그것을 무슨 서커스처럼 요란하게 과시할 필요는 없겠지요. 성과 투쟁을 벌이는 식으로 가서는 안 됩니다. 무언가와 싸우려 들 때마다 그것의 현실성을 강화하게 되기 때문입니다. 중요한 것은, 그저 성을 있는 그대로 인정하는 것입니다. 그것은 마치 나무막대를 마찰시켜 불을 피우는 것과 같습니다. 결국 우리는 섹스를 통해 도달하고자 했던 바로 그 자리에 우리가 이미 존재하고 있다는 것을 알게 됩니다.

실제로 이렇게 말하는 부부들을 만나곤 합니다. "무슨 일이 일어나고 있는 거죠? 영성이 더 깊어질수록 성관계의 의미가 점점 없어지는 거 같아요. 뭔가 잘못된 건가요? 성은 신성한 거 아닌가요?" 그래요, 성은 신성합니다. 단지 성관계를 계속할 이유가 서서히 줄어드는 것이지요. 나중에 그들은 자신의 내적 수행을 전혀 방해하거나 흐트러트리지 않고도 성관계를 할 수 있게 되었습니다. 높은 의식의 존재들은 가슴이 열려 있기 때문에 상상할 수 없을 만큼 아름다운 섹스를 할 수 있습니다. 그러나 대부분의 사람들이 이 문화 속에서 경험하는 섹스를 통해서는, 가슴의 열림을 맛보지 못합니다. 문제는, 높은 의식의 존재들은 이미 그러한 친밀감을 나누고 있기 때문에 오르가슴에 대한 욕구 자체가 없다는 것입니다.

탄트라 요가는 성적 쾌락을 추구하는 이들에게 오용되곤 합니다. 그들은 두 마리 토끼를 다 잡으려는 태도로 접근하지요. 그러나 실제로 다른 사람과의 성적 관계를 갈망할 때, 그 각성과 쾌락의 과정은 오히려 그 욕망을 더욱 강화시킬 뿐입니다. 진정으로 가능한 탄트라적 성은, 상대를 '타자'로서 욕망하는 마음이 전혀 없는, 신에 깊이 뿌리내린 두 인간 사이에서만 이루어집니다. 그때 비로소 우리는 신체적 상호작용의 생리적 과정을 통해 에너지를 일깨우고, 그것을 차크라를 따라 끌어올릴 수 있습니다. 그러나 이는 어느 한쪽도 욕망에 사로잡히지 않을 때만 가능하지요. 내가 아는 사람 중에서는 지금껏 그 조건을 충족한 이가 거의 없습니다. 그러니 그런 경지에 이르지 못했다면 그냥 솔직해지는 편이 낫습니다. 성은 성일 뿐, 탄트라는 아닙니다. 참된 탄트라는 본질적으로 라다와 크리슈나, 구도자와 어머니 사이의 관계에 가깝습니다. 영혼을 열어 자신 안에서 동시에 링감lingam과 요니yoni, 즉 남성과 여성이 모두 되는 것이지요. 그러니까 스스로 그 우주 안으로 들어감과 동시에 영을 자기 자신에게로 끌어당기는 것입니다―왜냐하면 영혼은 여성도 남성도 아니기 때문입니다. 당신이 당신 자신을 깨어 있는 영혼으로 인식하게 될 때, 성적인 춤은 점점 더 잡아당기는 힘을 잃기 시작합니다.

이제부터는 진짜 귀를 기울여 보십시오. 우리들 각자는 서로 다른 단계의 진화 주기에 놓여 있습니다. 많은 사람들이 대인관계나 성적 욕망 등 해야 할 과제를 가지고 있습니다. 신을 원하기도 하지만, 그 이전에 먼저 처리해야 할 일이 있는 단계가 대부분입니다. 아직 끝내지 못한 것을 이미 끝냈다고 가장한다면, 그것은 영적 여정을 더디게 만들 뿐입니다. 반대로, 이미 끝낸 것을 붙잡고 놓지 않으려 해도 마찬가지로 길이 늦어집니다. 누가 브라흐마차리야Brahmacharya(성행위를 금하는 정결주의)를 실천하고 누가 그렇지 않은가에 대해서는 단순한 규칙이 없습니다. 어떤 사람은 그렇게 하고, 어떤 사람은 그렇게 하지 않습니다. 결혼한 부부도 마찬가지로 브라흐마차리야로 살 수도 있고, 그렇지 않을 수도 있습니다. 브라흐마차리야 부부는 아이를 갖기 위해서만 성관계를 맺으며, 달마다 특정한 날이나 공식을 따르지는 않습니다.

성은 버리는 것이 아닙니다. 모두가 다 삶이라는 춤의 일부이니까요. 궁극적으로는, 우리가 먹고 싶은 것을 먹을 수 있는 것과 마찬가지로, 하고 싶은 것을 할 수 있습니다. 이것은 도덕적 문제가 전혀 아닙니다. 우리가 자신에게 솔직히 귀 기울일 수 있다면, 우리는 무엇을 끝냈고, 무엇을 끝내지 않았는지, 그리고 어떤 욕망 체계가 다른 것보다 더 강한지를 알게 될 것입니다. 우리가 할 것은 스스로에게 솔직해지는 일뿐입니다. 자기 자신을 속이지 말아야 합니다. 영적 삶에서 가장 나쁜 것은—자기 자신이 아닌 무언가가 되려는 가식입니다.

나는 어떤 이들에게는 브라흐마차리야를 권하지만, 어떤 이들에게는 성관계를 가지라고 권합니다. 세상에는 금욕을 하려고 하면서도 속으로는 성적 욕망이 들끓어서 결국 정신과 신세를 지게 되는 이들이 수두룩합니다. 반대로, 더 이상 원치 않으면서도 해야 한다는 생각 때문에 성관계를 억지로 맺는 사람들도 있습니다. 그들은 이미 성이 더 이상 의미가 없는 의식의 차원에 들어가 있는 것입니다. 자기 자신을 믿으십시오. 그리고 욕망이 사라질 때가 되면 그것이 적절히 흘러가도록 허용하십시오.

영적 수행에서 식단은 어떤 역할을 합니까?

내가 음식에 대해 들은 바로는, 사다나의 단계에 따라 서로 다른 식단이 권해진다는 것입니다. 우리는 자연스럽게 그쪽으로 끌리게 됩니다. 그것은 도덕성에 근거한 것이 아니라, 우리가 받아들이고 변화시킬 수 있는 진동수에 달려 있습니다. 어떤 단계에서는 고기의 진동수, 즉 활동적이고 강렬한 욕망의 라자스적인 성질을 감당하지 못하기 때문에, 이때에는 식단을 조정하지 않으면 충분히 고요해질 수 없습니다. 그 단계에서 식단은 생선과 계란, 채소와 곡물, 유제품과 과일로 가벼워지기 시작합니다. 그것마저 감당하지 못하는 단계가 오면, 곡물과 유제품, 채소와 과일만 먹게 되기도 하지요. 어떤 때는 과일만 먹을 수 있는 시기도 있습니다. 연결되고 맑아져서 이 모든 것을 넘어서는 단계에 이르면, 다시 무엇이든 먹을 수 있게 되기도 합니다.

특정 식단은 몸에 쌓인 독소를 정화하는 데 도움을 주며, 대체적으로 유용합니다. 단순한 채식 식단도 도움이 됩니다. 그러나 음식 문제를 좋고 나쁨의 관점에서 접근하지는 말아야 합니다. 그것은 작동하지 않을뿐더러, 도덕적 의로움에 갇히게 할 뿐입니다. 많은 사람들이 입으로 들어가는 것에는 집착하면서 입에서 나오는 것에는 신경 쓰지 않습니다. 솔직히 말하면, 무엇을 먹든 해방된 이들이 있습니다. 그러니 이 게임은 그렇게 단순하게만 접근할 수는 없는 것입니다. 아메리카 원주민들은 물소를 먹었지만, 그들 가운데에도 뛰어난 신비주의자와 성자가 존재했습니다. 티베트인들은 고기를 먹으면서도 동물을 존중했고, 이는 그들 모두의 카르마적 청산 작업의 일부라고 할 수 있습니다. 그들의 방식은 낭비나 분노로 얼룩지지 않았으며, 그저 자연스러운 삶의 흐름이었습니다.

나는 에살렌 연구소 Esalen Institute 로부터 빌린 빅서에 있는 집에서 명상하던 일을 기억합니다. 집에는 고양이가 한 마리 있었는데, 고양이는 아침마다 먹이를 잡아 오곤 했습니다. 그러고는 명상을 하는 내 다리 사이에 와서 앉아, 쥐나 도마뱀의 두개골을 먹기 시작했습니다. 때로는 아직 살아서 퍼덕거리고 있는 것을 먹기도 했지요. 나는 누구를 미워하고 누구를 사랑해야 할지, 그리고 내가 무엇을 해야 할지 알 수 없었습니다. 그러나 많은 것을 배웠습니다. 존재의 한 층위에 대해 깊이 이해할 수 있었기 때문이지요.

나는 최근 채식 식단을 변형하여 적용하고 있습니다. 생선과 계란은 먹고, 닭고기도 가끔은 먹는데, 내 생활 방식으로 인해 몸이 특정 단백질을 필요로 한다고 느끼기 때문입니다. 내가 그렇게 하듯, 당신 역시 자신의 필요에 귀를 기울여야 합니다.

여성 심리치료자로서 환자들을 치료하면서 나는 당신이 가르쳐준 것을 어떻게 통합해야 하는지 어려움을 느끼고 있습니다. 이 같은 상황에 대해 말씀해 주실 수 있나요?

내적 수행과 외적 사회적 실천을 서로 분리하는 경향은 단지 머릿속의 어떤 모델에 대한 집착에서 나온 결과라고 생각합니다. 내 관점에서 보면, 이 둘은 사실상 카르마 요가, 곧 일상의 요가 속에서 하나로 모입니다. 즉, 의식을 더 맑게 하고, 더 깊은 평화를 경험하며, 더 큰 깨달음을 얻는 등─그 외 당신이 어떤 표현을 쓰든 간에─결국 그 상태에 이르기 위해 날마다 행위로써 수행을 하는 것입니다. 그렇게 되면, 당신이 하는 일이 곧 수행이 되고, 수행이 당신을 일상으로부터 떼어놓는 것이 아니라 일상 속에서 살아 움직이게 됩니다. 다시 말해, 당신이 있기를 바라는 곳이 아니라, 지금 당신이 있는 바로 그 자리에서 시작하는 것이지요. 이미 주어진 훈련, 기술, 책임이 있다면, 게임은 그 모든 것을 통해 깨달음으로 가는 길을 찾고, 자신을 단련하는 방법으로서 그것들을 활용하는 길을 찾는 것입니다.

나는 거의 모든 시간을 봉사하며, 어떤 방식으로든 고통받는 사람들에게 나를 내어주며 지냈습니다. 물론 누가 어떻게 고통받는지, 누가 누구보다 얼마나 더 고통받는지 정의하긴 어렵습니다. 사람들이 찾아올 때면 나는 그들의 관점에서 그들 자신의 삶의 전략이나 감정을 새롭게 바라볼 수 있도록 하기 위해 상호작용을 했지만, 사실상 그것은 모두 나 자신을 위한 수행이었습니다. 마치 정신과 의사들이 몹시 힘든 환자들을 만나 그것을 그들 자신의 수행으로 삼는 것처럼 말입니다. 만약 동정이나 분노, 거부감이나 욕망—환자에 대한 성적 욕망이든 권력 욕망이든—에 빠져버린다면, 변화의 매개자로서의 효과는 줄어들 수밖에 없습니다. 따라서 당신의 작업 중 일부는 사람들에 대한 자신의 정서적 반응과 역전이를 다루는 것입니다.

내 관점에서 보면, 나의 일은 심리적 차원에서 완전한 몰입과 완전한 무집착을 유지하는 것입니다. 나는 내가 할 수 있는 일을 하고, 내 의식이 허락하는 한 가장 완벽하게 그것을 수행합니다. 하지만 결과에 집착하지 않습니다. 그저 최선을 다해 행할 뿐이며, 그것은 내가 바라는 방식이 아니라 신이 원하는 방식대로 나타납니다. 다시 말해, 내가 어떤 사람들을 만났을 때, 그들이 단지 정신병원에 있다는 이유만으로 변화해야 한다고는 생각하지 않습니다. 내가 생각하는 모습이 반드시 그들의 지금 모습보다 더 낫다고 말할 근거도 없습니다. 나는 단지 존재 대 존재로서 나눌 뿐이고, 그들은 내 의식을 하나의 도구로 삼아 스스로 준비를 마치고 가능한 만큼 변화하게 됩니다.

당신이 겪는 어려움은 정신과 의사라든가 여성이라든가 하는 어떤 이름표에 갇히기 때문에 생깁니다. 왜냐하면 이름표는 곧 한계를 뜻하기 때문이지요. 그것은 유한하며, 그 안에는 고통이 따릅니다. 의식이 할 일들 중 하나는, 지금 있는 자리에서 자기 존재와 본성을 새롭게 규정하는 것입니다. 그렇게 되면 정신과 의사의 옷, 여성의 옷, 개인의 성격이라는 옷, 주어진 기회의 옷 같은 것들을 우리가 입고 있는 것일 뿐입니다. 이들은 모두 본질을 둘러싼 현상적 고리일 뿐, 결코 본질 그 자체는 아니지요. 자신을 무언가를 하는 누군가로 생각하는 한, 우리는 환영 속에 갇히게 되고, 자기의 부정적 현실로부터 벗어날 수 있는 공간을 어느 누구도 진정으로 제공할 수 없습니다.

행동 변화를 위한 최선의 전략은, 자신에게나 다른 누구에게나, 결국 연민입니다. 내가 이해하기로는, 연민이란 있는 그대로를 볼 수 있는 능력을 뜻합니다. 어떻게 되어야 한다는 바람을 붙잡고 있는 한, 우리는 지금 있는 그대로를 들을 수 없습니다. 내가 무언가를 원하고 있는 한, 그것을 진정으로 이해할 수 없습니다. 왜냐하면 내가 볼 수 있는 것들의 대부분은 나 자신의 투사 체계일 뿐이기 때문입니다. 결국 우리는 자기 자신을 포함해 모든 인간을 한 육체나 성격 속에 깃든 화신으로서 어떤 삶의 경험을 통과하고 있는 존재로 보게 됩니다. 그 경험은 수행의 일부로서 역할을 한다는 면에서 기능적입니다. 심지어 나 자신의 혼란과 갈등, 고통조차 기능적인 것으로 바라보게 되며, 더 이상 그것을 비기능적인 무의미한 것으로 보지 않습니다.

다른 존재를 위해 할 수 있는 가장 위대한 일은, 조건을 넘어선 그들의 자리, 즉 순수 의식, 순수 본질과 접촉할 때 흘러나오는 무조건적인 사랑을 제공하는 것입니다. 우리가 서로를 단지 존재하는 그대로, 단지 여기 있는 존재 그대로 인정하는 순간, 우리들 각자는 각자 최적의 방식으로 자유롭게 변화할 수 있습니다. 당신이 그저 여기에 있다는 이유만으로 내가 당신을 사랑할 수 있다면, 당신은 필요한 만큼 자유롭게 성장할 수 있습니다. 왜냐하면 그 어떤 것도 내 사랑의 감정을 바꾸지 못할 것이기 때문입니다.

우리는 특정 역할이 어떤 사람에게는 적용되고, 또 어떤 사람에게는 적용되지 않는다고 생각하는 방식으로 역할 관계를 맺는 것에 익숙해져 있습니다. 왜냐하면 우리가 외적인 조건들―누구와 스킨십을 하는지, 누구와 잠자리를 갖는지, 누구를 때리는지, 누구를 지배하고 누구와 협력하는지, 또 누구를 지지하고 누구에게 돈을 주고 누구에게 돈을 받는지―에 지나치게 집착하기 때문입니다. 이 모든 것은 두 존재 사이의 상호작용일 뿐, 결코 본질은 아닙니다. 당신이 일상 속에서 자기 수행을 해나갈수록, 당신은 점점 더 주위 사물에 대한 자신의 반응이 일종의 기계적인 모방에 불과하다는 것을 깨닫게 됩니다. 그러면서 그 모든 것 뒤에 있는 공간 속에서 훨씬 더 고요해지고, 성격을 포함해 모든 것을 있는 그대로 자연의 일부로서 들을 수 있게 됩니다. 그 공간에 깊이 들어갈수록, 당신이 만나는 모든 사람들을 위해 그 공간을 더욱 열어놓는 일도 빈번해집니다. 당신은 그들이 그렇게 할 수 있도록 허용하는 환경이 되는 것입니다. 그리고 바로 그 공간 안에서라면 모든 변화가 가능합니다. 하지만 당신이 당신 자신이나 타인을 어떤 모델, 역할, 특징, 개별적 차이와 동일시하는 순간, 변화는 매우 감당하기 어려워집니다. 삶과 죽음조차 절대적인 것이 아니라 상대적인 것으로 경험하는 우주 속에 살게 될 때, 모든 것은 자유롭게 변화합니다. 지금 이 순간, 당신이 있는 바로 그 자리 외에 당신이 수행해야 할 곳은 어디에도 없습니다. 당신에게 일어나는 모든 일이 자기 수행의 일부입니다.

우리들 각자는 문명이라는 거대한 덩어리를 이루는 서로 다른 부분들이며, 어떤 행위도 다른 행위보다 더 낫거나 더 못하지 않습니다. 만약 제화공이 없다면 우리는 신발을 신지 못할 것이므로 제화공은 반드시 필요합니다. 그렇다고 해서 제화공이 정신과 의사보다 더 낫거나 못한가요? 환경미화원은요? 쓰레기를 수거해가는 사람이 없다면 뉴욕이나 보스턴이 어떻게 될까요? 그렇다고 해서 환경미화원이 정신과의사보다 더 중요하다고 할 수 있을까요? 이런 질문은 결국 터무니없는 것이 됩니다. 결국 당신은 모든 사람들, 심지어 대통령조차도 단지 춤 속의 또 하나의 악기, 전체 몸의 한 부분임을 알게 됩니다. 우리들 각자는 자기 삶의 경로를 귀담아 들을 뿐, "이건 좋고 저건 나쁘다."거나, "이게 제일 낫다.", 혹은 "내가 하는 일이 가장 중요해."하는 식으로 정의해서는 안 됩니다. 당신이 할 수 있는 가장 중요한 일은, 당신에게 가장 완벽하게 맞는 일입니다. 해야만 한다거나 그래야만 해서 하는 것이 아니라, 진짜로 사람들을 어떻게 섬길 수 있을지 길을 찾아야 합니다. 그저 당신이 있는 자리에서 심리치료를 하도록 하십시오. 의사의 역할, 환자의 역할 너머, 신경증과 조금 덜한 신경증 너머, 우리가 여기 함께 있음을 자각하면서 치료를 하는 것입니다.

내가 아는 한 정신과 의사는 명상과 영성에도 깊은 관심을 가지고 있습니다. 흥미로운 점은, 그의 스승이 70대 흑인 자동차 정비공이라는 사실입니다. 그는 아침 8시부터 저녁 6시까지 차를 고치고, 퇴근하면 집으로 돌아와 와인을 마십니다. 그러면 아이들이 그 주변에 몰려드는데, 이유는 그가 지혜로운 사람이기 때문이지요. 그는 아이들을 치유합니다. 겉으로는 그들의 몸을 다루지만, 그가 전하는 것은 언제나 조건 없는 놀라운 사랑입니다. 왜냐하면 그는 아이들 안의 온갖 잡동사니와 허물, 그리고 신성한 춤 너머에 있는 자리를 사랑하기 때문이지요. 그리고 이 정신과 의사는 지혜를 존중할 줄 알기 때문에 기꺼이 이 자동차 정비공의 발 아래에 앉습니다.

내가 내 구루로부터 받은 삶의 가장 중요한 가르침은 세 가지입니다: "사랑하라, 섬기라, 그리고 기억하라." 다시 말하자면, "모두를 사랑하고, 모두를 섬기고 먹이며, 신을 기억하라." 나에게 있어 요가란, 내가 매일 하는 일—사람들과 함께 있으면서 그들과 시간을 나누는 것—을 있는 그대로 행하는 것입니다. 나는 그들이 스스로를 환자라고 부르기를 요구하지 않습니다. 우리는 식당에서든, 버스에서든, 어떤 상황에서든 만나 서로 필요한 방식으로 함께할 수 있습니다. 모든 경우가 곧 나 자신의 수행입니다. 왜냐하면 나는 사랑하고, 섬기고, 기억하기 때문이지요. 그러나 내가 사랑하고 섬기는 것은 내가 무엇을 기억하느냐에 달려 있습니다. 내가 기억하는 것은, 우리 모두가 누구인가 하는 것입니다. 나는 참나를 기억합니다. 그리고 그것은 내가 다른 존재를 향해 보내는 사랑과 섬김이 이미 자유로운 진리를 향하고 있다는 의미입니다.

몇 년 전만 하더라도, 나는 명상을 하면서 내 삶이 꽤 괜찮다고 생각했습니다. 그런데 삶이 바뀌었고, 지금 돌아보면 그때 가졌던 아름다운 마음 상태가 사라져버리고 말았습니다. 왜 그렇게 되었는지 모르겠습니다.

우리들 대부분이 겪는 어려움 중 하나는 고통과 의심, 혼란과 믿음의 상실을 깨달음의 일부라고 해석하지 못한다는 것입니다. 은총에서 벗어난 것 같은 상태를 느끼게 되면, 자신이 그것을 망쳤다고 생각하기까지 합니다. '왜 나는 더 이상 고양된 상태가 아니지? 무슨 일이 일어난 거야? 인생은 형편없어. 전에는 모든 게 달콤하고 빛으로 가득했는데, 이제는 모든 것이 너무 무겁게 느껴져.' 이런 순간이 늘 있는 건 아니지만, 우리는 누구나 그런 순간을 겪으며, 나 역시 마찬가지입니다.

이것은 마치 그리스도가 나타나 기적들을 행하며 "보라, 세상은 네가 생각하는 그대로가 아니다. 너는 네가 생각하는 그 존재가 아니고, 나도 네가 생각하는 그 존재가 아니다. 우리는 모두 아버지 안에 있다. 깨어나라. 세상의 헛된 집착을 내려놓아라. 이제 함께 나아가자."라고 말하는 것과 같습니다. 그러면 사람들은 그가 가진 힘에 사로잡히고, 그가 떠나면 모두 낙담합니다. 사람들은 자신을 고양시켜 주는 방식에 중독되어 있는데 그 방식이 사라져버렸기 때문이지요. 마약쟁이에게 마약이 떨어진 것과 같습니다. 나에게는 나의 구루가 떠난 것이 그랬습니다. 여러 해 동안 나를 고양시켜 주던 방식—크리슈나를 향해 노래하거나 호흡을 따라가는 것—이 갑자기 입 안에서 지푸라기처럼 느껴질 때가 있었습니다. 더 이상 효과가 없어진 것입니다. 그렇다면 낮은 의식 상태에 머무는 수많은 순간들은 어떻게 해야 할까요? 화가 나는 순간, 해고되는 순간, 복지 혜택이 중단되는 순간, 자동차가 고장나는 순간, 원치 않은 임신을 했다는 걸 알게 된 순간, 싸움이 일어난 순간, 동네에 폭력 사건이 발생한 순간, 인종 간의 갈등과 긴장이 고조되는 순간, 자연재해가 닥치는 순간, 에이즈 판정을 받는 순간, 정치가들의 말이 모두 거짓처럼 들리는 순간…….

이 모든 순간은 흥미롭게도, 우리를 다시 본연의 자리로 되돌려 보내 각자가 지금 어디에 있는지를 보게 만듭니다. 모든 안전핀이 사라져버릴 때, 우리는 잠시나마 자신이 가지고 있는 자원을 확인할 기회를 얻게 됩니다. 이 길에는 수많은 단계가 있고, 수많은 배움이 있습니다. 그러니 어디에서도 멈추지 말아야 합니다. 이 모든 것이 깨어남의 과정입니다. 당신에게는 세상의 모든 시간이 주어져 있지만, 그 어느 한순간도 허비하지 말아야 합니다.

당신이 설립에 참여했고, 지금도 관여하고 있는 세바 재단은 어떤 곳인가요?

산스크리트어로 세바seva는 '이타적 봉사'를 뜻합니다. 세바 재단 The Seva Foundation은 1978년 세계보건기구WHO가 동남아시아에서 진행한 천연두 퇴치 캠페인에 함께 참여했던 이들의 영감으로 설립되었습니다. 원래 SEVA는 '역학 및 자원봉사 지원 협회Society for

Epidemiology and Voluntary Assistance'의 약자이기도 했습니다.

세바의 첫 번째 프로젝트는 세계적으로 예방과 치료가 가능한 실명 문제를 줄이는 것이었습니다. 개발도상국 실명 환자의 80%는 예방이나 치료가 가능했지요. 세바가 처음 활동을 시작한 곳은 중국과 인도 사이 히말라야 산맥에 위치한 작은 나라 네팔이었습니다. 이곳은 서구 의학 지식과 기술이 실제로 큰 도움이 될 수 있는 환경이었습니다. 세바는 네팔의 '치료 가능한 실명 환자'의 누적 문제를 해결하고, 네팔 사람들이 스스로 안과 의료를 자립적으로 운영할 수 있는 기반을 마련하는 데 힘썼습니다.

세바는 네팔 실명 퇴치 프로그램 Nepal Blindness Program의 기획, 전문성 제공, 행정 지원, 안과 의사 지원, 의약품, 차량, 의료 인력 훈련 등을 협력하여 지원했습니다. 이 프로그램은 트라코마, 각막연화증, 각막건조증 등 실명을 유발하는 질환을 치료와 보건 교육으로 예방하고, 병원, 클리닉, 안과 캠프, 지역사회 프로그램을 통한 백내장 수술을 확대하여 실명 감소에 집중했지요.

또한 세바는 인도 남부 마두라이에 위치한 특별한 기관인 아라빈드 안과병원 Aravind Eye Hospital과 협력했습니다. 아라빈드 병원은 네팔 프로젝트에도 큰 영감을 주었습니다. 창립자이자 세바 재단 이사회 멤버였던 고故 G. 벤카타스와미 G. Venkataswamy 박사는 20개 병상 규모의 작은 클리닉을 최첨단 안과병원 네트워크로 성장시

켰습니다. 오늘날 아라빈드는 세계적인 안과 진료 모델로 인정받으며, 세계에서 가장 많은 백내장 수술을 시행하고 있습니다. 또한, 많은 서구 안과 의사들이 이곳에서 인턴십을 밟기도 합니다. 세바는 아라빈드의 아동 건강 및 영양 프로그램도 지원하며, 인도 시골의 가장 가난한 사람들에게까지 도움을 전하고 있습니다.

네팔 프로젝트가 안정되고 아라빈드와의 협력이 진전되자, 세바는 활동 범위를 넓혀 다양한 고통을 줄이는 데 나섰습니다. 과테말라와 티베트의 원주민 공동체, 미국 다코타주의 원주민 보호구역에서도 활동했습니다. 의료 프로젝트뿐 아니라 토착 문화가 직조나 전통 농업 같은 고대 기술을 이어가 자립할 수 있도록 지원했습니다. 또한 아프리카, 남미, 네팔, 사우스다코타에서 소규모 산림 복원 프로젝트도 진행했습니다. 1982년에는 캐나다에 자매 단체인 세바 서비스 소사이어티 Seva Service Society가 설립되었지요.

이 모든 프로젝트의 근간에는 세바를 움직이는 비전이 있습니다. 가능한 모든 곳에서 고통을 줄이고, 협력적으로 자비심을 키우며, 영적, 의식적 성장을 위한 기회를 만들고, 지구를 우리 모두의 집이자 가족으로 여기며, 인류가 직면한 문제—굶주림, 빈곤, 육체적 고통, 두려움, 폭력—가 헌신적인 사람들의 노력과 사람들이 스스로 일어설 수 있도록 돕는 것을 통해 완화될 수 있다는 믿음입니다. 세바는 출범 초기부터 사회운동가들과 영적 탐구자들, 즉 "행하는 자 do-ers"

와 "존재하는 자 be-ers"의 의식적 실천이 서로 만나는 접점을 소중히 여겨왔습니다. 풀뿌리 단체로서 세바는 간디가 "당신이 하는 일이 하찮아 보일 수 있지만, 그것을 행하는 것은 무엇보다 중요하다."라고 말했던 것을 깊이 새기며 활동합니다. 세바 재단은 어두운 세상 속에서 연민과 기쁨의 종을 울리며, 선한 일을 하면서도 즐거움을 누릴 수 있다는 믿음으로, 우리 각자가 모두를 위해 일한다는 이해 속에서 하나님의 사랑과 우리의 사랑이 이어지도록 돕고 있습니다.

자세한 정보는 http://www.seva.org에서 확인할 수 있습니다.

당신은 스스로를 누구라고 생각하시는지요. 현대사회의 흐름 속에서 자신의 역할은 어떻게 바라보시는지요 그리고 그것과 어떤 방식으로 관계를 맺고 계시는지요?

가장 솔직한 대답은, 나도 내가 누구인지 모른다는 것입니다. 그리고 이제는 내가 누구인가에 대해 더 이상 매혹되지도 않습니다. 한때는 '람 다스'라는 존재에 대해 매우 빠져 있었지요. "와, 저걸 좀 봐. 신기하지 않아?" 가끔은 내가 '람 다스'라는 것에 대해 다시 짜릿함을 느껴보려고 하지만, 그런 일은 일어나지 않습니다. 한 번은 존 레논John Lennon과 요코 오노Yoko Ono가 나를 찾아온 일이 있었습니다. 그리고 며칠 뒤에는 제리 브라운Jerry Brown 주지사도 찾아왔어요. 예전의 람 다스라면, '세상에! 주지사가 날 보러 모텔 방에 오다니. 난 분명 대단한 사람이야.'라고 생각했을 것입니다. 하지만 이런 일이 내게 아무 영향도 미치지 못했습니다. 분명 나는 권력에 취하던 사람이었는데, 어째서 더 이상 권력의 짜릿함을 느끼지 못하는 걸까요?

나는 당신의 질문에 대답할 수도 있고 또 이 대화를 계속 이어나갈 수도 있습니다. 하지만 대부분의 시간, 나는 그저 꽤 비어 있는 상태로 앉아 있습니다. 믿기 힘들 만큼 놀라운 일이지요. 나의 이러한 것들은 다른 존재들의 의식으로부터 끌어당겨진 것입니다. 내가 누군가와 함께 있을 때, 그가 내게 '당신은 누구냐'라고 묻는다면, 나는 그럴듯하고 박식한 대답을 할 수도 있습니다. 이를테면 나는 이 사회에서 현자가 되도록 훈련받은 사람이라는 식으로 말입니다. 그리고 실제로 나는 이 사회가 그런 역할을 절실히 필요로 한다고 생각합니다.

나의 구루는 내게 이런 말을 했습니다. "링컨이 좋은 대통령일 수 있었던 건, 그가 진짜로 알았기 때문이야. 그리스도가 진짜 대통령이라는 것을, 그리고 자기 자신은 그저 대통령 대행이라는 것을." 나는 개인적 정체성이라고 할 만한 것을 딱히 가지고 있지 않습니다. 개인적 성체성은 가끔씩 나서서 나의 영적 수행을 방해만 할 뿐입니다. 내가 이 일을 하고 있다고도 생각하지 않습니다. 가끔 나는 내가 완벽한 도구, 우주의 흐름을 위해 쓰임 받는 도구인 것 같습니다.

우주의 흐름을 위한 도구가 되는 것보다 더 멋진 일을, 나는 떠올릴 수 없습니다. 호수 바닥의 작은 조약돌 하나로 존재한다고 해도 나는 완벽하게 행복합니다. 명성을 원하지 않는데도 갖게 되면 재미있는 것을 경험하게 되지요. 바로 그것이 속박이 아니라 자유라는 걸 경험하는 겁니다. 내가 걷는 이 영적 게임에 더 이상 큰 불안은 없습니다. 일이 어떻게 흘러가든 나는 똑같이 흥미롭게 바라볼 것이기 때문입니다.

1960년대에 나는 이 사회에서 정말 나쁜 놈 그 자체였습니다. 마약에 찌든 히피, 하버드에서 쫓겨난 사람, 그리고 지금은 좋은 사람이 되었습니다. 물론 언젠가 다시 나쁜 놈이 될지도 알 수 없는 일입니다. 그것 역시도 그저 흐름일 뿐이며, 춤일 뿐이지요. 그리고 나는 그걸 그저 지켜볼 뿐입니다.

내가 진정으로 원하는 건 자유로워지는 것입니다. 무엇을 하든, 결국 내가 하는 건 그것뿐입니다. 나는 여기에 앉아 있고, 모든 것이 내 안을 흘러갑니다. 아무것도 아닙니다. 완전히 아름답습니다. 그것이 아무것도 아닐수록 더, 더, 더 아름답습니다.

내가 당신과 나누고 싶은 모든 것은 말로 할 수 없는 것들입니다. 이제야 비로소 우리는 책을 끝내고, 서로의 눈을 바라보며 알 수 없는 것을 알아보는 세계로 춤추듯 들어갈 수 있습니다. 우리가 그것입니다. 왜냐하면 결국 우리는 앎을 초월할 것이기 때문입니다. 그리고 우리는 지혜로워질 것입니다―존재 자체에서 우러나오는 단순함, 그 단순함에서 비롯되는 지혜로 채워질 것입니다. 인간으로 태어난 것은 참으로 소중한 일입니다. 우리는 이 생에서 신을 온전히 알 수 있는 모든 요소들을 이미 가지고 있습니다. 우리가 이 자리에 이르러 서로 만났다는 것 자체가 놀라운 은총입니다.

"주 안에서 항상 기뻐하라. 내가 다시 말하노니, 기뻐하라. 기뻐하라, 기뻐하라, 내가 다시 말하노니, 기뻐하라."